模式与变迁：河南省体育非物质文化遗产的传承

刘喜山　李新锋　著

人民体育出版社

图书在版编目（CIP）数据

模式与变迁：河南省体育非物质文化遗产的传承 / 刘喜山, 李新锋著. -- 北京：人民体育出版社, 2024
ISBN 978-7-5009-6422-3

Ⅰ.①模… Ⅱ.①刘… ②李… Ⅲ.①体育文化—非物质文化遗产—研究—河南 Ⅳ.①G812.761

中国国家版本馆CIP数据核字(2024)第023982号

*

人民体育出版社出版发行
北京建宏印刷有限公司印刷
新 华 书 店 经 销

*

710×1000　16开本　16.75印张　300千字
2024年6月第1版　2024年6月第1次印刷

*

ISBN 978-7-5009-6422-3
定价：82.00元

社址：北京市东城区体育馆路8号（天坛公园东门）
电话：67151482（发行部）　　邮编：100061
传真：67151483　　　　　　　邮购：67118491
网址：www.psphpress.com

（购买本社图书，如遇有缺损页可与邮购部联系）

前　言

2022年12月，习近平总书记对非物质文化遗产保护工作作出重要指示强调，"要扎实做好非物质文化遗产的系统性保护，更好满足人民日益增长的精神文化需求，推进文化自信自强。要推动中华优秀传统文化创造性转化、创新性发展，不断增强中华民族凝聚力和中华文化影响力，深化文明交流互鉴，讲好中华优秀传统文化故事，推动中华文化更好走向世界。"我国丰富的非物质文化遗产源于人民群众的生产生活实践，涉及社会发展的方方面面，是满足人民精神文化生活需要、增进民生福祉的重要内容，也是保证中华文化绵延不绝、不断创新的重要基因。河南省是中华民族之根、国家之源，拥有众多国家历史文化名城和世界文化遗产，是中国乃至全球范围内高品质文化资源最富集的区域之一。体育非物质文化遗产是整个非物质文化遗产中颇具身体性、动态性、观赏性的一员，河南省的体育非物质文化遗产以独特的身体动作方式传承和讲述着悠久而鲜活的中国优秀传统文化。

要保护、传承、传播和弘扬我国的非物质文化遗产，首先要摸清、厘清、认清我国的非物质文化遗产。作为文明之源和文化大省，仅已公布的非遗名录而言，河南省就拥有国家级体育非物质文化遗产项目少林功夫、太极拳、撂石锁、形意拳、狮舞等21项；省级体育非遗项目太极拳、心意六合拳、八极拳、南无拳、狮舞（文狮子）、龙舞、秧歌、旱船、绊跤、木球、毽球等100多项，在全国体育非遗中具有典型性与代表性。历史上，河南省体育非物质文化遗产以独特的身体运动符号承载着丰富而厚重的中原文化；中华人民共和国成立以来，河南省体育非物质文化遗产不仅逐渐成为广大城乡居民喜闻乐见的一项健身项目，促进了全民健身活动的发展，也进入了奥运会、全国民运会、全国少数民族传统体育运动会等国内外重大赛事，为竞技体育发展作出贡献。特别是21世纪以来，随着我国"非遗保护"工作的快速全面展开，河南省体育非物质文化遗产更是成为我国优秀传统文化遗产的重要一员。已有对体育非物质文化遗产的保护传承研究多为整体性的讨论，对某省个案进行深入实地式的考察研究更是少见。因此，本研究把模式作为考察河南省体育非物质文化遗产这一区域个案传承与变迁的独特视角，以期能够在探索体育非物质文化遗产变迁机制、总结体育非物质文化遗产传承经验、审视体育非物质文化遗产传承问题等方面获得新的认识。

本书一共包括六个章节。第一章主要介绍本研究的目的、意义、文献综述、思路和方法。第二章主要描述河南省体育非物质文化遗产的文化环境、传承状态和传承实例等概况。第三章基于对河南省体育非物质文化遗产传承状况的宏观把握，总结出其中的传承方式，进而提炼出河南省体育非物质文化遗产传承的模式。第四章详细分析河南省体育非物质文化遗产传承模式的变迁及其特征。第五章详细描述河南省体育非物质文化遗产传承模式变迁的动因，其实也是对河南省体育非物质文化遗产项目变迁原因的全景呈现。第六章总结河南省体育非物质文化遗产的传承规律，审视河南省体育非物质文化遗产的传承问题，并扩展到对整个体育非物质文化遗产未来的传承提出建议和启示。

本书稿在多年研究积累和大量实地调研的基础上，由刘喜山和李新锋共同协作完成，二人在书稿中的贡献相当，完成章节字数均等。其中，第

前　言

一章、第四章由二人共同完成；第二章、第三章主要由李新锋完成；第五章、第六章主要由刘喜山完成。在研究中接受了老师、专家、学友的指导，参考了大量同行发表的成果，在调研中还得到大量学生、朋友、传承人的帮助，在此一并表示感谢。因能力有限，存在的不足之处请同行不吝赐教。

刘喜山　李新锋
2024年3月

摘 要

作为文化大省，截至2021年5月，仅就已公布的5个批次的"非物质文化遗产名录"而言，河南省就拥有国家级体育非遗项目少林功夫、太极拳、形意拳、狮舞等21项，省级体育非遗项目太极拳、心意六合拳、八极拳、狮舞、龙舞、秧歌、旱船等100余项，无论是量还是质，在全国体育非物质文化遗产中都具有一定的典型性和代表性。历史上，河南省体育非物质文化遗产以独特的身体运动符号承载着丰富而厚重的中原文化；改革开放以来，河南省体育非物质文化遗产项目不仅进入了各类运动会，还逐渐成为广大城乡居民喜闻乐见的健身项目；2006年，随着国家"非遗保护"工作的全面展开，河南省体育非物质文化遗产更是成为我国优秀传统文化中的重要一员。在自现代以来的社会急剧转型中，国内诸多体育非物质文化遗产项目遭遇传承困境，甚至濒临消亡。河南省体育非物质文化遗产在传承实践中虽然也会遭遇困境，但整体而言，当前其在广大城乡的发展状况是较好的，因而具备了一定的典型性和借鉴价值。目前已有对体育非物质文化遗产的传承的研究多为整体性、宏观式的讨论，针对某省的个案进行深入实地式的考察研究是不多见的。本研究采用文献资料法、田野调查法、逻辑分析法等方法，以模式为考察河南省体育非物质文化遗产这一区域性个案传承与变迁的独特视角，兼顾模式变迁的宏大文化生态背景，在探索体育非物质文化遗产的变迁机制、总结体育非物质文化遗产的传承经验、审视体育非物质文化遗产的传承问题等方面获得了以下新的认识。

第一，分析了河南省体育非物质文化遗产的文化生态环境和传承概况。研究认为河南省独特的文化生态环境形塑了河南省文化深厚、丰富多样的体育非物质文化遗产项目；河南省体育非物质文化遗产在传承中既有历时的承继关系，又有共时的时代特征，而且也体现出全国体育非遗的共性问题和河南省非遗的区域困境。

第二，总结出河南省体育非物质文化遗产的传承模式。首先，梳理出河南省体育非物质文化遗产的人生仪典中传承、家族师徒式传承、文艺展演式传承、学校授课式传承、技艺竞赛式传承、民俗节庆中传承、营利表演式传承、广场健身中传承8种传承实践。其次，根据传承主导力量的不同，把河南省体育非物质文化遗产的传承实践提炼为民间个体主导传承、政府主导传承和社会组织主导传承3种模式。

第三，探讨了河南省体育非物质文化遗产传承模式的变迁。研究认为，各传承要素的不断变化与相互作用使传承模式的变迁得以实现，河南省体育非物质文化遗产传承模式的变迁主要体现在：传承者由个体扩充到群组，传承目的由娱神衍变到娱人，传承场域由乡村拓展到城镇，传承手段由单一发展到多样，传承内容由内源调适到采借；模式间的主次演替与共生互补关系是河南省体育非物质文化遗产传承活动不断变迁的反映。究其原因，认为河南省自然生态环境变化为模式变迁提供条件；科学技术进步加速模式的变迁；经济体制转型框定模式的选择；组织制度发展是模式变迁的推动力；意识观念改变为模式的变迁奠定心理基础；需要—功能的互动内在决定模式的变迁。

第四，探寻河南省体育非物质文化遗产传承模式变迁的要旨。在传承模式变迁机制的作用下，河南省体育非物质文化遗产的传承实践是永恒变化的，处理坚守与变化的辩证关系是河南省体育非物质文化遗产传承实践中不可回避的永恒话题；传承者的动态认同是使河南省体育非物质文化遗产存续至今的关键；传承模式多样性与统一性的紧密结合是河南省体育非物质文化

摘　要

遗产传承至今的保障。不同的传承模式面临不同的问题，传承问题是模式自身不足及模式间关系不畅的体现；要保证河南省体育非物质文化遗产的持续健康传承应该对各传承要素的关系进行重新调整，促进模式间的协同。

第五，总结河南省体育非物质文化遗产传承模式变迁带给我们的启示。主动调适是保证整个体育非物质文化遗产获得传承者持续认同的需要，未来的体育非物质文化遗产要回归传承者的生产、生活之中，要融入全民健身之中，要转向休闲娱乐；明确传承主导方的权责是促进传承模式走向协同的关键：民间个体主导乡村传统民俗节庆和人生仪典中体育非物质文化遗产的传承，政府方不再直接操持非遗传承，逐渐转向为传承活动提供基本公共服务、政策引导、效果监督等，社会组织主导城镇空间体育非物质文化遗产的展演、竞赛、教育等传承活动，在营利、获益的同时接受严格监督；应结合各体育非物质文化遗产项目的特点，在传承中做到坚持传承模式的多样性与保持体育非物质文化遗产内涵的原真性相统一，要兼顾体育非物质文化遗产传承的整体性与差异性，更要注意保持其原真性不变的底线，做到变与不变的辩证统一。

目 录

第一章 绪论 (1)

第一节 研究目的与意义 (2)
一、研究目的 (2)
二、研究意义 (4)

第二节 研究现状及述评 (5)
一、主要概念解释 (5)
二、关于文化传承模式的研究 (7)
三、关于文化传承及其变迁的研究 (13)
四、关于河南省体育非物质文化遗产传承与变迁的研究 (16)
五、关于研究现状的总体述评 (21)

第三节 研究方法和思路 (22)
一、研究方法 (22)
二、研究思路 (23)

第二章　河南省体育非物质文化遗产的传承……………（25）

第一节　河南省体育非物质文化遗产的文化生态环境……（26）
第二节　河南省体育非物质文化遗产的传承概述…………（29）
　　一、我国体育非物质文化的传承状况…………………（29）
　　二、河南省体育非物质文化遗产的历时传衍…………（32）
　　三、河南省体育非物质文化遗产的现时传承…………（34）
第三节　河南省体育非物质文化遗产传承的个案举隅……（36）
　　一、荥阳苌家拳的传承…………………………………（36）
　　二、巩义小相狮舞的传承………………………………（42）
　　三、兰考麒麟舞的传承…………………………………（49）
　　四、南无拳的传承………………………………………（55）
　　五、打春牛的传承………………………………………（57）

第三章　河南省体育非物质文化遗产的传承模式……………（61）

第一节　传承模式的视角意义及内涵………………………（62）
　　一、从模式切入便于观照传承实践……………………（62）
　　二、传承模式的内涵及其构成要素……………………（63）
第二节　河南省体育非物质文化遗产的多元传承类别……（64）
　　一、人生仪典中传承……………………………………（65）
　　二、家族师徒式传承……………………………………（68）
　　三、文艺展演式传承……………………………………（74）
　　四、学校授课式传承……………………………………（79）

目　录

　　五、技艺竞赛式传承……………………………………（83）
　　六、民俗节庆中传承……………………………………（88）
　　七、盈利表演式传承……………………………………（92）
　　八、广场健身中传承……………………………………（96）
第三节　河南省体育非物质文化遗产的主要传承模式………（101）
　　一、河南省体育非物质文化遗产传承模式的提出………（101）
　　二、河南省体育非物质文化遗产的民间个体主导模式……（103）
　　三、河南省体育非物质文化遗产的政府主导模式………（106）
　　四、河南省体育非物质文化遗产的社会组织主导模式……（109）

第四章　河南省体育非物质文化遗产传承模式的变迁……（113）

第一节　传承模式自身及之间的变迁…………………………（114）
　　一、传承模式自身的变迁………………………………（114）
　　二、传承模式之间的变迁………………………………（115）
第二节　模式变迁体现在传承要素的变化中…………………（116）
　　一、传承者由个体扩充到群组…………………………（116）
　　二、传承目的由娱神转变为娱人………………………（118）
　　三、传承场域由乡村拓展到城镇………………………（119）
　　四、传承手段由单一丰富到多样………………………（121）
　　五、传承内容由内源调适到采借………………………（121）
第三节　传承模式间的交互关系反映变迁……………………（123）
　　一、历时性的主次演进…………………………………（123）
　　二、共时性的互补共生…………………………………（125）

3

第五章 河南省体育非物质文化遗产传承模式变迁的原因
………………………………………………………………………（129）

第一节 传承模式变迁的影响因素分析……………………（130）
  一、模式变迁是内外因共同作用的结果………………（130）
  二、生态变量和传承要素共推传承模式变迁…………（132）

第二节 外因：生态变量变化与传承模式的变迁…………（135）
  一、自然生态环境变化为变迁提供条件………………（135）
  二、科学技术进步加速模式变迁………………………（138）
  三、经济体制转型框定模式的选择……………………（142）
  四、组织制度发展是变迁的主要推力…………………（146）

第三节 内因：传承要素改变与传承模式的变迁…………（152）
  一、传承要素的变化使变迁得以实现…………………（152）
  二、意识观念改变为变迁奠定心理基础………………（155）
  三、需要—功能间的互动内在决定模式变迁…………（159）

第六章 河南省体育非物质文化遗产传承与发展的思考
………………………………………………………………………（167）

第一节 河南省体育非物质文化遗产的传承要旨…………（168）
  一、处理变与不变是河南省体育非物质文化遗产传承的
    永恒主题………………………………………………（168）
  二、动态认同是河南省体育非物质文化遗产存续的关键…（173）

目 录

　　三、模式多样一体是河南省体育非物质文化遗产传承至今
　　　　的保障 ………………………………………………（175）
第二节　对传承问题的审视及对策 ……………………………（176）
　　一、传承问题是模式自身不足及关系不畅的体现 …………（177）
　　二、模式间的协同是河南省体育非物质文化遗产可持续传承
　　　　的保证 ………………………………………………（180）
第三节　对整个体育非物质文化遗产传承的启示 ……………（189）
　　一、不断调适以加强传承者的动态认同 ……………………（190）
　　二、明确主导方权责以促进模式间协同 ……………………（193）
　　三、传承中坚持多样性与原真性相统一 ……………………（198）

参考文献 …………………………………………………（203）

　　一、专著 ………………………………………………（203）
　　二、学位论文、期刊 …………………………………（206）

附录 ………………………………………………………（214）

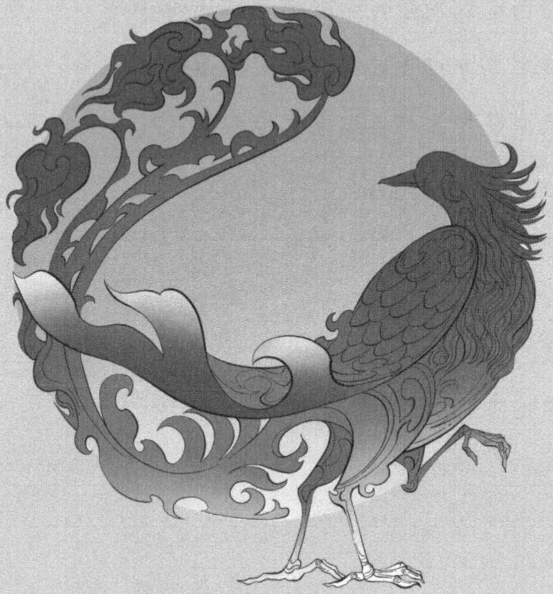

第一章 绪论

第一节 研究目的与意义

一、研究目的

2013年，习近平总书记指出："中华民族具有5000多年连绵不断的文明历史，创造了博大精深的中华文化，为人类文明进步作出了不可磨灭的贡献。经过几千年的沧桑岁月，把我国56个民族、13亿多人紧紧凝聚在一起的，是我们共同经历的非凡奋斗，是我们共同创造的美好家园，是我们共同培育的民族精神。"2014年，习近平总书记在中共中央政治局第十三次集体学习时指出"博大精深的中华优秀传统文化是我们在世界文化激荡中站稳脚跟的根基"，体育非物质文化遗产正是我国优秀传统文化中的重要一员，它对守护中华民族的精神家园具有重要价值。在习近平总书记的关心和部署下，我国已建立起社会力量参与、多层次多渠道传播的非遗工作新格局。截至2021年12月，四级非遗代表性项目名录体系共认定代表性项目10万余项、代表性传承人9万多人；通过国家非遗保护专项资金的大力支持，中国传统工艺振兴计划、中国非遗传承人群研修研习培训计划顺利推进；我国已有42个项目入列联合国教科文组织人类非物质文化遗产代表作名录（名册），位居世界第一。

国家体育总局颁布的《中国体育非物质文化遗产保护与推广管理办法（2013年）》认为，体育非物质文化遗产（可简称为体育非遗）指在我国广泛开展的民族、民间、民俗体育项目，以及那些被各群体或个人视为其文化财富重要组成部分的具有游戏、教育和竞技特点的运动技艺

第一章　绪论

与技能，以及在实施这些技艺与技能的过程中所使用的各种器械、相关实物和空间场所的总和。包含体育在内的非物质文化遗产成为中华优秀传统文化的重要组成部分，是"中华民族的精神命脉"。作为文明之源和文化大省，仅就已公布的非遗名录而言，河南省就拥有国家级体育非遗项目少林功夫、太极拳、挼石锁、形意拳、狮舞等21项，省级体育非遗项目太极拳、心意六合拳、八极拳、南无拳、狮舞（文狮子）、龙舞、秧歌、旱船、绊跤、木球、毽球等100多项，在全国体育非遗中具有典型性与代表性。历史上，河南省体育非物质文化遗产以独特的身体运动符号承载着丰富而厚重的中原文化；中华人民共和国成立以来，河南省体育非物质文化遗产不仅逐渐成为广大城乡居民喜闻乐见的健身项目，促进着全民健身运动的发展，也进入了奥运会、全国农运会、全国少数民族传统体育运动会等国内外重大赛事，为竞技体育发展作贡献。特别是21世纪以来，随着我国非遗保护工作的快速全面展开，河南省体育非物质文化遗产更是成为我国优秀传统文化遗产中的重要一员。自全球化、现代化以来，特别是在社会的急剧转型中，我国体育非遗正经历着史上最剧烈的变迁，延续数千年的传统文化面临着由"在传统中变（change within tradition）"向"在传统外变（change without tradition）"（葛兆光，2015）的严峻局面。我国诸多体育非遗遭遇传承困境、甚至部分项目濒临消亡已是不争的事实。河南省体育非物质文化遗产在传承实践中虽然也遭遇困境，但因厚重的传统文化根底和稳定闲适的文化生态，从整体上看，体育非物质文化遗产当前在广大城乡的生存状况是较好的，因而具备了一定的典型性与借鉴价值。目前已有的研究对体育非遗的传承多为整体性的讨论，以某省体育非遗为个案进行深入实地式的考察研究是少见的。本研究以模式为考察河南省体育非物质文化遗产这一区域个案传承与变迁的独特视角，能够在探索变迁机制、总结传承经验、审视传承问题等方面获得新的认识，从而为中华优秀传统文化的传承与保护做出切实的贡献。

二、研究意义

首先，传承模式研究是总结河南省体育非物质文化遗产的传承经验、审视河南省体育非物质文化遗产传承问题的一个独特视角。传承"是非物质文化遗产保护的核心，是做好非物质文化遗产保护工作的关键所在"[①]，河南省体育非物质文化遗产的传承实践表面上多样无序、繁杂无章，实则具有"模式化"特征，也正是这些"模式化"的传承行为才保证了河南省体育非物质文化遗产的漫长存续。模式是"规律的具体应用和实现形式"[②]，具有宏观抽象性和可模仿借鉴性的特征[③]。以传承模式为切入视角，以社会和文化的变迁为审思背景，可以较为清晰地观照河南省体育非物质文化遗产传承的"阶段性"特征和调适过程，便于反思传承中走过的弯路，正视现阶段存在的问题，亦能够深入河南省体育非物质文化遗产传承发展的内部，剖析各传承要素的运行机制，进而总结河南省体育非物质文化遗产的传承经验。

其次，能够对我国体育非物质文化遗产的可持续传承带来启示。河南省体育非物质文化遗产与其所依附人群的生产生活联系紧密，其以身体运动的方式承载和彰显着丰厚的中原文化，在我国整个体育非物质文化遗产中占有重要分量。河南省体育非物质文化遗产的发生、发展、发扬的场域是被称为"中国人的老家"的中原地带，河南省体育非物质文化遗产在其中经历着的传统与现代的激烈交锋是我国整个体育非物质文化遗产必然面临的现实情况，因此河南省体育非物质文化遗产的传承经验更易为我国整个体育非物质文化遗产的可持续健康传承带来积极的启示与借鉴。

---

① 祁庆富. 论非物质文化遗产保护中的传承及传承人 [J]. 西北民族研究. 2006，(3)：114-123，199.

② 张宏程. 区分社会发展规律与社会发展模式——从"中国模式"谈起 [J]. 前沿，2011，(2)：96-99.

③ 李富强. 中国蚕桑科技传承模式及其演变研究 [D]. 重庆：西南大学，2010.

第二节 研究现状及述评

一、主要概念解释

（一）传承模式

在古代汉语中，"传"和"承"互相独立，并不是一个固定语词[1]。20世纪30年代，日本柳田国男先生认为"传承"的涵义一般指人类特有的传递的能力与机制，以及在人类社会代与代之间文化的传递和群体与群体之间文化的传播[2]。体育非遗的"传承"，意味着体育非遗的知识、经验包括历史记忆的跨世代的延展，它既指体育文化在时间上的连续性传衍，也指体育文化的传递方式（李先国[3]，2012）。随着现代科技的发展，传播与传承联系更加紧密，"过去和现在的鸿沟被消解，狭隘封闭的社会文化空间限制被打破"[4]，当今文化的传承越来越离不开传播，而文化传播活动也越来越具有受众的指向性与过程的持续性。特别是在"非物质文化遗产"语境下，传承的内涵被大大地拓展，成为"文化从一代人传到另一代人的文化传播过程"[5]，传播成为传承的必要条件，传承成为传播的必然结果。当前，文化的传承与传播经常被放在一起使用，甚至诸多传播现象和实践活

---

[1] 祁庆富. 论非物质文化遗产保护中的传承及传承人[J]. 西北民族研究，2006：116-125；201.
[2] 李富强. 中国蚕桑科技传承模式及其演变研究[D]. 重庆：西南大学，2010：8.
[3] 李先国. 论民族传统体育文化传承的变迁——以"阿细跳月"为例[J]. 体育与科学，2012，33（1）：40-43.
[4] 杨静. 云南少数民族故事片的文化批评[M]. 昆明：云南人民出版社，2002：188.
[5] 周鸿铎. 文化传播学[M]. 北京：中国纺织出版社，2005：39.

动也常以"传承"囊括。鉴于此，本研究把传承的操作性定义理解为"文化的传播和继承活动"。另外，当前学术界对"模式"的理解和认识亦是有分歧的。结合河南省体育非物质文化遗产传承的具体情况和特征，把"模式"的操作性定义概括为有关事物及其各要素的组合方式和运行机制的整体范式。

总之，本研究认为"传承模式"的操作性定义为：传承活动中有关各传承要素的组合方式和运行机制的整体范式，是对一类传承行为或方式进行抽象化与概括化的结果。

（二）变迁

《现代汉语词典》认为变迁指事物的变化转移。在文化人类学的视野中，文化变迁一般是指由于文化自身的发展或异文化间的接触交流造成的文化内容或结构的变化[①]。"文化变迁的研究，需要一系列的分析概念与范畴，其中主要有文化的涵化、濡化、互化、丛体、解体、采借、传播、整合、接触、特质、趋同、创新、融合、适应、主动变迁、被动变迁、指导变迁、重新解释等"（吴奈[②]，1989）。"不论是一个民族内部发展的结果，还是两个具有不同生活方式的民族之间接触所引起的，在一个民族生活方式上发生的任何改变都属于文化变迁的范畴"（李琰[③]，1989）。

本研究将"变迁"的操作性定义概括为：事物因内、外因素影响的改变而发生变化的过程。那么，传承模式变迁就是：传承模式因内、外环境改变而发生变化或调适的过程。

[①] 宗晓莲.布迪厄文化再生产理论对文化变迁研究的意义——以旅游开发背景下的民族文化变迁研究为例[J].广西民族学院学报：哲学社会科学版，2002，（3）：22-25.
[②] 吴奈.文化变迁[M].石家庄：河北人民出版社，1989.
[③] 李琰.文化变迁[M].昆明：云南教育出版社，1989：32.

第一章　绪论

二、关于文化传承模式的研究

（一）关于非物质文化遗产传承模式的研究

在联合国教科文组织多年的努力下，19世纪末20世纪初，世界开始进入"非物质文化遗产"话语体系。1997年11月，联合国教科文组织通过了建立"人类口头和非物质遗产代表作"的决议，并于1998年11月审议通过了《宣布人类口头和非物质遗产代表作条例》。2001年5月至今，联合国教科文组织先后公布了多批世界非物质文化遗产名录，其中我国拥有42项，为世界之最。国内于2006—2021的5月先后公布了5批国家级非物质文化遗产名录（共计1557项），而且同时完善了"国家级-省级-市级-县级"的四级名录体系，成为世界上非遗体系最大、数量最多的国家。这些国内外实践推动了"非遗研究"的快速发展和迅速繁荣。

非物质文化遗产的传承实践是当前学界的研究热点，相关研究数量不少。有学者认为朝鲜族非物质文化遗产应"确立整体性的保护思路和原则，发展文化产业，促进非物质文化遗产的活态保护"从而探究"活态传承"的有效路径[1]。李红飞[2]（2010）认为传承和保护山东大鼓需要政府财力上、政策上的支持，亦需要传承人和社会一同承担传承保护的重任。有学者认为蒙古族音乐原有的文化特征在城市化的过程中逐渐消失，而马头琴的文化符号凸显证明文化传承的本质就是要不断适应时代的变化[3]。丁永祥[4]（2011）认为有效的传承机制和传统的传承模式保证了怀梆长达几百年存

---

[1] 张钟月. 朝鲜族非物质文化遗产的保护与传承[D]. 延边：延边大学，2010：1.
[2] 李红飞. 山东大鼓的传承和保护[D]. 济南：山东大学，2010：59.
[3] 通拉嘎. 蒙古族非物质文化遗产研究[D]. 北京：中央民族大学，2010：124.
[4] 丁永祥. 非物质文化遗产传承模式的思考与探索——以国家级非物质文化遗产怀梆为考察对象[J]. 徐州工程学院学报（社会科学版），2011，（1）：78-83.

7

续。田川流[①]（2012）认为对非物质文化遗产传承与变异的特有规律的认识为人们实施保护与利用提供充分的依据。甘世梅[②]（2012）认为自身传承方式的不足、传承人制度的缺陷、现代体育文化的冲击、地理环境因素制约等是影响河南非物质体育文化遗产传承的主要原因。王进[③]（2012）认为非遗文化传承需要创建"文化有机生态域"。李致伟[④]（2014）分析并总结了日本在非遗传承保护方面的先进经验，表明日本向世人展示了现代文化与东方传统文化和谐共融的可能性和必然性。

不少学者的研究中也涉及非遗"传承模式"的问题。李伟立[⑤]（2008）认为隆尧秧歌戏的传承方式有社会传承和家庭传承两种。乔睿[⑥]（2012）认为内丘纸马的传承模式有民间信仰的自发性传承、国家教育的社会化传承和非物质文化遗产的保护性传承三种。鲁春晓[⑦]（2013）的研究表明传统的自然传承模式日渐衰微是不争的事实，应建立社会化传承来保证非遗传承与当代社会发展和市场经济推进相适应。彭有新[⑧]（2013）重点考察河南非遗传承，列举了师徒传承教育、口传身授教育、社会组织活动教育、记事与作品传承教育、学校教育等具体的传承方式方法，另外，该研究还提到了节日传承方式、师徒传承与集体传承、口头传承与书面传承、节日传承和符号传承、家庭传承等其他学者也提到的非遗传承方式。田翠华[⑨]（2013）认为家族代际传承、社会传承是宜昌丝竹的传承特色传承方式。程世岳[⑩]（2014）

[①] 田川流.论非物质文化遗产的传承与变异［J］.齐鲁艺苑，2012（1）：4-9.
[②] 甘世梅，王朝军.论土家族非物质体育文化遗产的传承与保护［J］.体育研究与教育，2012，（5）：87-90.
[③] 王进，张宗明.非物质文化遗产传承的道德哲学基础刍议［J］.天府新论，2012（6）：33-36.
[④] 李致伟.通过日本百年非物质文化遗产保护历程探讨日本经验［D］.北京：中国艺术研究院，2014：147-148.
[⑤] 李伟立.从隆尧秧歌戏的传承看非物质文化遗产保护［D］.北京：中央民族大学，2008：34-38.
[⑥] 乔睿.内丘纸马传承现状研究［D］.石家庄：河北科技大学，2012：43.
[⑦] 鲁春晓.非物质文化遗产传承模式的反思与探讨［J］.东岳论丛，2013（2）：137-141.
[⑧] 彭有新.土家族非物质文化遗产传承研究综述［J］.艺术科技，2013（12）：106-107.
[⑨] 田翠华.宜昌丝竹的传承现状与保护研究［D］.武汉：中南民族大学，2013：22-26.
[⑩] 程世岳，叶飞霞.我国少数民族非物质文化遗产社区教育传承研究［J］.广西民族研究，2014，（1）：109-113.

认为"家庭教育传承"和"学校教育传承"是传统的传承方式，在未来，应大力发展新型的"社区教育传承模式"。廖伯琴教授带领团队，以具体的非物质文化遗产项目为研究对象，形成了细描具体项目个性传承方式的系列研究。

基于已有的研究，本研究形成了如下认识。进入非遗话语体系之后，"保护和传承"是诸多学者开展非遗研究的关键词，这些研究既有宏观的，也有个案的；既有对传承的整体考量，也有专注于传承活动中某一个具体问题进行深挖式的探索。整体而言未来相关研究可以深入的地方有：第一，不仅要探索和分析传承中存在的问题，如传承人积极性不高、出现断层、政府重视不够和资金缺乏等，还应找出造成这些问题的历史背景和现实原因，而且要关注这些问题存在的个性差异。第二，大多学者都总结了各种各样的传承方式或模式，但并没有对方式和模式的概念进行明确界定，有时候用方式，有时候用模式，二者混用的情况比较常见，对模式或方式的提炼和总结比较随意，缺乏严谨的概念界定和理论提升，造成理解和交流的困难。这表明，在对河南省体育非物质文化遗产进行研究的过程中，除了要找出其传承中存在的问题，还要具体分析这些问题出现的原因，而传承模式是一个非常好的分析问题原因的视角；同时，对传承模式或传承方式概念的界定是开展相关研究和相应学术交流的前提。

（二）关于民族传统体育的传承及其模式的研究

少数民族体育是我国优秀传统文化的一部分，是我国历史早期各类身体活动的遗存。国内有关民族传统体育传承与发展的研究较多，倪依克[①]（2004）认为在全球化、现代化的背景下，我国民族传统体育的发展方向主要有三个：竞技化、生活化、市场化。周爱光[②]（2005）从课程建设和文化传承的角度出发，认为应从发展理念、人才队伍、学科建设、方法手段

---

① 倪依克. 论中华民族传统体育的发展 [D]. 广州：华南师范大学, 2004: 109-114.
② 周爱光, 宋亨国. 对中国传统体育文化价值的再认识 [J]. 体育文化导刊, 2005, (9): 16-19.

等方面对我国传统体育文化进行创造性重建。郑国华[①]（2007）认为无论是放眼世界还是着眼国内，对于民族传统体育文化的规范化创新都是大势所趋。徐晓琴[②]（2009）以湖南民间舞龙为例，认为其当前面临传承方式单一、文化阵地萎缩、传统变化、经费紧缺、信仰弱化和"乡土味"丧失等困境。米永忠[③]（2009）针对巴渝武术展开研究，认为其存在拳种各异、门派较多、武术根基薄弱、传承人年老、没有占据校园主流、门派封闭保守等问题。王林等[④]（2009）认为传统武术非遗的传承存在如下困境：缺少前瞻性、总体性、长远性的定位规划；代表性传承人遴选不严谨；动态传承方式不够；主体缺位；效果缺少评估反馈等。认为政府主导会带来传承主体缺位，进而会造成传承主体对传承责任的漠视淡化，最终导致真正的传统武术持有者在名录申报中失语。赵丹[⑤]（2009）比较了藏族踢踏舞与传统爱尔兰踢踏舞传承方式的异同，认为爱尔兰踢踏舞因积极加入现代元素而走出了一条创新发展的宽阔道路。汤立许[⑥]（2011）从宏观出发，为民族传统体育的发展传承勾勒出九大发展路径。万义[⑦]（2011）认为要完成村落传统体育非物质文化遗产保护的任务和目标，需要形成传统体育非物质文化遗产保护与村落经济发展、村落先进文化和村落政治建设三者之间"多赢"局面。赵云艳[⑧]（2012）从传承场域出发，将基诺大鼓舞的传承归纳为：祭祀的大鼓舞、旅游展演的大鼓舞、教化功能的大鼓舞、节日庆典的大鼓舞、文化传

[①] 郑国华. 社会转型与我国民族传统体育文化传承［D］. 北京：北京体育大学，2007：156.

[②] 徐晓琴. 非物质文化遗产视角下湖南民间舞龙运动的流变及发展前景研究［D］. 长沙：湖南师范大学，2009：102.

[③] 米永忠. 非物质文化遗产视野下民族传统体育文化研究［D］. 重庆：西南大学，2009：1.

[④] 王林，虞定海. 传统武术非物质文化遗产传承的困境与对策［J］. 上海体育学院学报，2009（4）：85-88；93.

[⑤] 赵丹. 爱尔兰踢踏舞的文化传承与教育研究［D］. 北京：中央民族大学，2009：49-50.

[⑥] 汤立许. 我国民族传统体育项目分层评价体系及发展战略研究［D］. 上海：上海体育学院，2011：161.

[⑦] 万义. 村落社会结构变迁中传统体育的非物质文化遗产保护——以弥勒县可邑村彝族阿细跳月为例［J］. 体育科学，2011（2）：12-18；35.

[⑧] 赵云艳. 基诺族大鼓舞的形态与流变［D］. 北京：中央民族大学，2012：2；45-57.

第一章 绪论

承的大鼓舞和艺术创作的大鼓舞等。荆洁[①]（2013）认为上海手狮舞发展传承存在的问题有：手狮技艺面临失传；传承人队伍不稳定；改编过度；手狮舞本土边缘化等问题。进而提出发挥手狮舞的健身功能；发展本土传人，保障传承队伍的稳定性；加强对外传播；重视手狮编扎技艺的传承；适度创新，确保手狮舞的原真性等措施。刘杨洋[②]（2013）认为功利化强化了民俗体育的经济功能，使民俗体育的娱神、祭祀、自娱等功能逐渐丧失。

关于民族传统体育的传承模式（方式），学者们也提出一些看法。安剑群[③]（2011）认为"人龙舞"可分为横向和纵向传承，主要包括群体传承、学校传承和社会传承。李涵雯[④]（2011）总结了鲁克该勒舞蹈的传承方式有家庭传承、学校传承、舞台传承和广场传承等。刘坚[⑤]（2012）从经济、文化与政治视角审视传统体育文化的传承，把少数民族传统体育的传承划分为三种：自然模式（前市场模式）、转型模式（过渡模式）、理想模式。提出了具有普适意义及可操作性的8个传承原则与4种传承路径，包括评估体系及其操作步骤。秦钢[⑥]（2012）针对民族传统体育文化提出如下传承模式：学校教育传承、生活方式传承、竞技传承、社会教育传承、军事传承等。唐云松[⑦]（2012）探讨了教育传承、产业传承、民间传承、竞技传承、媒体传承和学术传承的关系。舒仁彪[⑧]（2012）以宁波梅山水浒名拳为研究对象，

---

① 荆洁. 城市化发展背景下体育类非物质文化遗产的传承与发展——以上海手狮舞为例[J]. 福建体育科技, 2013（2）：9-12.

② 刘杨洋. "鄂西圈"民俗体育的传承与可持续发展研究[D]. 荆州：长江大学, 2013：20-21.

③ 安剑群. 非物质文化遗产保护视野下"人龙舞"的文化传承研究[J]. 西安体育学院学报, 2011（1）：69-73.

④ 李涵雯. 鄂温克族鲁克该勒舞蹈传承初探[D]. 北京：中央民族大学, 2011：43-51.

⑤ 刘坚. 云南省少数民族传统体育非物质文化遗产保护与传承研究[D]. 北京：北京体育大学, 2012：34；206.

⑥ 秦钢. 我国民族传统体育文化资源与产业发展研究[D]. 武汉：武汉理工大学, 2012：40-53.

⑦ 唐云松. 满—通古斯语族非物质文化遗产传承研究——以体育文化为例[J]. 黑龙江民族丛刊, 2012（6）：147-151.

⑧ 舒仁彪, 龚志铭, 施剑冰. 社会转型期非物质文化遗产传承模式的研究——以宁波梅山水浒名拳为例[J]. 运动, 2012（10）：136-137；151.

提炼的传承方式有：师徒传承（社会传承）、家族传承、学校传承、群体传承（主要有风俗礼俗类、岁时节令类、大型民俗活动等）。认为坚持走传承人、传承项目、传承基地"三位一体"模式是保证水浒名拳持续传承的关键。刘永莎[1]（2012）提出以政府为主导，企业、学校、专家和群众参与的"五位一体"的保护传承模式。王磊[2]（2012）对河南开封象形柔拳沿用的"口传身授、非本门亲传弟子不传、不立文字"的"一脉单传"的传承方式进行分析，提出了对其进行必要调整的思路。苏雄[3]（2014）认为我国民族传统体育文化的传承模式有：生活劳作的经验传承；语言、文字、图像等的信息传承；社会组织的制度传承；器物程式的共性传承；精神层面的心理传承。

（三）小结

随着现代化进程渗透到我国各个区域，整个民族传统体育的传统传承方式遭遇挑战和困境。大量学者通过分析传统体育的传承困境及其对策，认为民族传统体育传承方式的时代转变和创新发展是必然的趋势，但同时不少学者对商业化、市场化的传承方式可能带来的负面影响也表示担忧。具体到传承模式或传承方式，学者们提炼出不少传承途径，但其中也存在着一些需要完善的地方：当前学界对民族传统体育传承的研究，研究对象主要集中于传统武术、龙舞、龙舟、狮舞及游戏竞技等项目，对区域特色民族传统体育项目关注较少；总结出不少传承方式及传承存在的问题，但缺乏对传承困境的历史动因进行历时的分析；在传承模式（方式）的提炼方面比较随意，没有严格的逻辑区分，多模式间存在相互重合交叉的问题；已提出的关于民族传统体育的未来发展对策多属理论推演，其现实针

---

[1] 刘永莎. 潍坊风筝运动的传承与发展对策研究 [D]. 呼和浩特：内蒙古师范大学，2012：24.
[2] 王磊. 开封象形柔拳传承研究 [D]. 郑州：河南大学，2012：1.
[3] 苏雄. 我国民族传统体育文化的传承模式 [J]. 首都体育学院学报，2014（1）：16-19.

对性和实践操作性不强。

三、关于文化传承及其变迁的研究

河南省体育非物质文化遗产的传承模式本质上是对传承行为范式的总结，是行为层面的文化形态。有关文化传承的经典理论和已有研究对本研究具有重要的指导和借鉴意义。

（一）文化变迁的理论及中国化

文化变迁是文化人类学、社会学、文化学的核心概念，不少理论流派和著名学者对文化变迁都有论述。早期进化论研究者借鉴生物进化论的观点从纵向归纳文化的历时变迁。传播学者则更多关注文化的横向散布、融合、濡化等。功能学派强调文化变迁是通过自身功能的变化、改良和重构等来实现的。博厄斯的提出人类历时中的文化变迁，其中传播、采借多于发明[1]。新进化论则强调物质发展和技术进步对文化变迁的促进作用。

对我国文化变迁的前期研究主要是西方文化变迁理论的中国化。20世纪30年代我国人类学先行者吴文藻先生带领学生到全国各地进行田野调查。此时，费孝通先生与爱人王同惠女士在长期实地调查的基础上写成了《花篮瑶社会组织》一书，接着，费孝通又相继完成了《江村经济》和《乡土中国》等经典作品，这些都是恪守人类学学术规范而创作出的有关文化变迁的经典。后来，林耀华先生的《金翼》、凌纯声先生的《松花江下游的赫哲族》、龚佩华的《人类学文化变迁理论与黔东南民族文化变迁研究》、胡起望和范宏贵的《盘村瑶族：从游耕到定居的研究》等也是基于长期的田野调

---

[1] 黄淑娉，龚佩华.文化人类学理论方法研究[M].济南：山东教育出版社，1996：156-162.

查撰写出的优秀成果。这些研究借鉴西方相对成熟的文化变迁理论对中国各民族文化变迁进行了分析，从而解释出我国文化变迁的特殊性，形成了中国自己的文化变迁理论。

（二）关于文化传承、变迁及动因的研究

随着社会学、人类学理论在我国的传播，以及我国早期学者的不懈努力，21世纪前后，国内社会学、人类学和文化学领域的学者发表了大量有关文化变迁的研究成果。

许锐[1]（2006）从时代变化的大背景入手，认为当代中国民族民间舞蹈创作应该跳出经验式的专业限制，应以全球化的视角审视中国民族民间舞蹈创作的当代文化意义。张莎莎[2]（2007）认为外来文化影响、舞蹈创作本身的需求、现代舞思想观念的影响、不同时代社会文化状态下的审美差异、傣族自身文化的变迁等是孔雀舞传承的影响因素。王海飞[3]（2008）分析了裕固族民族物质文化的变迁、生计方式的变迁、民族宗教文化的变迁、民族语言文化的变迁及现代婚育文化的变迁等。认为文化的传播既冲击和消解着裕固族的传统文化，同时又推动着裕固族的社会经济发展、文化的良性变迁与和谐社会的构建。黄龙光[4]（2009）认为传统彝族花鼓舞在民间祭祀中是一种"驱鬼、安魂、送灵"的仪式舞蹈。其进入艺术节后，传统的神圣性逐渐隐退，演化为世俗化的娱人展演。场域的变化带来传承内容的变化，因而传承模式的变化是必然的。田化[5]（2009）认为民族文化在世界巨大变革和当

---

[1] 许锐.传承与变异，互动与创新——当代中国民族民间舞蹈创作之审美流变与现时发展[D].北京：中国艺术研究院，2006：5.
[2] 张莎莎.傣族孔雀舞的传承与变异研究[D].北京：中央民族大学，2007：41-63.
[3] 王海飞.文化传播与人口较少民族文化变迁[D].兰州：兰州大学，2008：1-2.
[4] 黄龙光.民间仪式、艺术展演与民俗传承——峨山彝族花鼓舞田野调查研究[D].北京：中央民族大学，2009：190-191.
[5] 田化.土家村落文化的传承与保护[D].武汉：中南民族大学，2009：32.

第一章　绪论

代中国巨大转型的宏大背景下,其传统的看似牢固的传承惯习正饱受冲击,主动进行文化传承方式的变革以适应新的文化变迁是必然的要求。杨建平[1](2011)认为村民外出务工、观念更新、经济发展、制度变革、生存环境变化、现代科技传入等是土家族文化变迁的主要原因。杨光[2](2011)主要从物质文化、制度文化、精神文化三个方面入手对赫哲族文化如何变迁、变迁原因及变迁困境进行深入剖析。何雅云[3](2013)认为传统舞蹈文化的变迁过程主要有时空的变迁、伴奏的变化、动作的发展、仪式的简化、功能目的的转变、主体观念的转变六个方面。继而从主体的认知及情感变化、经济、政治、文化等方面分析了传统舞蹈文化变迁的原因。周笑[4](2013)从物质文化和精神文化两方面分析了云南咪依噜风情谷旅游开发带来的文化变迁,认为政府行为、游客行为、开发商行为和外出打工、网络传媒、教育、技术进步、社区参与和互动等是文化变迁的主要原因。王兰[5](2014)认为赛尔龙蒙古族宗教信仰的世俗化是其自身为了适应社会变化而采取的一种自我保护式的存在形式,这并不意味着信仰的消亡,如果从文化变迁和民族认同来看,反而正是我国各民族"融而未合、和而不同"的表达。

总的来看,自现代化以来,传统文化变迁的研究成为学界的热点。学者们对文化变迁的关注点主要有:文化变迁的具体表现、文化传承的问题、文化变迁的原因等方面。在文化变迁问题方面,学界往往注意传承内容、场域、手段、传承者等要素中某一方面的变迁,从传承模式的整体视角分析文化变迁困境、原因及动因的研究不足。其实,传承模式视角是一种兼顾各传承要素的全面而完整的整体性视角,其站在更宏观的层面审视文化的变迁,既考察某一文化形态背后自然、社会环境的变化,也关注文化内部各传承要素的运行机制,从而更可能从中探索河南省体育非物质文化遗产的传承及变迁规律,这也体现出本研究的理论意义和现实价值。

---

[1] 杨建平. 鄂西土家族民俗文化变迁研究 [D]. 武汉:中南民族大学,2011:17.
[2] 杨光. 赫哲族社会文化变迁研究 [D]. 长春:东北师范大学,2011:1.
[3] 何雅云. 阿昌族"蹬窝罗"舞蹈的传承与演变研究 [D]. 北京:中央民族大学,2013:4.
[4] 周笑. 民俗风情旅游与民族民间文化变迁研究 [D]. 贵阳:贵州民族大学,2013:4.
[5] 王兰. 赛尔龙蒙古族文化变迁研究 [D]. 兰州:兰州大学,2014:4;173.

四、关于河南省体育非物质文化遗产传承与变迁的研究

同全国其他地方一样,河南省体育非物质文化遗产是整个非物质文化遗产中的一员,其首先具有非物质文化遗产的共性,而且与其他类非物质文化遗产彼此交融,互为一体,紧密联系在一起,同时,河南省体育非物质文化遗产又具备区域的文化特性,在长期的传承与发展中形成个性化的路径。前期已有研究对河南省体育非物质文化遗产进行了针对性的研究。

夏挽群[①]等(2007)认为河南省非物质文化遗产品类丰富,在农耕时代对中国的道德观念、思想意识、行为规范产生过重大影响,但没有被放在与精英文化同等重要的位置。建议应将民间文化遗产抢救工作作为文化建设的一个重要组成部分,党委、政府要加强领导、长远规划、认真落实,在资金、政策上给予保证。王静[②](2008)对河南省非物质文化遗产保护工作起步阶段的相关研究进行了综述,认为已有研究不够深入,多是介绍性和现状描述性的,透过现象从本质上探究非遗存在发展的历史、地理等因素的研究较少,探索历史渊源和流变动因的研究更缺乏。赖学鸿[③](2010)以河南省入选国家级和省级非遗项目为研究对象,分析了中原非遗传承利用的经验和不足。认为河南省非遗的传承利用离不开政府的政策导向与新闻媒体的舆论宣传,要注重传承主体研究与个案研究及其结合,重视非遗的学校教育,确保在不失草根文化和乡土特色的前提下,对非物质文化遗产进行创新性发展。李瑜[④]等(2011)以河南省国家级非物质文化遗产项目少林功夫和

---

① 夏挽群,陈江风.河南非物质文化遗产的历史、现状及抢救保护[J].河南社会科学,2007(1):35-37.

② 王静.2006年以来河南非物质文化遗产研究概述[J].新闻爱好者:理论版,2008(12):152-153.

③ 赖学鸿.河南非物质体育文化遗产传承利用思考[J].体育文化导刊,2010(9):132-135.

④ 李瑜,郭荣菊.非物质文化遗产保护视域下民族传统体育传承与发展——以河南少林武术、陈氏太极拳为例[J].商丘师范学院学报,2011,27(12):99-102.

陈式太极拳为例，分析了这两个项目的传承概况和传承特征，认为政治、经济、文化的变迁给河南省体育非物质体育文化遗产的传承保护带来了挑战和机遇，河南省的少林武术和陈式太极拳应充分利用其深厚的文化底蕴，通过多种渠道开发市场，在保持其原始文化内涵的同时，更应满足现代生活的文化、社会、健身、娱乐需要，这要求学者们把握社会脉搏，恪守文化内涵，为河南非遗的开发利用贡献智谋。阮学永[①]（2012）详细介绍了河南师范大学在保护和传承河南省体育非物质文化遗产方面做出的服务和研究工作，认为未来应该进一步整合校内外多种资源，打造河南省非物质文化遗产的国家级保护、研究和教育平台，促进河南省非物质文化遗产保护与传承工作向纵深发展。文平[②]等（2012）重点分析了河南省非物质文化遗产传承保护中存在的主要问题：政府扮演角色的错位、现实环境保护的匮乏、文化遗产传承的断层、文化遗产制度保护的缺失等。董逢伟[③]（2012）的硕士毕业论文以河南心意拳为研究对象，通过解读非物质文化遗产的概念和心意拳的传承，分析心意拳传承保护的研究现状、不足之处，在分析心意拳的基本技术、理论结构的基础上，对心意拳的传承机制进行重点梳理。认为河南省心意拳的传承保护缺乏合理的利用开发机制，政府一方缺少长远规划的保护机制，理论研究落后，缺乏有效的传播机制，艺人老龄化现象严重且人才培养机制缺乏，传承效果缺少评估机制。未来应该从以下几个方面解决心意拳的传承危机：政府主导方应构建长效保障机制，加强管理职能，营造传承人的文化空间，进行整体保护；学术研究一方应完善科研和评价机制，强化拳理研究，加强指导和评价；新闻媒体应发挥舆论监督功能，扩大心意拳的传播空间及影响力；同时，商业开发和传承人管理应同时进行，确保一类体育非遗经营性开发的同时保证心意拳文化内涵的原真性不流失。赵旖[④]（2012）认为，如果要使河南省国家级非物质文化遗产项目撂石锁在现代社会继续产生文化

[①] 阮学永. 高等师范院校与非物质文化遗产保护教育——以河南师范大学非物质文化遗产保护教育为例［J］. 重庆科技学院学报（社会科学版），2012（5）：168-170.
[②] 文平，付善勇. 河南非物质文化遗产保护研究［J］. 河南科技学院学报，2012（3）：50-52.
[③] 董逢伟. 河南心意拳非物质文化遗产的传承机制研究［D］. 武汉：湖北大学，2012.
[④] 赵旖. 浅谈民间绝活石锁的价值与发展［J］. 搏击（武术科学），2012，9（2）：108-109；119.

价值、健身价值和经济价值等，离不开政府的大力支持、满足现代社会的健身需求及社会各界的协力支持。郑雪松[①]（2013）认为，就整个河南省而言，非遗传承面临一些困境：传承人的年龄偏高、民间艺人消逝过快、传承人文化自觉意识不强、传承缺乏法制保障。从教育人类学出发，应发挥高校传承非遗的优势，借助现代教育唤醒保护意识，将非遗融入基础教育之中，培养非遗传承人的文化自觉意识等。

  可见，因历史文化悠久，河南省民俗体育文化资源丰厚得到学界公认。但非遗传承保护中文化内涵等深层次的开发还不够，科学研究和产业化设计比较欠缺[②]。王玠[③]（2015）以河南洛阳南无拳为个案，认为南无拳的练习与研究难以互相促进；专业练拳者少，业余习拳者多；传承局限在洛阳场域；高级别的赛事和表演缺乏，影响力难以扩展；经费不充足等是发展的困境。认为通过申报更高级别的非物质文化遗产名录是一种传承保护的有效举措。王宏[④]（2016）认为当前保护措施不力、法律法规不健全、规划开发和传承保护难以协调、保护意识淡漠、开发模式单一等是河南省非遗传承保护中存在的主要问题。建议应加强普法力度、提高法律意识、完善多种措施、加强开发利用、健全相关法律法规和打造精品工程。张思镜[⑤]（2017）从协同创新的视角提出河南非遗的发展举措：让协同创新理念成为思想引领，建设结构合理、运行高效的保护协同创新联盟，发挥教育协同创新的作用及非遗的商品属性，在市场运营中完善协同传承。段紫逸[⑥]（2017）认为在构建河南省非遗传承机制过程中，应重视环境变化带来的影响，尽量避免使非遗陷入非语境化境地，在新常态下，应构建符合时代发展特征的非遗传播路

[①] 郑雪松.教育人类学视域下的非物质文化遗产传承体制研究——以河南非物质文化遗产的传承为例［J］.河南大学学报：社会科学版，2013，53（5）：137-143.

[②] 吴隆基.非物质文化遗产保护视角下的河南民俗体育文化［J］.当代体育科技，2014，4（3）：101，103.

[③] 王玠.非物质文化遗产视角下洛阳南无拳传承与保护研究［D］.郑州：河南大学，2015.

[④] 王宏.河南省非物质文化遗产保护与利用研究［J］.改革与开放，2016（19）：29-30.

[⑤] 张思镜.河南省非物质文化遗产保护中协同创新联盟的构建研究［J］.河南科技学院学报，2017，37（7）：94-97.

[⑥] 段紫逸.新常态下河南省非物质文化遗产传承机制的构建［J］.创新科技，2017（9）：73-75.

径。李丛[①]（2017）对河南非遗数字化建档保护提出建议，认为要转变观念，加大投入力度；完善机制，加快保护步伐；充分运用数字技术，做好档案信息收集；确保有生命活力的非遗及时归档，确保信息的完整性；加强数据库建设，对濒危非遗进行储存；逐级建立非遗数据库；完善非遗数字档案的服务功能；建设非遗数字博物馆。胡建平[②]（2017）主要分析了高校太极拳的传承情况，从现代教育机构、政府主导机构、商业机构、家族传承、草根传承等几个主体出发分别提出太极拳的可持续传承建议。李阿建[③]（2017）探讨了岳家拳在河南和湖北两省的传承情况，认为湖北岳家拳在宣传推广、人才培养、地方交流和师资力量方面存在不足。河南岳家拳在组织分工、监督评估、传承视野、科学研究等方面存在不足。提出的对策有：依托政府寻求资金；重视新媒体拓宽推广；举办论坛，加强赛事交流；发挥实战作用；进学校纳入体育课程；挖掘文化，打造品牌；培养产业化人才。朱文杰[④]（2018）认为在中原经济区建设背景下河南体育非遗的传承路径有：积极开发体育非遗产赛事节会；融入全民健身运动；在高校建设体育非遗训练基地；发展赛事活动；重点保护濒危项目，发展与保护并举。姜宏斌[⑤]（2018）以太极拳、心意六合拳、少林功夫、月山八极拳等项目为例，认为这一类体育遗产蕴藏着人们的思维意识、文化认知和价值理念，对这些体育非遗的保护和传承进行了简要分析。施展[⑥]（2019）以河南省8项传统技艺类非遗项目的开发为例，分析其中各因素的辩证关系，提出要在传承中发展，在发展中实现传承；在创新中传播，在传播中实现创

[①]李丛.河南非物质文化遗产数字化建档保护问题与对策研究［D］.武汉：武汉大学，2017.

[②]胡建平，郭燕，冯永刚.河南高校太极拳非物质文化遗产保护研究［J］.中国学校体育（高等教育），2017，4（4）：70-74.

[③]李阿建.非物质文化遗产视域下岳家拳在鄂、豫两省的发展研究［D］.武汉：武汉体育学院，2017：Ⅱ.

[④]朱文杰.河南省体育类非物质文化遗产保护与利用研究［J］.体育科技，2018，39（5）：54-55.

[⑤]姜宏斌，王康康，梁华伟.河南省体育非物质文化遗产保护与传承研究［J］.体育科技，2018，39（2）：87-88.

[⑥]施展，周星宇.关于"非遗文创化"的调查研究——以河南省八项传统技艺开发为例［J］.文化产业，2019（21）：7-10.

新；在经济发展中取得文化成功，在文化成功中促进经济进步。在新形式下，应由"靠公益、靠政府、靠个人"转向"靠市场、靠自身、靠社会"，着力构建长效发展机制。朱晓波[1]（2019）探讨了河南省非物质文化遗产的活化与传播策略，认为要做到：以传播理论为指导，从主体机能、传播途径、传播内容、传播对象、宣传交流和传播反馈等方面加强改进；以新媒体为手段，从传播过程链条的构建、虚拟技术的利用和数字传播渠道的拓展等方面努力；以人才培育为导向，从传承人才培养、完善传承人资助和学校教育传承等方面加强保障；以文旅融合为契机，提升非遗产业化升级。刘沛[2]（2019）以麒麟舞为个案，对其传承现状、传承人现状、传承方式、器具制作方法、传承保护等进行调查分析。认为河南麒麟舞的可持续传承建议有：创新传承方式；进入校园；融入社区健身；改善传承环境；加大支持力度；重视传承人；利用网络；建立数字库等。

小结：就实践行动而言，河南非常重视非物质文化遗产的保护工作，在省文联的推动下，河南省民间文学类、民间技艺类非物质文化遗产的保护工作均走在全国前列，但体育类非物质文化遗产的保护工作因缺乏直接部门的领导而相对滞后，问题较多。我们知道，少林功夫和太极拳均起源于河南，也是我国首批认定的国家级非物质文化遗产，这些体育类的非物质文化遗产是河南省极为宝贵的文化资源，我们应该加大保护与传承的力度。就学术研究而言，河南省体育非物质文化遗产研究与整个非物质文化遗产研究联系密切，互联互融，已有研究几乎涉及非物质文化遗产研究的方方面面，对本研究具有重要的指导意义和参考价值。但研究也存在一些有待完善之处：首先，体育非物质文化遗产往往被置于整体非遗之中，针对体育非物质文化遗产的专题研究不足，体育非物质文化遗产的研究整体比较滞后；其次，在河南体育非物质文化遗产的相关研究中，从模式的宏观高度审视体育非遗传承情况、分析变迁原因的研究不够；最后，在已有的涉及河南体育非物质文化遗产传承模式或传承方式的研究中，对传承模

---

[1] 朱晓波.河南省非物质文化遗产活化与传播策略研究[D].郑州：河南大学，2019.
[2] 刘沛.河南省睢县大刘寨麒麟舞的传承与保护研究[D].西宁：青海师范大学，2019.

式/方式的分类比较随意,没有从逻辑学出发对其进行认真划分。由此可见,河南省体育非物质文化遗产研究存在的问题,与全国体育非物质文化遗产研究中存在的问题整体一致,关于河南省体育非物质文化遗产的研究可以而且也需要更进一步。

五、关于研究现状的总体述评

自现代化以来,文化生态环境的巨大改变使河南省体育非物质文化遗产遭遇传承困境。学界有关非物质文化遗产和河南省体育非物质文化遗产传承研究的成果颇丰,为本研究提供了指导、借鉴和启发。另外,已有研究存在如下可以进一步拓展深入之处:首先,就事论事式谈论河南省体育非物质文化遗产传承困境的研究较多,分析的原因和提出的对策多侧重对传承现象的描述和一般性分析,有些对策显得笼统概化。其次,不少研究都提到河南省体育非物质文化遗产的传承模式或传承方式,但对其多种传承方式的分类不够科学,存在彼此交叉重合的情况,缺乏基于逻辑学的传承模式划分分析。最后,多数研究缺乏实地调查,原因或动因分析多是理论推演,未能结合变迁的背景对河南体育非物质文化遗产的传承进行原因分析和对策思考,所以,提出的建议和对策往往对传承状况把握不准,所能产生的实际效用不高。基于此,本研究尝试从以下几个方面做出努力:第一,以传承模式为视角,分析河南省体育非物质文化遗产的变迁及调适,视野更加宏观,更可能准确把握河南省体育非遗传承的先进经验与必然规律。第二,分析模式间的差异,从不同模式的特征出发探寻河南省体育非物质文化遗产的传承与变迁,对传承问题能够获得更清晰的认识,对变迁的过程获得更加准确的把握。第三,以文化生态学为理论指导,从文化生态变量入手分析传承模式变迁的外因,从各利益相关者的意识观念、各传承要素、各主体需要等分析传承模式变迁的内因。期望通过这些努力,能够在探索河南省体育非物质文化遗产传承变迁的一般规律方面做出积极的贡献。

第三节 研究方法和思路

一、研究方法

（一）文献资料法

文献资料主要包括有关河南省体育非物质文化遗产的图片（2000余张）、录音和视频（近200小时）等；国内、外相关专著（83本）；县志17册、文件（非遗项目传承与保护文件586页）；硕、博学位论文（66篇）；期刊论文（115篇）。

获取方法为通过实地调查拍摄图片、录音与视频；通过河南省及各地市的文化馆、图书馆等获取县志资料，通过"非遗中心"等机构获取河南省体育非物质文化遗产活动的相关资料；利用已有文献的"学术链"，通过购买、图书馆数据库下载等方式收集期刊、专著、学位论文等。

（二）实地调查法

恪守体育人类学的经典调查方法——田野调查法，先后多次到登封市、洛阳市、焦作市、南阳市、博爱县、荥阳市、漯河市、周口市进行实地调查，共45天。调查期间，主要借助无结构访谈来获取资料与信息。访谈的主要对象有河南省体育非物质文化遗产的传承人、爱好者、创编者、表演者等；非遗中心、体育局、民族宗教局等机构的负责人和工作人员；河南省体育非物质文化遗产的研究专家，河南省体育非物质文化遗产文化产品的开发者。

（三）逻辑分析法

本研究整体上遵循从个别到一般的逻辑思路，试图从河南省体育非物质文化遗产的个案中提炼出具有普遍意义的经验和启示；在分析传承模式的优、劣点，以及河南省体育非物质文化遗产的传承经验与问题时，遵循"一分为二"的辩证逻辑；在对河南省体育非物质文化遗产传承模式的提炼方面，运用抽象与概括的逻辑，从具象的传承样态中提炼出抽象的传承模式；在分析各传承模式的构成要素时，遵循结构—功能的系统逻辑。

二、研究思路

第一，深入实地，对河南省体育非物质文化遗产传承情况进行专题田野调查，从而把握河南省体育非物质文化遗产的传承状况，为河南省体育非物质文化遗产传承模式的提炼服务。

第二，提炼河南省体育非物质文化遗产的传承模式，包括人生仪典中传承、家族师徒传承、文艺展演式传承、学校授课式传承、舞艺比赛式传承、民俗节庆中传承、营利表演式传承、广场健身中传承8种比较具体的传承方式，在此基础上，又把8种具象的传承方式归纳为3种抽象的传承模式：民间个体主导传承、政府主导传承和社会组织主导传承。

第三，进一步分析河南省体育非物质文化遗产三种传承模式间的关系及其变迁表征，从文化生态学的基本理论出发，探寻3种传承模式的变迁动因，概括3种传承模式的变迁要旨。

第四，总结河南省体育非物质文化遗产传承模式变迁的一般规律，探析河南省体育非物质文化遗产的传承机制，总结河南省体育非物质文化遗产的传承经验，为全国同类体育非物质文化遗产的可持续传承提出建议。

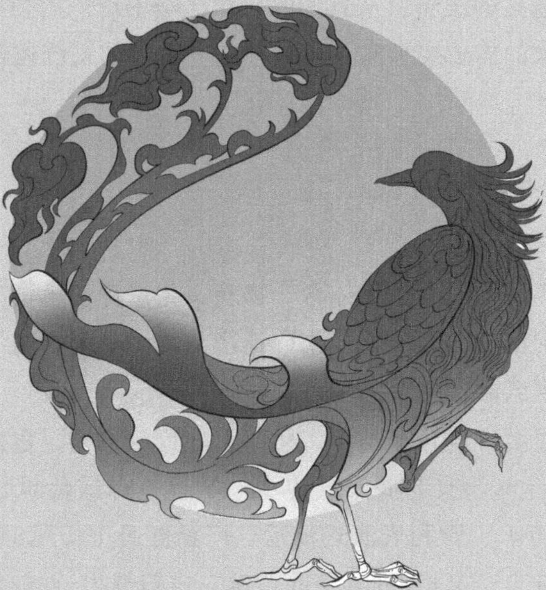

第二章

河南省体育非物质文化遗产的传承

第一节　河南省体育非物质文化遗产的文化生态环境

河南地处黄河中下游，是中国古代文明发祥地之一，在50万年前就有人类在这里生息和繁衍。七八千年前的裴李岗文化时期，这里就产生了农业、畜牧业和制陶等手工业；到了4000多年前的龙山文化中晚期，中原进入了石、铜器并用时代，产生了私有制和阶级的萌芽。中原文化博大精深，源远流长，从表层看，是一种地域文化，从深层看，是中华民族传统文化的根源和主干，在中华文化发展史上占有突出地位。其有以下九种文化类型。

第一，神龙文化。河南是中华神龙的故乡。被称为三皇之首、人文始祖的太昊伏羲氏，在周口淮阳"以龙师而龙名"，创造的龙图腾，实现了上古时期中原地区多个部落的第一次大融合。被称为五帝之首、人文始祖的轩辕黄帝，在统一黄河中下游流域各部落族之后，为凝聚各部落族的思想和精神，在郑州新郑也将龙作为新部落族的图腾，中国人经常用于自称的"炎黄子孙"和"龙的传人"就因此而来。濮阳蚌龙距今6400多年，是中国最早的"龙"形象，被考古学和社会学界誉为"中华第一龙"。第二，汉字文化。黄帝时代商丘虞城人仓颉造字，甲骨文起源于商朝晚期的都城安阳殷墟，驻马店上蔡人李斯"书同文"，制定了规范的书写字体"小篆"，漯河人许慎编写了世界上第一部字典《说文解字》，规范化的"宋体"产生于北宋的都城开封，活字印刷术也发明于北宋的都城开封。第三，姓氏文化。河南是中华民族的发源地和华夏文明的发祥地，也是中国姓氏的主要发源地，中国300多个主要大姓中，根在河南的有171个，按照人口数量多少而排列的中国100个大姓中有78个姓氏的源头在河南，有"陈林半天下，黄郑排满街"之称的海内外四大姓氏均起源于河南。春秋战国时期，河南是"百家争鸣"的主阵地，道家、墨家、法家、名家、纵横家等主流思想均发源于此。第

第二章 河南省体育非物质文化遗产的传承

四，农耕文化。中国早期的农业文明最早发源于河南。中原早期农耕文化包含了众多耕作技术与科学发明。裴李岗文化遗址出土了不少农业生产工具，为中原早期发达的农耕文明提供了佐证。炎帝朱襄氏建都株野（今商丘柘城胡襄镇），创造了中原早期发达的农业文明。第五，商业文化。商人、商品和商业起源于商丘。夏代的商族部落首领商丘人王亥"肇牵车牛远服贾"，用牛车拉着货物到远地去做生意，被奉为商业鼻祖。春秋时期的鹤壁浚县人子贡，不仅能做官，而且善于经商致富。被称为"商圣"的南阳市淅川人范蠡，帮助勾践灭吴复国后，悄然归隐到了宋国，把才能用于经商。郑国都城人弦高，在经商途中遇到秦军入侵，以自己十五头牛为代价智退秦军。职业商人诞生于西周的都城洛阳，法规《质誓》诞生于春秋时期的郑国都城郑州新郑，以"城门之征"为代表的最早的关税征收发生在春秋战国时期的宋国都城商丘。第六，科技文化。中国早期的天文学家阏伯在商丘睢阳观星测辰，建设了中国第一座观星台阏伯台（火神台）。安阳殷墟出土的商朝时期的后母戊大方鼎，是中国迄今为止发现的最大最重的青铜器。东汉焦作卫辉人杜诗发明的"水排"鼓风技术，比欧洲早1000多年。《鹳鱼石斧图》被称为中国最早的国画，已有6000多年的历史，被国家文物局列为全国不可移动文物之一。第七，中医文化。炎帝和黄帝均为中国中医药的创始人，中医药文化起源并发扬于河南。南阳人张仲景被尊称为"医圣"，其名著《伤寒杂病论》被誉"众方之祖""中医瑰宝"，享誉中外。商丘人张从正为金朝四大名医之首。第八，诗文文化。河南是中国文学的发祥地。中国最早的散文总集《尚书》，是由东周洛阳的史官整理成书的。中国第一部诗歌总集《诗经》中，属于河南省境内的作品有100多篇，占总篇目的1/3以上。鲁迅曾说秦代可被称为作家的，仅河南上蔡的李斯一人。汉魏时期，有"汉魏文章半洛阳"之说。第九，武术文化。河南是中国的功夫之乡，郑州登封嵩山少林武术是中华功夫的源头，享誉海内外。焦作温县陈家沟人陈王廷创立了太极拳，此处便成为中国太极拳的发源地。

在河南独特而浓郁丰厚的文化氛围中，孕育出丰富多彩、光辉灿烂的非物质文化遗产。截至2018年，河南省拥有人类非物质文化遗产代表作名录项目2个，国家级项目113个及其传承人127名；省级项目728个及其传承人832名；市级项目2762个及其传承人3445名；县级项目9272个及其传承人9600

名。河南省现有国家级非遗生产性保护示范基地5个、国家级非遗保护研究基地2个，国家级文化生态保护实验区1个、省级文化生态保护实验区8个、省非物质文化遗产研究基地33个、省非遗示范展示馆（传习所）80个、省非遗生产性保护示范基地30个。宏观而言，河南省非物质文化遗产资源有以下几个特点：一是价值较高。如民间文学中的神话传说等，流传久远，带有华夏民族早期文化特征，对于中华民族文化的传承等具有广泛的影响和重要价值。二是内容丰富。全省有价值的非物质文化遗产线索达22万多条。三是分布广泛。全省各市、县，甚至每个村庄都有相当数量的非物质文化遗产项目和代表性传承人。四是跨地域分布项目较多。如豫剧在全省几乎各市、县都存在，一些民间传说、传统技艺、民俗类项目在不同地区流布，并具有较大的共性。五是影响较大。如新郑黄帝故里拜祖大典、马街书会、浚县正月古庙会、伏羲太昊陵祭典、洛阳牡丹花会等传统节会在全国都有较大影响。河南省的一些项目如少林功夫、太极拳、木版年画、传统戏曲等，已经成为国内外文化交流的重点项目。河南省每年出国（境）文化交流项目达100多个，其中大部分为非物质文化遗产项目。太极拳、少林功夫、豫剧、河南坠子、马街书会、钧瓷、汝瓷、唐三彩烧制技艺、朱仙镇、滑县木版年画等在全国乃至世界范围内都有很高的知名度和影响力。

就体育类非物质文化遗产而言，作为文化大省，仅已公布的非遗名录而言，河南省就拥有国家级体育非遗项目少林功夫、太极拳、形意拳、狮舞等21项、省级体育非遗项目太极拳、心意六合拳、八极拳、狮舞、龙舞、秧歌、旱船等100余项，其在全国体育非遗中具有典型性与代表性。河南省体育非物质文化遗产的功能呈现出传统功能不断弱化、现代功能日益凸显的动态特征。河南省体育非物质文化遗产的传统功能是在原始宗教和自然崇拜、图腾崇拜、祖先崇拜、神灵崇拜等历史背景下产生的，表现为祭祀功能、社交功能、强化土司统治功能、生产生活技能教育功能、教化功能等。河南省体育非物质文化遗产的现代功能是在现代化、经济全球化的背景下产生的，主要表现为休闲娱乐功能、健身功能、舒泄情绪功能，以及民族认同、国家认同、社会认同功能和促进民族文化产业发展功能等。可见，多样功能的转化是河南省体育非物质文化遗产传承至今的重要保证，同时，河南省体育非物质文化遗产功能的变迁又是在其传承实践中发生的，河南省体育非物质文化遗产功能变迁是传统文化现代转型的缩影,是河南省社会经济文化发展的必然结果。

第二节 河南省体育非物质文化遗产的传承概述

一、我国体育非物质文化的传承状况

全球范围内,20世纪50年代,日本最早提出非物质文化遗产的理念,他们称之为"非物质文化财产"。随后在联合国教科文组织的持续推动下,在20世纪末,世界范围内对有关非物质文化遗产传承与保护重要性的认知逐步达成共识。我国积极参与国际社会的非物质文化遗产保护工作,昆曲在2001年就入选世界第一批非物质文化遗产名录,这标志着我国已经融入世界非物质文化遗产话语体系。之后,我国积极参加联合国教科文组织主导的全球范围内的各项非物质文化遗产保护工作,逐渐成为世界非物质文化遗产保护的中坚力量,所拥有的非物质文化遗产数量为世界之最。国内方面,我国融入世界非物质文化遗产话语体系之后,迅速启动国内非物质文化遗产的普查、整理、申报、保护、传承工作;成功建立并完善了"国家—省级—市级—县级"四级文化遗产传承保护体系;2003年中国非遗保护工程正式启动;2004年中国政府加入联合国教科文组织《保护非物质文化遗产公约》;2005年下发《关于加强我国非物质文化遗产保护工作的意见》《关于开展非物质文化遗产代表作的通知》《关于申报第一批国家级非物质文化遗产代表作的通知》等多个文件;2006年公布第一批国家级非物质文化遗产名录。这些工作扎实有效、快速有力,迅速形成了非物质文化遗产传承保护的"中国经验"。体育非物质文化遗产也是人类文化遗产的重要部分,是优秀传统文化的重要代表,在人类文明的进化发展中起到了重要的推动作用。基于我国体育非遗历史悠久,其在漫长的传统时期是以"民族传统体育"身份在持续传承,直到21世纪初我国加入世界非遗话语体系之后才化身"体育非物质文

化遗产",所以,我们分两个时期从两个方面对我国体育非物质文化遗产的传承概况进行分析梳理。

(一)以"民族传统体育"身份传承

我国体育非物质文化遗产不是凭空产生的,它的前身是民族传统体育,而且体育非遗正是我国民族传统体育的优秀代表。在论述我国体育非物质文化遗产学校传承历程时,应该首先对我国加入非遗世界话语体系之前的民族传统体育的学校传承概况进行描述。

在中国古代初创的学校体育中,传统体育有较重要的地位。以先秦"六艺"教育为代表,在中国传统文化孕育下,道德、知识、身心发展是学校教育的三大部分,学校中的体育受重视并健康发展。但随着我国封建社会的持续,文武分途,重文轻武的观念不断滋长,我国学校体育的内容逐渐以军事技能为主;1903年《奏定学堂章程》颁布后,在现代文化与西方文明的强力冲击下,我国新学堂的体育从一开始就大量引进西方的体育内容,即使辛亥革命后在"保存国粹""重视本土体育"的呼声下,也只有武术(拳术)进入了学校体育领域,可以说,在整个传统社会,除了武术(国术),其他大量的中华民族传统体育项目一直都是存在于社会生活领域之内而游离于学校体育教育领域之外。中华人民共和国成立后,以1956年颁布的《小学体育教学大纲(草案)》、1978年颁布的《小学体育教学大纲》等为例,规定学校体育中除武术外,一些地区特别是民族地区可以在学校体育中加入民族特色体育项目;改革开放之后,以1983年颁布的《体育传统项目学校试行办法》、1988年颁布的《九年制义务教育全日制小学体育教学大纲》等为例,规定除武术外,"凡喜闻乐见,符合儿童身心特点的民族体育项目,均可作为选用教材。"但总体来讲,中华人民共和国成立以来至20世纪末,我国学校体育中主要以国粹武术为主要授课内容,其他诸如舞龙、舞狮、摔跤、射箭等各少数民族特色体育项目、传统舞蹈等大量的民族传统体育项目在一些教育文件中虽有提及,但学校体育授课的实践却相当稀少。

（二）以"非物质文化遗产"身份传承

由前文可知，直到20世纪末，除了国粹武术项目，民族传统体育在学校传承的整体状况都不理想，长期处于缺席的状态。进入21世纪，随着我国进入世界非物质文化遗产话语体系并在其中占有重要位置，大量的优秀传统体育项目转化为"体育非物质文化遗产"，在已公布的5批共1557项国家级非遗中体育类至少占有100项，如果再加上省、市、县三级项目，我国体育非物质文化遗产数量可超过1000项[①]。身份的转换为体育非物质文化遗产的学校传承确立了制度、提供了机遇。

1997年，联合国科教文组织创立了"人类口头及非物质遗产代表作公告"提出"以适当的方式将人类口头和非物质遗产学习列入学校的正式课程"。为强调大学教育对非物质文化遗产保护的重要作用，联合国教科文组织于2002年10月在世界5个城市同时召开"大学教育与历史遗产主题会议"。其中，中央美术学院于2002年10月举办了"中国高等院校首届非物质文化遗产教育教学研讨会"，标志着国内非物质文化遗产与大学教育的初次广泛融合。2001年我国启动义务教育阶段体育课程改革，课标指出："体育与健康课程应当大力开发和利用宝贵的民族、民间传统体育资源"。国务院于2005年公布的《关于加强我国非物质文化遗产保护工作的意见》指出："教育部门和各级各类学校要逐步将优秀的、体现民族精神与民间特色的非物质文化遗产内容编入有关教材，开展教学活动。"随后，全国各省市纷纷出台文件，确定了地方的非物质文化遗产学校传承方案，体育非遗随"非物质文化遗产进校园"等活动出现在全国大中小学的校园内。2011年《中华人民共和国非物质文化遗产法》第34条明确规定："学校应该按照国务院教育主管部门的规定，开展相关的非物质文化遗产教育。"随后，国家和各部委出台的多个文件，如《完善中华优秀传统文化教育指导纲要》（2014年）、

[①] 刘喜山，等.体育非物质文化遗产的传承模式及其变迁研究[J].体育学刊，2016（1）：22-26.

《关于实施中华优秀传统文化传承发展工程的意见》（2017年）、《国家"十三五"时期文化发展改革规划纲要》（2017年）、《教育部关于开展中华优秀传统文化传承基地建设的通知》（2018年）等都强调了要把体育非物质文化遗产（优秀的传统体育活动）作为学校体育活动的重要内容、列为正式体育课程或乡土教材。

制度的确立为体育非物质文化遗产学校传承的实践活动提供了保障，除了前文提到的全国轰轰烈烈开展的"非物质文化遗产进校园"活动，早在2004年，教育部和中宣部就把每年9月定为"中小学弘扬和培育民族精神月"；教育部于2018年启动了全国中华优秀传统文化传承基地的创建工作；2019年教育部主办摄制了《传承的力量》纪录片。这些自上而下的全国性活动为体育非物质文化遗产的学校传承提供了难得的平台和机遇。在此背景下，全国大中小学校创建了各级各类体育非物质文化遗产项目的传承基地，国内各高校陆续开设非物质文化遗产专业，逐渐完善本、硕、博的人才培养机制；各类非遗研究中心也在各高校相继成立，仅2019年一年，南京体育学院就成立了中国体育非物质文化遗产研究基地，上海体育学院成立了中国体育非物质文化遗产研究中心，河南大学则在国内综合性高校首创武术学院。国内体育非物质文化遗产学校传承工作呈现出一片繁荣之势。

二、河南省体育非物质文化遗产的历时传衍

作为中华文明的发源地，河南省拥有丰富的历史文化遗产，其承载着厚重的历史文化信息，反映着华夏文明的发展进程，延续着中原人民的民族记忆。仅就已公布的非遗名录而言，河南省就拥有国家级体育非物质文化遗产项目少林功夫、太极拳、形意拳、狮舞等21项，省级体育非物质文化遗产项目太极拳、心意六合拳、八极拳、狮舞、龙舞、秧歌、旱船等100余项，在全国体育非物质文化遗产中具有典型性与代表性。2011年，国务院提出要把河南打造成为"华夏历史文明传承创新区"，彰显出河南非物质文化遗产保护的重要性。在城市发展过程中，怎样处理经济发展与文化遗产保护利用之间的关系，有效地解决非物质文化遗产传承保护中存在的突出问题，成为河

第二章 河南省体育非物质文化遗产的传承

南人必须直面的考题。考查并分析河南省体育非物质文化遗产的传承历程，从模式视角审视河南省体育非物质文化遗产传承问题并提出行之有效的发展建议，是正确解答这一考题的必然选择。

河南省体育非物质文化遗产保护工作起步较早，1980年成立的中国音乐家协会河南分会、中国摄影家协会河南分会、中国曲艺家协会河南分会、中国民间文艺研究会河南分会等为河南省体育非物质文化遗产的普查、整理、建档、申报、传承、保护等工作做出了持续的努力。1983年河南省文化厅成立，成文河南省体育非物质文化遗产传承保护的主导方，为河南省体育非遗的可持续存续奠定必要基础。1983年的11月，河南省通过了《河南省〈文物保护法〉实施办法》，成为全国省级最早的地方文物法，虽然其主要保护的是物质文化遗产，但为保存体育非物质文化遗产的文化空间、实物依托、服装道具、器械用具等发挥了重要作用，使体育非物质文化遗产变得有物可依，有根可寻。2001年9月，"中原文化行"活动首次在福建举行，拉开了中原文化整体走出河南、走向全国进行推介的序幕，河南的少林功夫、太极拳等体育非物质文化遗产在全国获得更多的关注，增强了河南省体育非物质文化遗产的影响力。2003年4月，在京举办"2003·河南戏曲节"，演出了河南豫剧、曲剧、越调三大剧种11台剧目，诸多体育非物质文化遗产项目作为河南文化元素融入其中，得到传播。2005年7月，河南省委省政府首次召开高规格的全省文化产业发展和文化体制改革工作会议，指出把加快文化产业发展和文化体制改革作为经济社会发展的又一重大举措，部分体育非物质文化遗产开始步入市场，成为河南文化产业中的亮点品牌。同年9月，《河南省建设文化强省规划纲要（2005—2020年）》出台，标志着体育非物质文化遗产开始成为河南文化建设的重要一员，为河南文化发展做出持续贡献。2005年11月，河南在全国率先开展"文化遗产日"活动，诸多体育非物质文化遗产逐次登台亮相，曝光度和传播效果空前提升。2007年2月，河南省政府公布第一批省级非物质文化遗产名录，少林功夫、太极拳、火龙舞、龙凤灯、高抬火轿、齐天圣鼓、回民秧歌、大仵民间舞蹈、跑帷子、花挑舞、艾庄铜器舞、狮舞、麒麟舞、旱船舞等项目入选，标志着河南省体育非物质文化遗产的传承保护进入制度化的有序轨道，成为河南省体育非遗传承保护历史上的标志性事件。2007年9月，第十届亚洲艺术节在河南举行，刚刚入选第一批非遗目录的河南非遗项目依次亮相,表现抢眼。

2008年以来,河南省体育非物质文化遗产的传承进入快车道,为尽快摸清摸实河南省非物质文化遗产情况,及时公布河南省第二批非物质文化遗产名录,从2009年初开始,根据省政府及省文化厅的总体部署,河南省各市县进行了第一次非物质文化遗产大普查,到2009年年底,基本上对全省非物质文化遗产的情况有了较为明确的认识和把握。2009年、2011年、2015年,河南省先后公布了第二批、第三批、第四批省级非物质文化遗产名录,九莲灯、鼓舞、鱼灯花社舞、金龟舞、马皮舞、独脚舞、踢棒槌、云彩灯、扑蝶舞、竹马舞、霸王鞭花棍舞、老虎舞、弓子锣舞、登封闹阁、抬阁、石锁、黄派查拳、通背拳、通臂拳、梅花拳、炮拳、猴艺、圣门莲花拳、六道大方地棋、两仪拳、回族七式拳、马坡八卦掌、杨家枪、太乙拳、阴阳八卦拳、子路八卦拳(白拳)等一大批体育类项目被纳入非物质文化遗产名录,开始得到系统的保护和传承。在政府主导下,体育非物质文化遗产逐渐得到社会的认知和重视,河南省体育非物质文化遗产开始受到各方的重视和传承。除了政府主导的传承活动,如河南省各级政府和文化部门开展的体育非遗展演、文化遗产日的非遗活动、博物馆的非遗展示、非遗项目进入学校、举办国际武术节等。学校也开展诸多体育非遗的传承活动:响应教育部号召,开展非遗活动进校园;尝试开设体育非物质文化遗产类课程;设置体育非遗相关研究中心和学科、专业(如河南理工大学的太极拳文化研究中心、安阳师范学院的中原武术研究中心、河南大学的武术学院等)。社会主体也主动传承体育非遗项目,如在广场打太极拳、练习武术、跳民族舞蹈、玩民族传统体育项目等。一些企业在景区设计非遗展演平台,为体育非遗的传承创新开拓了新的空间。

三、河南省体育非物质文化遗产的现时传承

总体而言,河南省已经形成了较为健全的、比较规范的体育非物质文化遗产传承机制,当然,这些体育非物质文化遗产在河南的传承中并未被特意

第二章　河南省体育非物质文化遗产的传承

贴上"体育"的标签，而是整体上以"非遗"的身份进行传承保护。仅就体育非遗而言，当前，河南省已经形成了多方主体参与体育非遗传承和多领域共同传承体育非遗的局面。下面根据传承主体的不同和河南省体育非遗的传承现状，从三个场域概括河南省体育非物质文化遗产的传承概况。

首先，政府主导的传承场域。河南省先后公布了四批次省级非物质文化遗产名录，其中涉及的体育类非物质文化遗产项目大概有100余项。由于政府在资源方面的特殊优势，这些体育非物质文化遗产项目已经得到较为规范的保护和传承，而且政府委派非物质文化遗产中心不断探索体育非物质文化遗产的传承路径，以确保体育非遗的可持续健康传承，并争取使体育非物质文化遗产能够实现自我造血和良性发展，在现代生活中继续发挥服务广大人民生产生活的作用。当然，这其中也存在一些问题，政府在传承体育非物质文化遗产中承担了太多的责任，随着河南省体育非物质文化遗产数量的不断增加，政府的负担越来越重，压力越来越大。同时，也导致社会主体过度依赖政府，难以发挥社会传承体育非物质文化遗产的主观能动性。

其次，学校传承场域。当前，河南省正在持续推进体育非物质文化遗产进校园工作，武术、太极拳等项目在大中小学基本上实现了普及，而撂石锁、传统舞蹈类体育非遗、其他拳术等项目进校园工作也正在积极推进中，未来，河南省体育非遗在校园"开花"后，一定会反哺社会，结出体育非物质文化遗产健康可持续传承的良性果实。但目前体育非遗在校园的传承主要是通过学生在课余、课外活动中展示展演来实现的；部分学校虽然建设了体育非遗的传承基地，但常规化、课程化、制度化的传承活动还是难以保证；部分高校虽然建立了体育非物质文化遗产项目的文化研究中心，但主要是以科学研究为主，其所主导的体育非遗的传承实践是较少的。以上这些问题都应该在未来积极尽快解决。

最后，社会传承场域。随着社会的发展，河南省体育非物质文化遗产在一些社会组织或机构的主导下逐渐在社会场域传承开来。在广场、公园、健身步道等场域，常常能看到群众在打太极、练武术、跳传统舞蹈等；一些社会体育指导员在社区体育指导中也重点推广和传承了民族传统体育非遗项目。河南人民一直有习练武术的传统，常在健身休闲场所撂石锁、踢毽子、打太极、习武术、抖空竹、掷陀螺……这些在无形之中保障了大量体育非遗项目在河南的传承。一些企业虽出于盈利的目的在一些舞台、景区、饭店表演体育非遗，但客观上也提升了河南省体育非遗的知名度和影响力。但社会传承体育非物质文化遗产往往显得杂乱和缺少连续性，在对体育非物质文化遗产原真性保护方面也存在一些缺陷，这是在后期需要注意和加强改进的地方。

第三节 河南省体育非物质文化遗产传承的个案举隅

对于河南省最具特色的登封少林功夫和温县太极拳已经有大量的学者做了研究，本研究在涉及相关论述时主要以已有文献为参考，在田野调查过程中，国家级非物质文化遗产项目以苌家拳、小相狮舞和麒麟舞为例，省级非物质文化遗产项目以南无拳为例，市级非物质文化遗产项目以打春牛等为例，来展现河南省体育非物质文化遗产的传承实况。

一、荥阳苌家拳的传承

"上下五千年，纵横九万里"，勤劳、勇敢、智慧的中华民族在从古到今的历史进程中不仅创造了辉煌灿烂的中华古文明，而且创立了世界上独树一帜的中华武术。在浓厚的武术氛围中，中原腹地著名的苌家拳派应运而生。苌家拳以其理论精湛、技法淳朴、技艺精湛、拳法丰富而独具一格，深受武术界人士的喜爱。苌家拳发祥于河南省荥阳市。荥阳市素来洪水泛滥，地势险峻，山川雄伟，兼有"一夫当关，万夫莫开"虎狱险关，为历代兵家必争之关。东距殷商古都40多里，南距登封少林寺100多里，北隔黄河，横跨文县陈家沟30多里（陈式太极拳的发源地）。这种独特的地理位置促生

第二章　河南省体育非物质文化遗产的传承

并保障了苌家拳的悠久传承实践。苌家拳是一种罕见的拳种，因其深刻的理论、成熟的技能、出色的战斗特性及独特的魅力深受武林界人士推崇，与少林、太极并称"河南三大名拳"，乃中华武术中不可多得的瑰宝。苌家拳派内容丰富，论著颇多，理法精微，独具特色。《重修汜水县志》记其"潜心《周易》，洞彻阴阳起伏之理……作《中气论》以明其会归，其中炼气之术，纵横开阖之妙，均发前人所未发。"苌家拳创始人苌乃周的《中气论》是古代武术典籍中第一部着重讲究并明确记述内炼精气的拳学专著，并创立了一整套内练的功法秘籍。苌乃周通过以"培养中气论"为拳，强调了内外兼修、动静结合，练形以合外，练气以实内的论点，提出武术要"形气合练"的基本思想，明确提出了"气力根本在于聚精会神"，在传统武术的发展历史上堪称首创之举。2008年6月7日，苌家拳被国务院确定为国家级非物质文化遗产，这对荥阳苌家拳的传承具有重要意义。苌家拳获得国家级非遗物质文化遗产身份之后，得到国家和社会的认可，为苌家拳的发展奠定了基础，从此，社会各界对苌家拳的研究和保护逐步推进。

苌家拳第八代传承人、国家级非遗传承人苌红军练习苌家拳[①]

[①]非遗苌家拳如何再续"江湖地位"，苌红军：先苦后甜 努力向前[EB/OL].[2022-07-30].
https://www.dgbzy.com/303308.html.

2008年郑州举行了第十届亚洲艺术节，苌家拳参加了艺术节表演活动。2015年第十一届中原武术大舞台开幕演出中苌家拳亮相。2021年来自加拿大的30名"多伦多中华文化研究中心"的交流者来到荥阳，观看了苌家拳的表演，外国友人被苌家拳拳法的精妙所感染，饶有兴趣地练起了苌家拳，加拿大交流者海丽兴奋地告诉记者："苌家拳赛真的很棒，回国后，我们需要更多地了解苌家拳，向更多的人宣传苌家拳，感受中华民族博大精深的文化。"此次活动大大加强了苌家拳的传播和中加文化的交流。20世纪90年代初，大约有70名来自伊朗的参赛选手参加了旨在展示中原传统文化、加强中伊武术交流的"中原节"活动。选手马苏德·贾法里说："我最早是从李小龙的电影里看到中国功夫的。"贾法里曾经在嵩山少林寺学习并接触了苌家拳，他也见证了伊朗武术的崛起过程，他说："现在我国的武术在世界上仅次于中国。"他习练苌家拳、加强中伊武术交流的故事已经被记录在第一部由伊朗和中国联合制作的电影中。英国人韦满宜曾把徐震《苌氏武技书》译成英文，在英国进行研究和推广。

苌家拳的竞赛推广

第二章　河南省体育非物质文化遗产的传承

当前，苌家拳的传承也存在一些困境。首先，苌家拳的传承人日益减少。在苌乃周创立苌家拳之前，首先，苌乃周家族本身就是一个武术世家；其次，因苌乃周在家办私塾，知道其武术技艺的人反倒很少，虽然苌乃周有着丰富的教学经验，但是生源的不足导致学习苌家拳的人越来越少；还有就是传说苌乃周向来择徒严格，导致所收苌家拳的徒弟很少，但是他对所选徒弟都倾囊相授，毫无保留，因此也教出了不少的苌家拳高手。苌家拳目前也面临着激烈竞争的现状，南边有传统武术少林功夫，并且有著名的登封少林寺，为少林功夫提供了学习场所，而且少林功夫以积极创新的方式融入社会当中。北边有著名的太极拳，太极拳已经在全国甚至全世界普及，各大体育院校已经有太极拳课程，也是广大群众健身锻炼的首选之一。苌家拳发源地的地理位置特殊，被南边的少林功夫和北边的太极拳所环绕，从而导致苌家拳的传播只能局限于发源地。由于少林功夫和太极拳名声过高，学习苌家拳的人数很少，因此，苌家拳传承人逐渐减少。国家非物质文化遗产首批名录中少林功夫和太极拳入选，而苌家拳却不在其中。苌家拳的起源远离政治和文化中心，长期存续于黄河边上的一个小村庄。改革浪潮时期，在乡村的传承因受到集聚、农耕、隔离等因素的影响，苌家拳受到了很大的冲击，而且乡村中能够长期学习并继承苌家拳的年轻人寥寥无几。苌家拳进荥阳市中小学体育课堂的效果也不理想。按照国家的政策和部署，荥阳市教体局和市政府通过讨论研究苌家拳的传承方式，对如何进行有效的传播进行精心计划，多次审查传承方案的可实施性，通过严谨的组织和有计划的推广，在全市学校范围内进行苌家拳巡演宣传，大力推动广大中小学生学习苌家拳，同时也在全省范围内启动了"苌家拳走进中小学"工程。

特别是为了苌家拳可以更好地在荥阳市中小学传播，荥阳市教体局对80位来自全市各个学校的中小学体育教师进行集中培训，培训内容为苌家拳的基本拳法和套路。新学期开学后，荥阳市教体局对体育课的地方课程进行改革，将苌家拳基本拳法纳入中小的体育教学当中，中小学生全面学习苌家拳也普及到教学工作中，体育教师应积极探讨苌家

第九代传人杨俊伟在学校传承苌家拳

拳教学工作，提高教学效率。全市所有的中小学校为了更充分地利用课外活动、体育课等时间，对苌家拳开展了有目的、有计划、有课程标准的学习培训，使学校成为弘扬中华民族优秀文化——苌家拳的重要基地。据统计，荥阳市中小学生人数近6万人，同时也有近4万的学生在学习苌家拳，这为苌家拳的传承奠定了良好的基础。通过不断的努力，苌家拳在荥阳市域内的中小学校传承的情况较好，但其作为国家级非物质文化遗产，在河南省内其他市和全国其他省份的中小学校的传承情况则一般。第三，影响苌家拳发展的主要因素。影响苌家拳传承的主要有两个方面的因素：第一是苌家拳传人恪守"宁可失传，决不滥传"戒律，择徒严格，传人不多；苌家拳传人收徒而不收费，为养家糊口计，不能专心于传徒授艺；经费不能保障，使苌家拳的各种比赛、宣传、交流活动无法开展；资料散存民间，无法整理；生活方式转变；政府不够重视。第二是苌家拳的传承与发展离不开政府和社会广大习武人士的支持，由于社会发展越来越快，经济增长迅速，时代的变迁要求苌家拳不得不进行创新；现代生活方式与以往有所不同，为了更好地适应人们的

第二章 河南省体育非物质文化遗产的传承

生活,苌家拳必须进行必要的改革。其实,影响苌家拳发展的最主要的因素还是第一方面,因为只有传承人进行改革和创新苌家拳的武术套路,才能使苌家拳更容易融入人们的生活当中,才能使学习苌家拳的人数逐渐增多;政府的大力支持也是关键,只有国家政府颁布相应的文件,才能促进苌家拳的可持续快速发展。

关于苌家拳的未来发展,访谈中,地方传承人ZDT这样说:

> 要我说,苌家拳的传承应该从以下方面做出努力。一是,国家政府提供必要的资金支持,使苌家拳传人有生活保障和时间保证,能够集中精力学习与发展苌家拳。现阶段为了苌家拳能够更好地发展,政府必须重视和参与到苌家拳的学习与发展中,政府人员要起到带动群众学习的作用,在媒体的参与下,政府人员的学习将起到更好的示范和推广效果。二是,如何将苌家拳传承得更好,是政府需要长期思考的问题,为了珍惜、保存我们身边最宝贵的文化遗产,市政府要实时跟进,发现问题及时解决。苌家拳的学习可以起到健身锻炼的作用,也可以修身养性,从这一养生保健的角度对苌家拳进行广泛推广,大力宣传练习苌家拳对身体健康的积极作用,使广大群众都参与到练习苌家拳当中去。政府筹集资金,办活动演出,宣传苌家拳。政府可以举办表演活动,与社会企业合作宣传推广苌家拳。响应国家全民健身政策,在全市各个娱乐健身场所和广场建设苌家拳指导中心,为广大人民群众提供专业的指导。苌家拳指导中心一定要普及到各个乡镇,可以达到更好的宣传效果,也能更好地帮助到每一位学习苌家拳的人,积极推广苌家拳,使它成为人民群众健身锻炼的选项之一。三个是,加强苌家拳的科研与推广。政府要加强对苌家拳拳谱的研究,寻找一条适合苌家拳在城市和农村发展的道路,是当前急需解决的问题。苌家拳的学习和传承必须遵循科学性、健身性。荥阳市政府应组织相关专家对苌家拳的基本套路进行科研创新,找到一个适合广大群众练习的苌家拳基本拳法;也要针对苌家拳的传承进行研究,如何才能将创新后的苌家

拳进行推广。政府可以借鉴太极拳的推广方式,把苌家拳融入大学生的课堂中,利用高校宣传培养苌家拳的人才,也能更好地培养苌家拳的优秀师资力量。四个是,社会各界可持续地支持。苌家拳属于民间少数传统武术,基本上得不到国家财政的拨款,因此,苌家拳的发展和传承都是通过自身的努力,向外界宣传苌家拳的优势,利用这些优势吸引社会企业及个人进行投资,举办苌家拳的表演活动,既可以达到宣传推广的作用,同时也可以使企业获得更好的宣传,并得到相应的收益。相较于其他传统武术的发展,苌家拳的发展有些滞后,而太极拳、少林功夫通过政府的大力支持都发展得有声有色,因此,要使苌家拳发展得更好,政府的支持和拨款是前提,政府也应该颁布相应的激励政策,对于学习苌家拳的练习者给予场地、器械、服装支持,对于广泛推广苌家拳的社会企业等要给予税费减免和公开表彰,从而使苌家拳的发展越来越好。

二、巩义小相狮舞的传承

中国传统民间狮舞艺术是旧历年节期间于庙会等地表演的用以祈福纳祥、消灾避难、祓病除疫的农耕礼仪活动,也是古代中国最喜闻乐见的民间娱乐形式之一。民俗学家冯骥才先生认为:农耕时代正在从我们身边消失。从古至今,人类的文明一共经历了两次"转型",第一次是由渔猎文明转向农耕文明,第二次就是近一个世纪——农耕文明向现代工业文明的转化。如今,我们的一只脚还没有离开农耕时代,另一只脚却已经踏入了工业时代。原来的农耕文明下的一切文化都在迅速地瓦解和消失。现在,民间文化正面临着巨大危机,急需我们的关注和重视,探索我们中国民间艺术的发展方向与艺术特色。民间狮舞艺术就是我们中国民俗文化研究的重要课题之一,民间狮舞以其特有的艺术形式展现古代民众的生活方式、精神意念和审美理念,是古代民俗风情的完美体现和民族文化生命的重要标识。中国的狮舞活动历史悠久,可追溯到汉代百戏之一的"狮戏",而汉代民间狮舞的起源

第二章　河南省体育非物质文化遗产的传承

也有种种传说。史载公元446年（南北朝宋文帝元嘉二十三年），良州刺史檀和之奉命讨伐林邑，林邑国王范阳训练大象军队出战，宋军大败。宋军先锋官乃振武将军宋悫，他想狮子是百兽之王，大象也是百兽之一，岂有不怕狮子之理，于是就命将士连夜用布、麻等东西，做成狮头狮皮，涂上五彩的颜色，每只由两名战士披架，隐伏于草丛之中。大象突然看到这些张着血盆大口、张牙舞爪的狮子窜过来，吓得扭头就跑。这时，宋军乱箭齐发，乘胜追击，大败敌兵。从此，舞狮就在军中流行。随着时间的推移，渐渐传到民间。

巩义市小相狮舞

位于河南省巩义市境内的鲁庄镇小相村，是狮舞文化的发源地之一。小相狮舞是小相村流传的一种传统舞蹈节目。据记载，小相狮舞于明代后期开始演出，至清代嘉庆年间达于鼎盛，声名鹊起。小相狮舞有文狮（地台、桌子）、武狮（高台）和群狮（顶天柱）之分，其表演洒脱大方，稳重细腻，有一定的故事情节，既能以顽皮诙谐的动作表现人与动物和谐相处的至善境界，又能以雄放粗犷、刚劲有力的舞姿表现狮子威武勇猛的气质和矫健灵活

43

的神态。2008年6月7日，小相狮舞经国务院批准列入第二批国家级非物质文化遗产名录。小相村的狮舞文化兴起于何时已经无法考证，据村里老人所说，明末清初就已经出现。还有的人说清初某年，村中发生"霍乱"，很多人都死了。村里的人在求医无门的情况下自发组织起来，寻求自救，当时由于汉族民间崇尚迷信，百姓们认为"霍乱"是妖魅作祟，而古代狮子被誉为"天禄、避邪、神兽"的吉祥之物，于是，村里的人就用狮子来驱病、避邪。霍乱过去之后，小相村的狮舞便流传下来，逢年过节，村民们就会自行组织一场热热闹闹的狮舞大会。19世纪中期以前，小相狮舞以地摊为主，即在平地以四回斗狮舞蹈，使用的器械有大刀、单刀、双刀、枪、大镰、三股叉等。20世纪30年代，小相狮舞由板凳架的单调表演变为揭板凳的新套路。20世纪40年代，小相狮舞艺人创造出"双凳双狮"绝技。20世纪50年代，小相狮舞开始在巨型老杆上表演。改革开放以后，小相狮舞艺人把地摊、桌上和高台有机结合搬上舞台，打破了一般杂技狮舞模式，为狮舞的发展做出了新的贡献。中国的狮舞艺术是华夏民族几千年来传统文化的结晶，与我国民俗传统密切相连，在一定程度上反映了一个时代的政治面貌、传统信仰和文化生活，在中国历史上一直闪耀着夺目的光辉。我国的狮舞艺术从汉代流传至今，经过各朝各代的传承与发展，各地区也形成了风格各异、独具地方特色的艺术。20世纪80年代以来，由于国内"民俗热"的持续升温致使民俗艺术也相继得到快速发展，狮舞艺术由乡间、庙会步入舞台、赛场，并成为盛世庆典不可或缺的表演之一。在2007年的5月，小相狮舞受到邀请代表河南省非物质文化遗产项目去参加在北京举行的第一届国际非物质文化遗产节开幕式，本次开幕式小相狮舞赢得了联合国教科文组织及56个国家和地区代表的称赞，最终荣获本次开幕式的最高奖——特等奖而名扬天下。在2008年元月28日，小相狮舞被中国非物质文化遗产保护中心认定为国家级非物质文化遗产项目；2月6日至22日，应邀代表河南省非遗项目进京展演高空狮艺，震撼京城，被中国民协和中国民间文化遗产展演组委会评为金奖，并授予"中华第一狮"的美誉。直到如今，小相狮舞已经多次受邀参加省中原文化庙会、省农博会、省民间艺术节、成都非物质文化艺术节等

第二章　河南省体育非物质文化遗产的传承

巩义市小相狮舞的高台展演

大型活动，并在活动中获得多项荣誉，小相狮舞也被各大媒体争先报道，每年去各地参加庆典所获得的演出产值达百万余元，不仅得到了不错的经济效益，还使小相狮舞在民间广为流传。小相狮舞正以傲人的雄姿、蓬勃的生命力迈向一个全新的发展时代。

当前，巩义市小相狮舞的传承特点主要有四个，分别是腊鼓传承、家庭传承、暗地学练和学校教练。首先是腊鼓传承：腊鼓其实就是农历十二月份的鼓声。在巩义和偃师一带一直保持着腊鼓习俗。冬季天寒地冻，并不是农作物收获的季节，在这个时间段农民往往是比较清闲的，一进入腊月大家都愿意待在家中，减少外出，这是传授和练习小相狮舞的好时候，所以各村都把村里存放的大鼓和器械拿了出来，村民们组织起来，在村中的公共场所进行表演，给村民们提供娱乐，咚咚的声音传出村外，故称为腊鼓。小相村也是如此，不过小相村开始得比其他村更早一些，种过麦子之后便开始教练狮子舞了。第二是家庭传承：小相村的舞狮艺人，在冬天外面环境艰苦的情况下，条件相对好一点的，便会把弟子带入家中，趁着晚上闲下来的时间教他们舞狮。崔四箴就是这样一个狮舞艺人，作为舞狮世家，每年寒冷的冬夜都会在自己家的大窑里点着灯教孩子们舞狮，有时别家子弟甚至是外村的爱好者也会到这里"蹭课"。如此这般的舞狮世家小相村还有很多。第三是暗地学练：小相村每一代都会有舞狮奇才出现，好像在大家的认知里都没有见过他对这方面用功过，但突然展现出来的才能，不由令人眼前一亮。这时人们通常才明白，原来人家是"下闷功"，不知背地经历了多少汗流浃背的日夜。张西令就是这样的一个人，作为首创三条凳的第十一代艺人，他通过自己的努力取得今天的成就。第四，学校教练：中学教师崔希金是小相狮舞第十一代艺人，在1985年之后的日子里，只要他有闲下来的时间，便会聚集初中生进行课余练习。

小相狮舞的传承也存在以下问题：第一，随着社会发展，经济收益低，后继无人。如今，随着社会主义市场经济体制的发展，由农耕社会产生、形成并发展的小相狮舞不能很好地适应当今社会的发展，其具有民间娱乐活动的主要功能受到巨大的冲击，国内外丰富多样的现代表演艺术展现在中国文化舞台上，更多的观众追求在环境高雅、灯光绚烂的音乐厅、文化中心等欣赏艺术表演，而不会选择在市集街头、露天广场观看一场锣鼓喧嚣的民间狮舞表演。因此，小相狮舞的经济收益太低，传承面临着巨大困境，主要体现在以下几方面：①虽然小相狮舞的传承人身强力壮，但是由于经济窘迫等各方面原因，无法对小相狮舞的传承和发展投入太多精力；②由于家庭生活压力太大，村中大量年轻人外出务工，赚取家庭生活日常所需的费用，因此村中的年轻人对小相狮舞的传承和参与度大不如从前；③由于时代的迅速发展，出现了越来越多人们喜欢的娱乐活动，比如打麻将、广场舞、打篮球等，当地村民选择了这类娱乐活动，所以观看小相狮舞表演的人数也少之又少；④小相狮舞是一种追求高超技艺的民间艺术，就算长时间进行练习也不一定能够取得成效，因此，许多家长就不愿意把自己的孩子送去学习小相狮舞，不愿让他们去经受几年甚至十几年磨练的枯燥和乏味。第二，投入多，产出少，入不敷出。从当今社会发展规律来看，影响小相狮舞传承与保护工作的关键因素之一就是经济，良好的

第二章 河南省体育非物质文化遗产的传承

经济条件能够为小相狮舞的传承和保护工作提供有力保障。首先，为了能够保障小相狮舞练习和表演人员的安全，对表演道具和装备要有更多的资金投入，对老旧的道具和装备进行更新换代。其次，在小相狮舞这个团队中，只有让队员在生活上没有后顾之忧，才能够使他们全身心地投入小相狮舞的传承工作中。但小相狮舞每年进行商演所获取的收益并不能够满足这些需求，因此，小相狮舞的传承发展面临着入不敷出的尴尬局面。第三，市场化与原真性难以兼顾。市场在不断发展，各地政府也在不断开发实践，传统文化的经济价值被发掘了出来，而文化价值却被抛在一旁。为了使之发挥最大的经济效益，将其真正的光彩掩埋，打造成世俗的消费品，破坏了它真正的价值，狮舞原汁原味的内涵被破坏，可想而知，变了味儿的艺术终将会走向衰落。表面来看，好像是为了小相狮舞更好才不断改造形式、服化，用于商业和气氛宣传，打造热闹氛围，看似使更多人注意到了，实则这样做的结果便是让小相狮舞失去特色，成了哗众取宠般的存在，假传统和假道具永远不可能变成真的，但却能造成误导和假象，被牺牲的传统特征和价值在繁华的背后被人逐渐遗忘，最终，也会消失在世俗之中。

节庆中的小相狮舞

未来，小相狮舞的传承发展主要应在以下几个方面做出努力：①政府加大重视力度，丰富传承形式，培养后备人才。政府应该加大对小相狮舞的重视力度，支持小相狮舞的良性发展，从其他传统文化的发展实例可以看出，凡是得到政府大力支持的文化活动就开展得有声有色。凡是缺少主管部门大力支持的，就很难有大的起色，这种支持，不仅仅指主管部门给予狮舞团队的资金补贴，而主要是指给予狮舞团队足够的激励，鼓励狮舞团队致力于小相狮舞的发展。狮舞传承的形式要不断创新丰富，为后备人才提供更多的思路，这些人的数量和质量才是小相狮舞发展状况的直接体现。在文化传承的过程中，其形式对效果的影响十分显著，后备人才是传统文化创新活力的体现，以什么样的方式才能实现小相狮舞的可持续发展，才是需要考虑的问题。目前市场有关小相狮舞的培训组织和机构虽不多，但并不能因此放弃创新，传承人的思维要开阔，迈出自信的脚步，不要拘泥于需求，而是要创造需求。比如，以开班培训的方式使大家了解此项传统文化，不仅有助于传承技艺，甚至会发现隐藏的人才，还能够带来一定的收入，然后，便要明确自己的目标，了解市场对这项传统的期望程度，并进行有计划的引导。传承的方法不需要一直遵守老旧的形式，而是要有针对性的选择和抛弃。而跟随时代的引导，在传承形式上不断创新、改进，不仅不会被时代抛弃，反而会焕发生机。人民是动力的源泉，做到让人民喜欢并充满期待，发展群众力量，使传承的文化和内涵符合时代潮流和经济规律，从而使狮舞文化在当今社会焕然一新。②建立小相狮舞商演新模式。商演是保持小相狮舞发展活力、为小相狮舞发展提供保障的一个重要途径。小相狮舞是个具有极高观赏性的传统文化艺术表演，因此，在巩义市开展小相狮舞商演活动具有较大的市场空间，不仅能够丰富人们的精神文化生活，还可以丰富本地区的旅游资源，促进本土旅游产业向良好方向发展，而旅游业的发展又必然会促进小相狮舞商演发展。因此小相狮舞团队可以成立一个小相狮舞演艺公司，该公司可以将小相狮舞作为一个演出项目进行开发，建立完整的运营及演出队伍，使小相狮舞商演呈体系化发展。该方法一方面能够促进小相狮舞演艺公司运营体系健全,另一方面也能够为狮舞演出队伍提供经济保障,能够有效缓解狮舞队伍后继无人的尴尬局面。③正确处理原真性保护和市场开发的关系。单一的原真性保护与过度市场化都不是保护小相狮舞的有效措施,而保护性利用措施与市场化开发不同,前者的目的是保护,后者的目的是获取商业利润。最有效的措施就是采用保护和开发并重的办法,一方面通过排演经典的狮舞技艺或符合大众口味的新技艺来吸引观众,另一方面也要把一些非常有价值但不为人所熟悉的古老技艺进行挖掘、整理、研究,并进行排演,成为一个样板,然后用现代先进的媒体技术拍摄下来作为资料保存,让后人能够了解研究。

三、兰考麒麟舞的传承

麒麟舞既是传统舞蹈,又是能够为我国群众带来健身和娱乐效用的民族传统体育瑰宝。2008年,河南省兰考县麒麟舞被列入我国第二批国家级非物质文化遗产名录中,这也充分证明了它所具有的宝贵价值。麒麟舞在全国多个地方均有散布,它具有超高的艺术价值、研究价值等,我们对于保护传承与发展这一优秀文化遗产具有不可推脱的责任。

国家级非物质文化遗产麒麟舞源于开封市兰考县红庙镇东村,有着悠久的历史,该区域民风淳朴,麒麟舞也在这个地方传承久远。麒麟舞是以民间舞蹈形式存在,每逢佳节或大型活动等都可看到麒麟舞的表演,人们用麒麟舞来表达对未来顺利的期盼。兰考麒麟舞是以麒麟头与麒麟尾组合而成,表演时需由两人配合完成,一人舞动头部一人舞动尾部,再加上音乐、道具等的配合进行技术与技巧的表演,整个动作大开大合,因有多元素的融合,麒麟舞的表演也具有诸多的价值,如音乐价值、社会价值、技术价值等。

兰考麒麟舞①

麒麟舞作为我国的民间舞蹈和传统体育项目，有着近千年的历史，但随着时间的推移和发展，时代的逐渐进步，兰考麒麟舞按其最初的流传谱系可追溯至明代末期。据有关资料记载，在清朝年间，麒麟舞已经成为了民俗活动"灶火"的主要内容，在当时兰考县民间已经非常普遍，中华人民共和国成立初期是兰考县麒麟舞极为兴盛的时代，有四十多个演出队伍。每到大型节假日或重要的日子都会邀请麒麟舞团队进行表演。中间虽有衰落和曲折，但在20世纪70年代末期，麒麟舞开始逐渐恢复演出，那时的人们每天并未有丰富的业余消遣活动，所以麒麟舞在当时非常受大家欢迎，很多大队都会安排一部分年轻人去专门学习麒麟舞。据描绘当时学习麒麟舞的年轻人生活状态的记录，这些年轻人每日下学后便跟着老师进行练习，日复一日练习了一两年的时间，之后就跟随老师开始进行各地的表演。每天过得非常开心充实，因而麒麟舞也一直在兰考县民间流传较广。那个时

---

① 百度百科. 兰考县麒麟舞［EB/OL］. https://baike.baidu.com/item/%E5%85%B0%E8%80%83%E5%8E%BF%E9%BA%92%E9%BA%9F%E8%88%9E/12509519.

第二章　河南省体育非物质文化遗产的传承

候家中拥有电视的人家很少，每天人们的乐趣也就是看麒麟舞队的演出，所以每次只要有麒麟舞表演，人们都争相出门观看。但随着时间的推移，市场经济繁荣，人们的生活质量也在逐步提高。农村的人都争相向外走去，寻找更好的工作，愿意留在农村学习麒麟舞技术的年轻人也逐渐减少，麒麟舞队的成员也逐渐减少。同时随着科技的进步，手机等电子产品的出现丰富了人们的生活，人们可以看到更加丰富的表演。麒麟舞表演的机会也相应减少，甚至没有演出。但随着国家对非物质文化遗产进行保护，2004年，麒麟舞被列为河南省第一批民族与民间文化保护工作试验项目。2006年，政府在兰考县开展非物质文化遗产保护项目，对中国传统文化加以深入发掘与整合。于2007年2月，麒麟舞被认定为省级非物质文化遗产。2008年6月，麒麟舞被确定为中国国家非物质文化遗产项目。现如今我国多地都有麒麟舞的身影，如东莞麒麟舞、黄阁麒麟舞、兰考麒麟舞等，但各地方的麒麟舞并不相同，都各具特色。"以本省为例，目前麒麟舞蹈在本省共有14个代表队，而兰考县有7支代表队，分别位于兰考县红庙镇樊庄、堤湾、小宋镇的宋集、南彰镇的刘桥与闫楼镇的闫楼寨。兰考县7支麒麟舞队仅有3支队伍尚能断断续续表演，由于各方面的原因，兰考麒麟舞的发展缺少创新，缺乏活力，面对时代的发展，兰考麒麟舞现在走在了新的十字路口，面临新的抉择，处于濒危的困境当中"，但现今的麒麟舞较从前也壮大了许多，但在未来的道路上麒麟舞还需创新，只有创新才能跟上时代的发展，才能继续发扬传承下去。

兰考县麒麟舞在一代代传承中流传至今，但随着时代的变化、科技的发展，传承也受到了冲击。一项非物质文化遗产的保留与传承需要经济的支持，而兰考县麒麟舞的传承中也出现了许多经济问题。兰考县麒麟舞作为国家非物质文化遗产，政府为了对其进行保护，会给予一定的财政拨款供其发展。2021年前，国家对于非物质文化遗产的传承人资助每人每年为1万元，但2021年12月30日印发的《国家非物质文化遗产保护专项资金管理办法》第三章中央本级项目资金分配与管理的第十八条明确提出，代表性传承人传承活动测算标准为每人每年2万元，比之前提高资金1万元，同时还可通过评估结果适当地增加或减少补助，在一定程度上缓解了兰考县麒麟舞传承的资金问题。

兰考麒麟舞传承人候学阳在表演

兰考县的麒麟舞队会进行一些演出来赚取一定收入，但演出机会较少且收益偏低。兰考县麒麟舞的演出分为两种形式，第一种为不出县城的演出，此类演出一般情况下为义务演出没有费用或者不是义务演出但演出费用较低，第二种为出县城到外地进行演出，此类演出一般费用较高，例如在北京、上海等地举办的非物质文化遗产展览会或大型商演等，但此类演出机会较少，演出费用较高，同时这也是兰考县麒麟舞队现如今主要的经济来源。在资金匮乏时队友们会自掏腰包集资进行训练与购买服装。如兰考县红庙镇堤湾村麒麟舞队队员会进行集资。堤湾村麒麟舞队的复兴是在2008年，2008年以前基本上没有表演，宋海长在《大河报》上看到《第二批国家级非物质文化遗产名录推荐项目名单公示：我省56个项目榜上有名》一文后，得知兰考县麒麟舞入选国家级非物质文化遗产名录，联合其他队员每人集资200元添置道具，开始进行麒麟舞表演。据调查，每一项非物质文化遗产的传承都需要人们十几年甚至几十年的学习与训练，麒麟舞也同样如此，麒麟舞是以麒麟头与麒麟尾组成，所以要想舞好麒麟舞最少需要两个人的配合才可完成，这也是麒麟舞传承困难的原因之一，一位传承人的成功培养所需费用已不是小的数目，虽有国家补助，但还不够，更何况整个

第二章　河南省体育非物质文化遗产的传承

麒麟舞队。麒麟舞在舞动时动作很大，对于舞动者的力气与耐力要求很高，所以要想表演好麒麟舞就要练习武术，因此传承人的培养也要从小开始，而在这个过程中练习者摄取充足营养极为重要，伙食费也是一大笔费用。另外，还有道具及场地费用，麒麟舞以麒麟头与麒麟尾连结为一体进行表演。所需道具制作工艺复杂，难度极大，步骤多，会做的人才也很少，此外，还有训练的场地租用、服装、日常开销等一系列费用，虽然每一项费用单独看并不高，但所有费用加起来几年下来将不是小数。

除了经济问题，兰考麒麟还面临以下问题：

第一，兰考麒麟舞创新意识不足，市场发展空间小。要想传承发展麒麟舞，资金的支持必不可少，麒麟舞队通常以参加演出来获得收益。但是随着时代的发展，人们生活水平的提高，麒麟舞因表演形式过于单一，内容不新颖，创新意识不足而受到冷遇。当前更多的新兴表演被人们熟知，麒麟舞这种非物质文化遗产普及性的表演机会也逐渐减少，市场受众主要为老一辈人。

第二，麒麟舞知名度较低，传播渠道窄，创收方式单一。兰考县麒麟舞在近些年中，舞队的年轻主力逐渐减少，从而使麒麟舞队的演出逐渐减少，加之麒麟舞的知名度不高，传播渠道太过狭窄，未及时跟上时代的发展。此外，也未进行创收的创新，一直以传统舞蹈套路来进行，并未跳出原始的狭小圈子，创造收入的形式过于单一。

未来，要摆脱经济困境，麒麟舞在传承中应在以下方面进行改进。首先，加大宣传，提高麒麟舞的普及程度，引导投资。政府在非物质文化遗产的传承中起着主导的作用，应依靠政府的帮助，加大宣传麒麟舞强身健体的价值、艺术价值与表演价值等，同时可引导人们对其进行投资，增加麒麟舞的宣传机会，从而使之得到传承。同时政府可加大相应的补助与支持，除了资金的支持，还可牵线让企业对麒麟舞队进行资金投入，邀请进行演出等；麒麟舞还能走进校园，聘请专业的麒麟舞老师来教导学生，达到使学生强身健体的效果，实现经济与传承双赢的局面。其次，提高创新意识，探索新型表演形式。要对麒麟舞的表演形式大胆创新，如传统的麒麟舞表演有较多的重复动作与表演套路，可以将这些重复的动作或繁重的舞步进行改编，使其在不改变原有特色与技巧的基础上更加具有新颖性。在麒麟舞的服装道具上同样也可以进行创新，传统道具过于沉重，可以寻找更加轻便的材料进行制作，使表演者在舞动麒麟的时候更加轻松。推广形式也要进行创新，不拘泥于传统的舞台，如将麒麟舞的表演录成视频，在社交媒体上进行播放，或对表演进行直播，同时也可在话剧表演、影视剧表演中进行客串等，以此来进行宣传并赚取一定收益。最后，打造麒麟乡，带动旅游业的发展。在兰考县可以以麒麟舞为主题，以麒麟舞的造型为依据创作麒麟舞面具、麒麟舞披风、麒麟舞的画作及手办，打造一个麒麟舞乡镇，带动人们去旅游。此外，在打造麒麟乡时可以不拘泥于线下，同步开展线上游，极大地方便了人们对麒麟舞的了解，丰富了资金的来源。

兰考麒麟舞作为我国非物质文化遗产有着悠久的历史，它的传承与发展是重中之重，文化的传承与发展需要经济的支持，所以对经济问题要特别重视，将市场、政府、自身三者相结合起来解决麒麟舞发展的经济问题。

兰考麒麟舞参加民俗竞演

四、南无拳的传承

南无拳源于洛阳上清宫，据传是道家全真教创始人王重阳"七真子"之一的谭处端创建于1174年的一套道家养生拳，也是道家传承至今的唯一的一套内家拳，距今已有800多年的历史。南无拳是蕴含道教文化集修身养性、健身于一体的拳术。其讲求除妄念、灭心火、调阴阳、补五行、涤孽障、修慧性、求清净、得长寿。南无拳的核心目的是道法自然，借外御内，效法天地，内外兼修，激发潜能，达到气血通盈，延年益寿的目的。当前的传承人刘成庄用哲学的观点诠释了南无拳的修炼目标：有和无的统一、阴阳平衡的统一、气和血的统一；血为轻，气为重，血为盈，气为命。因此，南无拳的每一个整体套路和招式，对人体的某些部位都有针对性的要求，认真学练之后，就能够达到预期的目的。南无拳是一种强身健体、调理五脏六腑、医治内伤及四肢百骸的一套养身拳。无论男女老少的身体健康程度如何，只要能够活动的，都可以根据自己的身体状况，在老

洛阳南无拳

师的指导下，选择几个招式，坚持学练，实践证明，在很短的时间内，都可以获得意想不到的良好效果。

南无拳的动作特点主要是发内劲，上肢的掌、拳、梳、洗、砍、插、拉、撑、挡、推、钻、捶、砸、捞、摆、拧、托；下肢的内八、弹、踢、震、靠、弓、跳、踏、马；鼻咽的吻与咽；转身的前、后、左、右，都必须用劲发力。先启动大脑，再调动手脚，再带动臂腿，然后贯通身体上下。这样一来，劲力由外到内，疏通了气血，调动了肌肉，激活了细胞，打通了关节，使血液、循环、消化、内分泌、呼吸、神经、生殖等系统的生理功能也都调节到正常状态，使身体某个不协调的部位逐步得到改善，趋向正常，病疾自然就消除了。

南无拳随着道教南无派的赓续而被传承下来。公元1220年，丘处机劝说成吉思汗减少杀戮而受到赏识，使全真教进入鼎盛时期，从而推动了南无派的发展壮大，使南无拳得以持续传承。公元1232年，南无派南迁至南阳传教，南无拳被带至南阳。1877年，南无拳第20代宗师刘名瑞整理出《南无道派宗谱》。1883年，应洛阳县道会司邀请，南阳玄妙观道会司批准镇平县城隍庙的南无拳第28代传人郭德禄前往洛阳布道，使南无派与南

南无拳大型展演

无拳回归洛阳。2011年,南无拳成为河南省第三批省级非物质文化遗产。当前已单传至31代,目前传人为刘成庄。具体传承谱系如下:

  第一代:谭处端,号"长真子",河南洛阳人。第二代:张本灵,河南卫辉人。第三代:李崇瑶,河南开封人。第四代:王真一,号虚谷子。第五代:杨理信,山东莱州人。第六代:胡玄宗,号昭元子,邯郸县人。第七代:马微善,号数一子,山东济南人。第八代:刘至洞,山东济南人。第九代:周妙超,江苏徐州沛县人。第十代:陈仙后,河南彰德府汤阴县人。第十一代:朱立刚,直隶定州人。第十二代:许去乾,直隶顺德府沙河县人。第十三代:孔云峰,山东泰安人。第十四代:罗霄运,盛京安山人。第十五代:郑上乘,辽东广宁人。第十六代:邢功广,京都顺天府通州人。第十七代:高成岳,直隶永平府抚宁县人。第十八代:曾必先,直隶河间府阜城县人。第十九代:甄有虚,山东济南府宿迁县人。第二十代:刘名瑞,字绣峰,京都顺天府宛平县人。第二十一代:孔大彻,山东济宁人。第二十二代:杨教怀,湖南湘潭人。第二十三代:徐明坤,河北沧州人。第二十四代:贺清玄,浙江杭州人。第二十五代:叶静初,南阳方丈。第二十六代:赵宏仁,南阳方丈。第二十七代:张演武,南阳方丈。第二十八代:郭德禄,河南南阳人。第二十九代:师惟新,河南偃师人。第三十代:刘良仙,河南洛阳人[①]。

五、打春牛的传承

  打春牛又名"鞭春牛",据史料记载,打春牛这一民俗活动最初记载于周代《礼记·月令》当中,其中对于打春牛的描述为"出土牛,以送寒气"。土牛指的是泥土制作的牛,意为鞭打泥土做的牛可以驱赶寒气。同时

[①] 王玠.非物质文化遗产视角下洛阳南无拳传承与保护研究[D].郑州:河南大学,2015.

高承《事物纪原》当中对于打春牛也有所记载："周公始制立春土牛，盖出土牛以示农耕早晚。"到了汉代，打春牛民俗进入到了快速发展时期，这种民俗已经固定下来并传播到各个郡县当中。据《故宫宝卷》一书载，中国历史上每个王朝的立春日都有"鞭春"的风俗，京师地方官将泥塑的"春牛"抬至皇宫门前，然后击打，象征春耕即将开始。清代每年立春日，皇帝必亲赴先农坛祭祀，并做象征性"扶犁亲耕"，以示重视农业，劝民扶桑。此风俗由宫廷传到全国各地府衙，盛行于世。打春牛这一民俗活动与中国节气"立春"有着不可分割的关系，人们在立春之前通过打春牛这一民俗表达希望新一年有一个好的开始，新一年有一个好的收成的美好愿望。内乡打春牛是每年立春进行的劝民农桑的活动，具有十分丰富的社会意义。有民谚说："春打六九头，七九、八九就使牛。"这充分表现出了立春时节人们进行打春牛活动的理念，也展现了其丰富的民族文化内涵。在古代，耕牛是农业生产中的主要劳动力，人们鞭打泥土做成的牛象征着驱走寒冬、促进农耕。这个习俗发展到宋代以后进入鼎盛时期，宋仁宗颁布《土牛经》之后，打春牛的风俗传播得范围更广。随着时代的发展、生产力的提高，耕牛在农业生产中的作用逐渐减弱，因此打春牛也逐渐演变为民族文化活动。

内乡打春牛[①]

---

① [高清组图]南阳内乡"打春牛""迎立春"[EB/OL].[2018-02-05]. https://baijiahao.baidu.com/s?id=1591525497075523401.

第二章　河南省体育非物质文化遗产的传承

河南省内乡县衙春节岁时节令打春牛源于人民的生产和生活，其中蕴含的深意及动作也来源于现实生活，可以说打春牛是劳动生活与技术的组合和升华。2009年，打春牛入选河南省第一批非物质文化遗产名录。打春牛对参与者的年龄、职业及性别的要求不高，无论男女老少都能参与其中。打春牛为群体性活动，不但能强身健体，还是人与人之间沟通、交流、增进友谊的一个平台。打春牛对推进精神文明建设、扩大交流与传播、构建和谐社会、提高文明素养有着极其重要的社会价值。打春牛的规则较为灵活，因动作源于日常生活和生产，所以容易被参与者所接受，即使不是本地人，观光者及观看者也能迅速掌握其技巧并参与其中。打春牛具有广泛的群众基础，其所需器材便宜、场地随意，因此具有较高的推广价值和广阔的市场前景。

大规模的打春牛活动与"二十四节气"相融合使得活动内容更容易被大众所接受，现今河南内乡在立春之前仍然会进行打春牛的活动，特别是内乡县衙的打春牛展演活动已经成为该景点的品牌节目，深受国内外游客的欢迎。内乡县编纂出版了《内乡县衙与打春牛》，向人们介绍了打春牛的历史；开设了专题展览"非物质文化遗产打春牛展"，让人们直观认识"打春牛"活动的内容；内乡县也组织排演了大型实景表演《打春牛》，为人们参与传统节日提供了平台，既扩大了打春牛的传播面，又极大地推动了打春牛这一民俗健身活动的传承与发展。

居民参与内乡打春牛——抢食

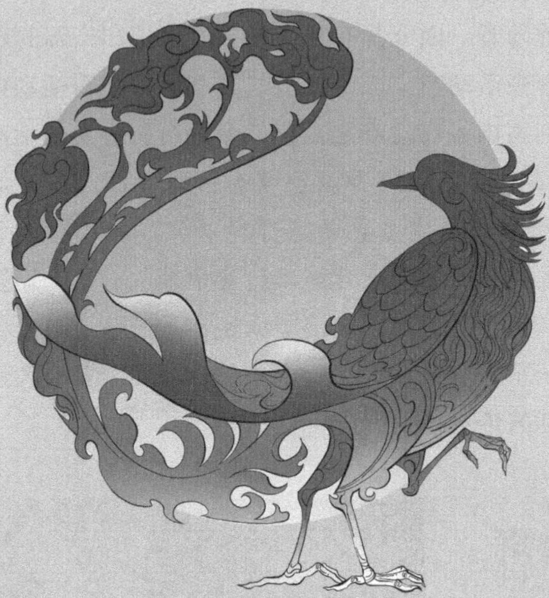

第三章 河南省体育非物质文化遗产的传承模式

赵世林认为："文化传承因受生存环境和文化背景的制约而具有强制性和模式化要求[①]。"同样，河南省体育非物质文化遗产在传承过程中也形成了一定的"模式"。

第一节 传承模式的视角意义及内涵

由前期研究可知，当前学界对河南省体育非物质文化遗产的研究是不足的，"模式"是观照河南省体育非物质文化遗产传承实践的一个独特视角。

一、从模式切入便于观照传承实践

传承的规律往往隐藏在纷繁复杂的传承实践或行为背后，要把握这种规律性，不仅要立足于鲜活的传承实践，更需要跳出传承实践站在更加宏观的视角对传承实践进行审视。"模式是规律的具体应用和实现形式"[②]，以传承模式为视角，更可能探寻传承的必然性和规律性。另外，对传承模式的提炼是正确认识传承困境的前提要求。关于造成河南省体育非物质文化遗产传承困境的原因，前期研究已经得出了一般性结论，但这种归因只是把体育非物质文化遗产当作一个整体进行宏观的、概括性的判断，并没有论及因传承主导力量不同而带来的传承实践的差异性，以及在此基础上形成的传承困境及其原因的特殊性，故前期得出的发展对策与建议对传承实践健康可持续发

---

① 赵世林. 论民族文化传承的本质 [J]. 北京大学学报（哲学社会科学版），2002（3）：10-16.
② 张宏程. 区分社会发展规律与社会发展模式——从"中国模式"谈起 [J]. 前沿，2011（2）：96-99.

展的实际指导意义往往不强。其实,按传承主导力量的差异性来分析传承困境产生的原因,我们发现:在河南省体育非物质文化遗产的所有传承主体当中,政府对河南省体育非物质文化遗产的重视是足够的,投入的资金也是逐年增加的,但民间主体总是觉得自己传承河南省体育非物质文化遗产缺乏资金的支持,从现实情况来看,河南省体育非物质文化遗产的传承资金是缺乏的。可见,传承主导力量的不同,会带来认识的不同和实际传承困境的不同,传承主导力量应是我们分析研究河南省体育非物质文化遗产传承问题时一个不可忽视的重要视角。而且不同的传承主导力量,往往会形成不同的传承行为,并最终形成不同的传承模式。所以,传承模式的划分应建立在尊重传承主导力量及其差异上,即不同的传承模式是对各传承主导力量的传承实践和行为进行概括、抽象的结果。总之,从传承模式出发,本身就是考虑到因传承主导力量不同而产生的不同传承模式和传承困境,有助于加深对传承行为实践的认识,进而有助于解决体育非物质文化遗产传承实践中的问题,加深对河南省体育非物质文化遗产传承规律的认知。

二、传承模式的内涵及其构成要素

关于"模式"一词,目前学术界对其涵义的认识仍有分歧。自然学科往往认为模式是方法论,是可以无限次重复实验和验证的模型公理等;人文社会学科往往认为模式是可供借鉴的道路、方法、制度、经验等。模式可宏观可具体,可大可小,一般都具有理论抽象性和可重复借鉴性等特征。河南省体育非物质文化遗产的传承模式从本质上说是一种行为选择,是人文社科中学界对一类行为模型的抽象和概括。从社会学视角出发,学界一般认为模式指在某种理论思想指导下某种事物各要素之间的一种组合方式和运作流程的范式,模式内涵的三大关键词是机制、目标和功能[1]。

---

[1] 陆作生. 我国青少年体育俱乐部运营模式研究 [D]. 北京:北京体育大学,2004:4.

传承要素是构成传承模式的有机单元，传承模式离不开传承要素，传承要素的结构类型及其运行构成了传承模式的内在复杂系统。所以，对传承模式的研究最终要落脚到对其传承要素的分析。吴皓月[1]认为传承涉及传承主客体、传承环境、传承实体三方面要素。李富强[2]认为传承模式应该包含：传、承、传承目的、传承内容及传承方式五个方面。在河南省体育非物质文化遗产的传承实践活动中，鉴于其传授人与继承人的关系是密不可分的，而且这些传承实践也必须依托于一定的场域，在参考前人研究的基础上，认为河南省体育非物质文化遗产的传承要素包含传承者（包括传授者与继承者或传者与承者，一字之差，表明与"传承人"这一特指概念的区别）、传承目的、传承手段、传承内容、传承场域五个方面。而且这五个要素的变化组合往往形成不同的传承模式，且各传承要素间的交互作用必然会产生不同的传承效果；即任何一个传承要素之变化亦会带来传承模式的改变，从而造成传承效果的不同。换句话说，五个传承要素是自变量，因传承要素不同而形成的不同传承模式的传承效果是因变量，一个模式的传承效果是被其各传承要素事先决定了的。

第二节　河南省体育非物质文化遗产的多元传承类别

河南省体育非物质文化遗产的传承实践表面看起来是纷乱无序的，其实如果按照统一的标准对其进行归类抽象的话，就可发现其中存在"类型化、模式化"的特征。本部分依据各传承实践中某一或某几个传承要素，把河南省体育非物质文化遗产的传承活动划分为以下8种传承类别。

---

[1] 吴皓月. 仫佬族文化传承模式研究 [D]. 南宁：广西大学，2012：24.
[2] 李富强. 中国蚕桑科技传承模式及其演变研究 [D]. 重庆：西南大学，2010：8-10.

第三章　河南省体育非物质文化遗产的传承模式

一、人生仪典中传承

"人的一生就像竹子有许多'节'，具有阶段性。人生是由若干阶段组成的……通过一个个'人生之节'，发育成长，走向终点的。"[1]人生仪典就是顺利通过"人生之节"的某些重要的过渡仪式和大型典礼活动，比如成年、结婚、过寿、添丁、乔迁、升学、工作等。在传统时期，每当举行人生仪典时，人们往往都会召集大量的亲朋好友进行祝贺，其中就有利用体育非物质文化遗产的表演来告慰祖宗祈求保佑、烘托喜庆气氛、祈愿美好生活等。

河南省体育非物质文化遗产数量众多，其中大多数都是传统舞蹈类体育非物质文化遗产，这一类非物质文化遗产的特点是在人生仪典中进行表演以烘托气氛、活跃场景或渲染感情，极具感染力和震撼感。比如麒麟舞、灯舞、跑帷子、官会响锣、狮舞、高跷、耍老虎、火龙舞、高抬火轿、齐天圣鼓、大仵民间舞蹈、鱼灯花社舞、吕村战鼓舞、金龟舞、马皮舞、独角兽舞、莲花灯舞、云彩灯、扑蝶舞、庆丰花鼓舞、南席老虎舞、九莲灯舞、弓子锣舞、花伞舞、登封闹阁等传统舞蹈类体育非物质文化遗产，它们往往会在当地人的人生仪典中走上舞台，这也客观上促进了这些体育非遗项目的传承和传播，也满足了群众日常生活的休闲娱乐需求。

下面以省级非物质文化遗产项目河南栾川独角兽舞的传承情况为案例，说明河南省体育非物质文化遗产的传承因岁节仪典而起、而兴、而发展起伏的过程。

  独角兽舞，是河南石门村人民创作的一个独具特色的民间舞蹈。它不仅是当时潭头镇地区独一无二的，就算在栾川县也是绝无仅有的。独角兽舞是根据历史上的一个故事创作的。传说唐朝有一

---

[1]祖父江孝男.文化人类学事典[M].乔继堂，等，译.西安：陕西人民出版社，1992：193.

个武举，名为祁华序，上西京赶考，行至崤函山，遇一独角兽拦路，祁与之搏斗，降服独角兽，将其驯为坐骑。后人据此传说，画为画轴，习演而成为舞蹈。独角兽舞蹈故事具体情节不同于人们常见的狮子舞，是栾川当地一个特有的非物质文化遗产。一般在节假日期间会有很多家长带着孩子观看独角兽表演，他们会跨过独角兽，寓意跨过了一年的灾难和病痛，给孩子在新的一年讨个好彩头。因此，独角兽舞在添丁祝寿等喜庆时节多有表演。

春节期间栾川独角兽舞登上央视[1]

  独角兽舞的突出特点是，表演时一般为6个人主演，3个人一班，间替间歇，一组专项高台表演，另一组专设地面3场，乐班时急时缓，根据鼓点来表演。表演者化身为一个武士，使用三股钢叉和风火轮等武器，上打下踢，做出种种惊险动作与独角兽英勇搏斗。通过舞蹈表演的全过程，展现了战胜并降服独角兽的大无谓英雄气概。独角兽舞中，一人扮武生，名唤祁华序，两人扮独角兽，祁华序左手执乾坤圈，右手执三股叉，祁先拿乾坤圈引诱兽做出

---

[1] 栾川独角兽舞上央视［EB/OL］.［2021-01-15］. https://new.qq.com/rain/a/20210215A06WCJ00.

第三章 河南省体育非物质文化遗产的传承模式

扑、跃、跳、滚等各种凶悍威猛的动作，再执三股叉与兽搏斗，最后将兽降下，整个场面威武壮观，再加上震天动地的锣鼓声，天、地、人浑为一体，把集会和节日活动的气氛推向高潮。表演武生者需学会几路拳脚，如风火轮、扫堂腿、前桥后翻、就地十八滚、无底跟头、拉闪膀、撑云掌、轮棍棒、舞刀弄枪、上打下踢、双手撑地倒立、打车轮、脚挂倒悬、横撑挠杆等。独角兽舞于2009年5月被栾川县人民政府认定为栾川县第一批县级非物质文化遗产名录项目，同年成功申报进入市级非物质文化遗产名录。独角兽舞的主要传承人为栾川县潭头镇石门村的杨六祥老人，2011年老艺人被定为市级非物质文化遗产传承人。现在，每年春节、元宵节期间，老艺人还会带领本村的艺人在乡间演出。但是，杨六祥老人年事已高，体力有限，本村的和外来的年轻人出于经济考虑，极少人愿意踏踏实实地耐心学习，独角兽舞这个非物质文化遗产项目面临着失传的危机。

栾川独角兽舞在文化旅游节中的展演

过去作为栾川县民间艺术的代表作，今日作为栾川县潭头镇石门村的非物质文化遗产的独角兽舞，通过传承人一招一式的倾情演出，逼真还原了几千年前劳动人民驯服野兽的场景，让现场的游客尽享浓浓的豫西乡情味，感受非遗的文化魅力。洛阳市委宣传部有关负责同志表示，下一步，将以成功举办首届乡村文化旅游节为契机，抢抓黄河流域生态保护和高质量发展国家战略、省委省政府加快洛阳副中心城市建设的重大机遇，紧密结合乡村振兴战略，坚持以文化的理念发展旅游、以旅游的方式传播文化，绘好山水画，抓好乡村游，为加快建设副中心、致力打造增长极，奋力谱写新时代中原更加出彩的洛阳绚丽篇章做出新的更大贡献。传统与文化的结合，使独角兽舞的传承得到了发展，特别是在旅游业方面，首届洛阳乡村文化旅游节旨在加快推进洛阳副中心城市建设，落实乡村振兴战略，加快区域经济发展和旅游扶贫步伐，积极助推乡村旅游产业转型升级，实现洛阳乡村旅游全面提质增效。

二、家族师徒式传承

"受宗法社会的影响，民族传统体育的传承大多是以口传心授的师徒传承作为主要的传承方式，师徒传承作为具有代表性的传承途径对民族传统体育的发展起到了主导作用……使民族传统体育能够在传统社会中得以继承和发扬。"[1]河南省体育非物质文化遗产的家族传承与师徒传承往往是紧密联系在一起的，大量的体育非遗项目往往首先是在家族内部传承，继而才慢慢拓展到家族之外，最初的师徒往往是父子、叔侄等。所以，众多河南省体育非物质文化遗产传承人的技艺一般都是从自

---

[1] 田文波，王宏江. 近代中国社会结构演变中的民族传统体育发展历史寻绎[J]. 武汉体育学院学报，2014，（11）：56-60.

第三章　河南省体育非物质文化遗产的传承模式

己的家族或宗族内部长辈处习得。血缘或拟血缘关系是河南省体育非物质文化遗产技艺得以传习的纽带，有时还需通过庄重的拜师仪式，这就形成了河南省体育非物质文化遗产家族传承与师徒传承相辅相成、密不可分的状况。

比如，少林功夫、太极拳等武术类师徒传承关系主要限定于家族和拳派内部，传承活动是封闭的，一般"盖不外传"，是一种单线化的传承。而传统舞蹈类、民间社火类体育非遗的传承面往往比较广，传承态度相对开放，在传承的过程中往往不局限于家庭或家族内部，而是根据传习态度和传习效果选择传承人。比如河南巩义市小相村的小相狮舞，其传承者多属于小相村内部，但不限于家庭和家族内部，其既具有家族传承和师徒传承的典型特征，同时又使这种传统传承方式的传承效果大大增强。

下面以国家级非物质文化遗产项目孟州火龙舞的传承情况为案例，说明河南体育非物质文化遗产通过家族师徒的不断传承而延续的情况。

火龙舞为河南省比较独特的民间舞蹈，主要分布于孟州辖区槐树乡龙台村和周边村庄，以及洛阳、济源等城市。龙台村火龙舞的历史源远流长，相传已传承三千多年。其实，火龙舞分布在全国各地，其中较为出名的有香港火龙舞、铜梁火龙舞、龙台火龙舞等。因为地理位置和地区文化差异，舞龙也略有不同。而龙台火龙舞是在孟州大地土生土长的民间艺术，承载了人们向往和平盛世、追求美好生活的思想感情，营造了孟州城乡浓厚的文化氛围，具有较高的艺术价值和社会价值。因我国各个区域和地方人文地理环境及文化历史的不同，产生了各具特色的火龙舞文化。例如，川东地区的重庆铜梁火龙舞和川西地区的黄龙溪火龙灯舞，舞龙者以赤身亮体舞动巨龙，两条火龙于1700℃铁花中穿插交互，内外穿花，场面宏大，精彩刺激；华南地区广东省南雄市的"香火龙"，表演前在"龙骨"中分别插入点燃的香火一千多根，龙身香火缭绕，夜幕中，只见香火不见人，蔚为壮观；华中地区湖南省株洲市醴陵"星子灯"火龙舞，将传统烟花工艺与民俗舞蹈艺术相结合，当火龙来到家门口，村民们便点燃鞭炮扔向火龙，舞龙的小伙子们左推右挡，趣味性与观赏性俱强……在众多火龙舞的传统表演中，豫西地区以孟州槐树乡龙台村的火龙舞为代表，其既是对豫西地区文化底蕴的展示，又作为城市名片推动着当地经济和教育事业的发展。

孟州火龙舞

孟州火龙舞又叫五色火龙舞，其表演历史较长。据《孟县金石志》记载，"龙舞"表演在西周时期已在龙台村流行，汉武帝时作为祭祀活动达到鼎盛。隋炀帝末期（公元613年）出现的"火龙舞"表演，是在"龙舞"的基础上发展而来的。经过1000多年的演变，"火龙"的制作工艺越来越高超，火龙舞表演越来越精彩。

第三章　河南省体育非物质文化遗产的传承模式

当地民间传说，隋炀帝年间，天下大旱，民不聊生，唯独五龙庙周边鸟语花香，万物茂盛，紫气升腾。隋炀帝惧怕"五龙神威"，下令用铁链将庙内的五色巨龙紧锁在"锁龙柱"上。从此，五龙庙周边旱灾频频，百姓们穷苦不堪。龙台村民为烧毁锁龙柱，特意制作了五条"喷火龙"，在农历"二月二"（龙抬头）那天，在锁龙柱旁举办舞龙祈雨盛会。届时，五条火龙同时喷火，将锁龙柱一举烧毁后，天降喜雨，百姓们重新过上美好生活，从此节庆期间表演五色火龙舞成为当地风俗。随着时间的推移和风俗的演变，火龙舞被赋予了更广的含义，象征着人民对美好生活的追求。又相传，有一年除夕将至，玉皇大帝盘点当年发生之事，感到佛陀弟子目连救母的事尤其难忘，于是决定，在目连的家乡龙台古镇举行庆功会，天上、地下、阴间的神、人、鬼、仙等都必须派员参加。这天寅时刚到，各方代表齐聚龙台顶顶庙，向在天宫的玉皇遥拜三下。落座后，托塔天王李靖宣读"玉旨"："龙台目连和尚克服种种困难，历经千般磨难，救得母亲还阳，特封为孝德和尚，官封地藏王之职，特旨！"接着，第二道"玉旨"由观音宣布："龙台刘氏四娘实为女中豪杰、和谐家庭之典范，本皇曾判她死罪，实属误判，现特予更正，永保一方平安，享受人间香火，特旨！"随后，由各方代表向刘氏四娘及龙台乡民捐献礼物。已近黄昏，菩提老祖问四娘："为何一直不见目连呢？"四娘回答："报老祖人，他为大家准备礼物去了，就快来。"不久，广场的四角同时升起了火，周围百姓们都扶老携幼齐聚四周，这时终于看到目连出现了，他和铁匠们拿着特制的工具站在火炉边，首先将一小勺铁水用力击向天空，炙热的铁水直冲云霄后在空中绽开成美丽的图案，再化作流星落向地面，在人们的惊叫声中五颜六色的火焰化成了满天的云霞。火焰惊动了东海龙王，他跃上天空，发现是东方的龙台方向在放焰火，再聚神一看，只见台上坐满了天宫的诸位大神，龙王思索片刻，立刻命令几个龙子龙孙定降龙台，在焰火下跳舞为火龙舞助兴，惊呼声、欢笑声，除夕之夜的龙台成为了欢乐的海洋……之后，每年的大年初一至十五，孟州龙台的父老乡亲们都要举办火龙活动，借此祈求新年风调雨顺，开启一年美好的生活，千百年来，已成为不变的习俗。

龙台村火龙舞的表演内容主要有辘轳圈、三叠脊、龙上桌、龙口喷火、破四门斗、龙缠柱等，动作惊险，招式丰富，气势宏大，人在火中舞，龙在火中飞，场面十分热烈，在怀川大地素有"天下火龙一绝"之称。火龙舞的内容主要有六个：一是火龙的结构和道具制作，二是火龙舞的服饰，三是火龙舞的表演，四是火龙舞的表演形式，五是火龙舞的音乐，六是火龙舞的祭祀场所。火龙由龙头、龙身、龙尾三部分组成。其骨架全部用竹篾扎成，外蒙白布，再用彩笔在龙身上绘出蓝色或红色的"龙鳞"。"火龙"为七节，长三丈二，节与节之间由三根长绳连接，龙节的尺寸各不相同。龙节下端由7根木柄支撑，1~2节稍长些，其余各节短些。火龙的造型古朴，十分罕见，主要有三个特点：龙头造型奇特，极像麒麟，龙口内巧设机关，表演时可以喷火；龙身较短，一般7~9节，龙脊上有15~18公分的上开口，每节龙脊内装有2支"油沽肚"。火龙与其他龙制作不同的地方，主要是火龙的外观造型别致且龙体内装有小火把。小火把的制作方法是用陈旧棉花缠绕，放在纯棉籽油内火煎而成，整个工艺都是身传口授而传承下来的。时至今日，每逢农历正月十五、十六，都要组织多条火龙闹新春。舞龙之前必须先到五龙庙进行"火龙舞"的序——"祭龙"，之后才开始走街串巷的表演活动，蜘蛛灯在一只只"火龙"前引导前行，"火龙"则随着蜘蛛灯的节奏韵律翻腾、舞动前行。遇柱则盘旋而上或向蜘蛛灯喷射焰火。夜间火龙肚内将会被插入"油沽肚"，更是让其栩栩如生。在走访调查过程中得知，当代火龙舞的主要传承人都已在60岁高龄以上，如郝成禄、郝成彦、郝有勤、郝德中、王光荣等。他们说："家里代代相传火龙舞的制作工艺和表演技巧，由于受市场经济影响，现在多数年轻人不愿从事该职业，只是闲时玩玩而已，培养传承人和建立演出队伍已成燃眉之急。"

第三章　河南省体育非物质文化遗产的传承模式

国家级传承人郝同周在学校传授孟州火龙舞[①]

郝同周，于1958年11月出生于孟州市龙台村，是龙台村火龙舞的第四代传承人。他1979年高中毕业后，跟随郝德智学习"火龙"的制作及舞龙的动作方法。学成后的郝同周技艺突出，组织能力强，带领火龙舞队伍到山西、济源海军陆战队等地传授火龙的制作技艺和舞龙技巧。郝同周除了教授学生火龙舞，还多次带领舞龙队伍参加各种公益演出和比赛，竭尽全力推广此项民间体育活动，为火龙舞的传承与发展做出了杰出贡献。2008年6月13日被河南省文化厅认定为首批河南省省级非物质文化遗产项目代表性传承人。被认定为传承人后的郝同周，更加注重对火龙制作技艺和舞龙技巧的传承，相较之前的宣扬和传承，还深入研究火龙舞文化，先后发表

---

①焦作孟州："小龙人"传承国家级非遗火龙舞［EB/OL］.［2022-08-09］. https：//baijiahao.baidu.com/s?id=1740692213739410825&wfr=spider&for=pc.

了多篇有关火龙舞文化的文章。2018年5月16日，郝同周入选中国文化和旅游部公布的第五批国家级非物质文化遗产代表性项目代表性传承人。

火龙舞原先以在龙台村开展为主，发展至周边县市，后因种种原因，其他各地均已失传，现只有龙台村仍有传承，需要发扬光大。另外，火龙舞古朴的制作工艺和表演技巧都是身传口授的，相互之间仅仅是刻意模仿。对火龙舞几千年来承载的龙文化精神，需要做进一步的挖掘整理。由于受经济条件制约，人力、物力、财力投入有限，现有资源得不到有效的保护和利用，致使火龙舞舞蹈艺术面临濒危状况。面对这种现状，政府部门应加大投入，加强保护意识。政府作为宏观调控者，要不断为火龙舞的发展注入新鲜血液，加大资金的投入，如可以对某些非物质文化遗产重点扶持，提高艺人们的待遇，提升其发展创新火龙舞的积极性；多开展一些民族艺术的会展、展览、演出和比赛等，加强与其他民间艺术交流，把火龙舞发展为文化产业，在全国形成表演网络。另外，可组织主要传承人对制作工艺及表演技巧等相关资料进行整理搜集，并进行保护、改进和创新，扩大和培育传承人体系，便于更好地对火龙舞进行保护和传承。火龙舞作为一项非物质文化遗产，政府要把它作为一种文化产业进行开发，并在知识产权方面加以保护，这样火龙舞才会真正得到传承。

三、文艺展演式传承

河南省体育非物质文化遗产文艺展演传承方式的主导者一般是群艺馆、文化馆、非遗中心和博物馆等。这些单位通过相关展示达到传承河南省体育非物质文化遗产的目的，如打造文艺节目举办展演。这种形式往往具有非常明显的形象塑造、文化宣传等功能。河南省各市县每逢节庆都会进行体育非物质文化遗产的文艺表演，并借助当前最新的大众传播媒介不断宣传，对河

第三章 河南省体育非物质文化遗产的传承模式

南省体育非物质文化遗产的传承、传播和保护发挥了重大作用。

例如，当前河南省的麒麟舞、官会响锣、狮舞、高跷、灯舞、跑帷子、耍老虎等传统舞蹈类体育非遗均具有非常明显的表演性，作为国家级非物质文化遗产，其也受到文化部门的重点保护，非遗中心、群艺馆等文化单位往往会利用各种文化展演的机会对这些体育非遗项目进行传承和传播。

下面以省级非物质文化遗产河南淅川县鲤鱼闹莲的传承情况为案例，说明河南省体育非物质文化遗产通过文艺展演而不断传承的过程。

    鲤鱼闹莲是河南省淅川县的一种特色民间舞蹈，它的灵感来自鲤鱼。因人们看见鲤鱼在种满莲花的池塘里自由自在无拘无束地游玩，于是发明了一种舞蹈，取名为"鲤鱼闹莲"。

淅川县鲤鱼闹莲

表演鲤鱼闹莲需要借助一定的道具，这种道具是手工制作而成的。先用竹篾编一个大鲤鱼形状的框架，再将彩纸粘在鲤鱼框架上，这样鲤鱼的基本雏形就出来了，前面是鲤鱼的头部，后面是鲤鱼的尾巴，中间还要用纸做一朵大莲花，另外还要再做四朵莲花。每朵莲花内都有一个俏女，大鲤鱼莲花内的俏女双手托着鱼前进，周围四朵莲花内的俏女在她身旁穿梭来往，载歌载舞，兴高采烈，好不热闹。除了有鲤鱼和莲花，还有丑旦，他们相互追逐嬉戏、挑逗对方，于是有了一种别具特色的幽默滑稽之感。除了人对事物的精彩演绎，还有民间的唢呐吹打伴奏，更加活跃了现场的气氛，将人物的活泼展现得淋漓尽致，游观的群众喜笑颜开，个个鼓掌叫好。鲤鱼闹莲的道具制作简单，表演既有人与物动静结合之美，又有人、鱼、花一体之美和幽默滑稽之美，让观众从鱼儿的欢快游动、花儿的鲜艳绽放中感受到大自然之美，具有浓厚的民间舞蹈底蕴和广泛的受众基础。传统时期，鲤鱼闹莲一般在元宵节演出。正月十三下午，由负责演出的"灯头"带队，扛着神旗，敲锣打鼓，到淇河岸边举行"鲤鱼饮水"仪式。锣鼓鞭炮声里，一白羽公鸡在"鱼蓬"前被斩杀。"灯头"拿崭新毛笔，用鸡血为"鲤鱼"点睛。"鲤鱼公子"向河水三鞠躬。礼毕，鱼蓬才在锣鼓声中走街串村给乡人拜门……十七，"灯头"再领歌舞队，到淇水"卸桨"。锣鼓鞭炮齐响，灯头双膝跪地，朗声诵祷："鲤鱼来到大河边，恭贺鲤鱼已成仙。今天送你龙宫去，保我富贵万万年"。随后挖掉鲤鱼双眼，捧送河水，归还河神。至此，一年一度的鲤鱼闹莲落下帷幕。这是一个很有意义的活动。鲤鱼闹莲有着祝祷和祈福色彩，表达了淅川人民对大自然的细腻观察与热爱和对美好生活的向往。

鲤鱼闹莲是淅川县极具地方特色的传统民间舞蹈，从古至今，传承不衰。如今，该项目入选了河南省非物质文化遗产名录。淅川县当地老艺人介绍，鲤鱼闹莲距今至少有1000多年的历史。淅川县文化馆负责人介绍，鲤鱼闹莲极具历史价值、艺术价值和实用价值。尤其淅川县作为国家南水北调中线工程的渠首和水源地，随着

第三章　河南省体育非物质文化遗产的传承模式

中外游客的增多，以鲤鱼闹莲为代表的淅川民间舞蹈，将作为一项文化旅游项目进行演出。2007年，河南省舞蹈家协会专家周虹专程从郑州到淅川寺湾观看王光泽编导表演的鲤鱼闹莲舞，并给予了很高的评价。在21世纪初，淅川的鲤鱼闹莲以其传统的表演形式、浓郁的地方特色、精湛的艺术再现获得南阳市春节联欢晚会表演一等奖，受到广大观众的好评。鲤鱼闹莲是我国中原古代民间舞蹈的重要形式之一，它是丹江库区劳动人民集体创作的民间舞蹈。在世代传承中，没有强制性的传授方式，全靠个人爱好和兴趣，靠耳濡目染、旁观侧记，无师自学而会。在自然传承中，淅川涌现出一代代德艺双馨的代表人物。第一代传承人为寺湾镇的王恒乾，第二代传承人为王光业，第三代传承人为王光泽。前三位已经不在世间，第四位传承人王安良、张双成，现在是鲤鱼闹莲民间舞蹈的主要传承人。目前，以鲤鱼闹莲为代表的淅川民间舞蹈虽然仍在淅川各乡镇及周边县乡传播，但这些老艺人有的已去世，这类艺术的中青年传承人不多，加之制作道具和表演艺术延续需要扶持，因此亟待保护和继承。发掘抢救和保护鲤鱼闹莲民间舞蹈艺术不仅能丰富和完善南阳民间文化艺术，还对中国民间舞蹈艺术的丰富和完善有一定的促进作用。淅川县十分重视以鲤鱼闹莲为代表的淅川民间舞蹈的传承和发展，于2007年成立非遗保护中心，县文化馆、县非遗中心对鲤鱼闹莲等濒临失传的民间艺术进行了挖掘和整理保护，不仅把搜集的文字资料存档，把录音录像资料用电子光盘保存下来，而且还编入《中国民族民间舞蹈集成·淅川卷》《淅川古俗》等书。2009年，通过组织召开非遗普查动员会，举办非遗普查专干培训班，在全县范围内全面开展非物质文化遗产普查工作，经过多方努力，共普查出非遗线索11257条，13个类别，主要集中在民间文学、传统音乐、传统美术、传统戏剧、传统舞蹈、民间习俗、曲艺等方面。对搜集普查到的11257条线索进行认真梳理，挑选重点项目2600个，再次展开调研普查，运用文字、录音、录像、数字化多媒体等形式，进行真实、系统和全面的记录，编制了淅川非物质文化遗产项目调查表、项目清单和相关资料汇总表，形成记录文稿830.50万字，成果汇编26册，文献资料120余册，基本摸清了全县非遗家底。另外，还调整和充实了非物质文化遗产保护工作领导小组成员，研究制定了《淅川县非物质文化遗产普查工作实施方案》。2010年，淅川县政府把鲤鱼闹莲列入县第一批非保名录；同年，鲤鱼闹莲又被南阳市列入第二批市级非保名录。淅川县文广新局以城乡文化广场为传承平台，在每年春灯节举办全县民间艺术大赛，不仅丰富了城乡群众的文化生活，而且极大地促进了以鲤鱼闹莲为代表的民间舞蹈的传承和发扬。2015年，鲤鱼闹莲入选第四批河南省非物质文化遗产名录。2014年，单独成立了淅川县非物质文化遗产保护中心，负责全县非物质文化遗产的普查搜集、归类整理、宣传展示和培训传承等抢救和保护工作，全县非遗保护力量得到进一步加强。

淅川县鲤鱼闹莲

未来，淅川非遗鲤鱼闹莲的保护与传承主要在以下方面进行努力：第一，建立健全档案管理。进一步深入基层，把全县各类非遗项目和传承人进行再次挖掘、调查、登记和整理，然后建档，形成资料库，采取数字化和网络化等保护形式，利用音像、光盘和电子文本等对其进行长久性的记录和保存。第二，建立经费保障机制，创新资金筹集方式。将非遗保护经费列入财政预算，同时可以采取政府投入、民间投入、企业投入、个人投入等形式，多渠道、多方式地筹集保护资金，保障基层部门和项目传承人在非遗传承保护工作中费用充足。第三，充分利用民间传统节日、文化和自然遗产日广泛开展民俗文化活动。对于那些广泛流传于民间的、鲜活生动的项目，下大力气进行扶持和保护，通过举办民间艺术大赛、农民文艺汇演、民间工艺品展览及非遗进校园等活动，为非物质文化遗产项目搭建展示交流和传播平台，扩大其影响力和提升其知晓率。第四，争取让全社会共同参与，发挥传承人的作用，成立民间协会，把一些有共同爱好、技能的群众组织起来，开展群众性的研讨、表演、展览、展示、传授、讲座等传习活动，参与文化交流，壮大非遗文化群众规模，让淅川非遗文化薪火相传。第五，积极发挥淅川非物质文化遗产的优势和作用，利用"南水北调"中线工程核心水源区和渠首所在地的特殊区域优势，围绕淅川深厚的文化底蕴和独特的旅游亮点，打造淅川特色文化品牌，推动非遗成果的利用和共享，促进淅川文化产业的快速发展。

四、学校授课式传承

河南省体育非物质文化遗产学校授课传承方式的主导者一般是教育局、文化局、非遗中心等单位。非遗中心和文化局等部门通过在各个乡镇设置传习所、传习点等方式传承河南省体育非遗，教育局则和非遗中心合作，通过"非遗进校园"和开发"乡土教材""校本课程"等方式，将河南省体育非遗纳入学校课程和教育实践，以实现河南省体育非遗的学校授课传承。

前期调研发现，目前，少林功夫、太极拳、苌家拳、狮舞、麒麟舞、掷石锁等河南省知名体育非物质文化遗产基本实现了在河南部分地区大中小学的常态化和规范化传承，为这些体育非遗的健康可持续传承奠定了坚实的基础，但也存在部分体育非物质文化遗产未能在学校得到较好传承的问题，如河南省的省级体育非遗项目"打春牛"的传承，其目前主要依托旅游景点进行传承。

下面以国家级非物质文化遗产项目掷石锁的传承情况为案例，说明河南体育非物质文化遗产通过进入学校而不断传承的过程。

掷石锁是一种古老的武术功力项目，一般认为起始于唐宋时期，长期在开封回族民间广为流传。自第一届全国少数民族传统体育运动会举办以来，开封回族石锁队代表河南省在历届全国民族运动会上大展风采，多次获得一等奖，从而使开封石锁名扬全国。2011年，掷石锁被列入第三批国家级非物质文化遗产名录。

在古时，行伍之人把石锁当作训练功力的一项很重要的基本功。武举要考弓、刀、石、马、步等项目，不管是练拳、练刀、练枪，还是玩摔跤，都要求习练者有很强的身体素质，石锁就成为习武必备的器材。清末至民国时期，开封曾涌现出周开元、沈少三等不少掷石锁高手。开封石锁名目繁多，有数十种花样。按运动方式可分为翻花、接花、组合套花；按形态和肢体舒展程度可分为小花和大花。开封石锁的技法神奇绝妙、变化无穷、轻飘巧美；动作舒缓得当、动静结合、套路流畅，是技艺和力量的完美结合，在强身健体的同时，还能给人以美的艺术享受。如"手托元宝""脚踢花篮""托塔抱印""三指卧鱼""四斗门""别膀""背剑""脖穿儿""腰穿儿""骗马腰穿儿""黑狗钻裆""将军盖印""浪子踢球"等，都是通俗形象的动作名称。

第三章　河南省体育非物质文化遗产的传承模式

开封撂石锁

撂石锁这项传统技艺在回族群众中世代传承，开封尤甚。近代撂石锁的传承发展离不开一个关键人物——沈少三。沈少三出生于1928年3月，少年时随父亲举家迁到开封东大寺居住。他跟父亲学习中国式摔跤，之后随石锁高手周开元和马五庆学习撂石锁。父亲因病去世后，沈少三成了家里的顶梁柱，为了吸引观众，他在跤场经常演练撂石锁。1953年，沈少三入选河南代表队，前往天津参加第一届全国少数民族传统体育大会，表演了撂石锁，引起观众的极大兴趣。当时郭沫若也去观看，说"这个练的（人）少，别让它失传了"。1986年，第三届全国少数民族传统体育大会在乌鲁木齐举行。撂石锁成为河南代表队的表演节目，引起轰动。从第四届全国少数民族传统运动会开始，石锁成为比赛项目，沈少三获得了这个项目的一等奖。之后，开封成立了石锁表演队，石锁作为集体项目参加了第五、第六、第七、第八届全国民运会，都取得了一等奖的优异成绩。

  2003年，国家体育总局武术运动管理中心科研部拟开发全国武术功力大赛，时任中国武术协会秘书长、科研部主任的康戈武到开封挖掘项目，首先看中了东大寺的擿石锁。开封市伊斯兰教协会秘书长、东大寺武术训练基地负责人郭宝光经过反复斟酌、考证，最终选取了"石锁上拳"这个动作作为石锁项目的代表。根据其力量加技巧的特点，郭宝光精心编制了"石锁上拳"竞赛规则，并被国家体育总局武术运动管理中心采纳。石锁由民间爱好演变为全国武术功力大赛的规定竞赛项目，不少人称为"中国式举重"[①]。

开封擿石锁国家级传承人——沈少三

---

① "中国式举重"——擿石锁[N].大河报，2016-09-16.

可喜的是，除了被官方重视、采纳和加以推广，掇石锁也在民间社会和大中小学有序地传承着。当前，沈少三老师的徒子徒孙正在不遗余力地传承着掇石锁这门独具中原文化特色的体育非物质文化遗产项目。

五、技艺竞赛式传承

旱船舞、龙舞、狮舞等河南省体育非物质文化遗产项目技艺竞赛传承方式的主导者一般是文化局和体育局等单位。通过举办健身舞蹈（操）比赛和体育舞蹈（操）比赛来达到传承舞蹈类河南省体育非物质文化遗产的目的。河南省体育非物质文化遗产的技艺竞赛往往分为不同的规模和级别，学校、单位、村落内部也会举办小规模的体育非遗技艺竞赛。

2019年，由河南省客家联合会、巩义市人民政府主办，巩义市文化广电和旅游局、巩义市教育体育局、河洛镇人民政府、康店镇人民政府、巩义市归侨侨眷联合会、康百万庄园承办的"中国巩义铜驼杯客家舞龙舞狮国际邀请赛"在巩义市康百万庄园广场成功举办。来自中国、印度尼西亚、马来西亚等海内外的7支代表队260余名运动员，纷纷亮出绝技，进行激烈角逐。比赛现场，大锣、大鼓、大钹擂动起来，振聋发聩，红狮、黄狮、白狮、金龙等先后从"沉睡"中"惊醒"，一只只勇猛的"狮子"在高桩上狂欢起舞，时而跳跃，惊险连连；时而威风凛凛，怒视邪恶；时而谦恭有礼，憨厚善良。类似这样的活动，通过同台竞技的方式，极大地推动了河南省体育非物质文化遗产的传承发展。

下面以省级非物质文化遗产旱船的传承情况为案例，说明河南省体育非物质文化遗产通过体育竞技或表演竞技等方式而不断传承的过程。

旱船是汉族民间表演艺术形式之一，在境内各地都流行，这是一种模拟水中行船的民间舞蹈，逢年过节，经常出现多支旱船队伍同场竞技的热闹局面，有些省份在大型运动会中也会设置旱船舞的群众竞赛或表演。

　　旱船是依照船的外观形状制成的木架子，是陆地上的船。在这个船形木架周围，装饰绘有水纹的棉布裙或是海蓝色的棉布裙。船的上面，装饰有红绸、纸花，有的地方还装有彩灯、明镜和其他装饰物，这些船被装饰得艳丽不凡，引人注目。旱船表演人数一般是一个人，有时也有双人、四人甚至七人共同乘用一只船的。乘船者多是姑娘、媳妇，也有扮演其他人物的。一位女演员立于旱船中，称为"船娘子"，两人手拿"连响"，相当于撑舵人员，还有一人饰演小丑，右手拿一把破蒲扇，左手拿一把桨，鼻子被抹上白色的粉，在旱船周围来回扇动蒲扇，从而引发观众的笑声，其余人在边上敲锣打鼓，伴奏乐器有大锣、小锣、鼓、镲等，旱船便根据节奏的变化进行表演。

民间旱船舞

第三章　河南省体育非物质文化遗产的传承模式

在传统汉族民间舞队的表演序列中，旱船舞一般都是单人旱船，即船上只有一人（不含船下的梢公），由一个坐船女在船中间支架整个船身。双人旱船的发明者觉得撑船人（梢公）表演时没有坐船的情节，因此不够完美；而单人旱船的构造也无法使撑船人（梢公）坐船，会造成前栽后仰而使表演失衡。对单人旱船进行改制后，将船身加长，设计为前后两个坐船女共同支撑船身，两个冲船人（头道篙、二道篙）分别化妆成戏剧《打渔杀家》中的肖恩父女，运用各种舞步如坐船、跪步、蹲步、碎步、搓步、慢步等，以及一些传统民间舞蹈常用的技巧，形成了独特的双人旱船舞。双人旱船舞的表演以模仿为主，把各种水上行船的动作进行夸张处理，达到虚实结合的再现性艺术表演效果，如表演中的拔锚、起船、拨水、大回水、拨浪、搁浅、卧船、翻身、跨船、下锚等。双人旱船来自民间，兴于民间，自出现以来，无论是达官贵人，还是平民百姓，都能从中得到所需的东西。它能够流传至今，本身就说明它有着强大的生命力，它每一个情节所表达的情感，都是真挚、真诚、真实的，它以情动容、情景交融，把情节贯穿整个舞蹈。双人旱船舞在表演过程中多配以地方戏曲，淋漓尽致地表达出舞蹈的内涵。河南临颍县南街村人独创的双人旱船，浓缩了河南地方色彩的民间舞蹈风格，活泼生动、富有情趣和美感。演出时，前后坐船女均用右手拿折扇，左手拿手绢，她俩的下身都被船的围裙遮挡，前坐船女腹前有一双木制假腿，外罩彩绸，对着其腹下部呈盘足状，形象逼真，犹如一女子坐在船头。整个演出分为五个步骤，绕行数圈后，撑船人下船，撑船老汉把船篙竖立在船前，拦住船头，然后做撒开绳子的动作，下锚定船。

双人旱船舞最早起源于清朝末年，现已传承五代人，迄今已有百余年的历史。双人旱船舞有着详细清晰的传承谱系，有创始人根据单人旱船舞发展改编双人旱船舞的民间佐证，有历史表演盛况和当代传承人记载。南街村的双人旱船舞用舞蹈语言讲述了一个

民间旱船舞展演较艺

渔家生活的艰辛和快乐的故事，表演文武兼备、雅俗共赏，富有生活情趣，具有浓郁的地方色彩。其传承方式是艺人口传身授，没有固定的师徒关系，也没有强制性的传授关系，全靠学者的志趣，而大面积传承则依靠表演竞技的形式。双人旱船舞在中华民间舞蹈中实属少见，颇具学术价值、观赏价值和历史价值。南街村民间舞蹈的表演竞技活动在不同历史时期都出现了一些优秀代表人物，形成了一代代的传承习俗。据考证，双人旱船舞的创始者是南街村的刘生；第二代是宋金富、赵发来、"狗代王"（乳名）；第三代是陈三成、陈法成、李水长、郭龙安；第四代是巴留根、邢小赖、张青旺、水长发；第五代是杨跃廷、朱秋珍、祁海坤和汪毛等。

特别是改革开放以来，文化交流日益频繁，很多体育非物质文化遗产濒临消失。如今健在的双人旱船舞第三代传人、80多岁高龄

第三章　河南省体育非物质文化遗产的传承模式

的郭龙安老人就是南街村双人旱船舞发展的历史见证人。他十八九岁时开始学习双人旱船舞,一直扮演前舱坐船女的角色。据郭龙安老人介绍,南街村双人旱船舞不但有着深厚的历史渊源,而且颇具社会影响力。他在中华人民共和国成立前就曾走出家门,应邀到漯河市、周口市、界首市等地演出。由于名声在外,演出时常常出现"让会"现象。1957年,在郑州参加全省民间艺术大赛时获得了一等奖,当时观看演出的苏联文化专家非常喜欢这一节目,当场给予了高度赞扬,演出结束后还热情地与演出人员合影留念。

鉴于南街村双人旱船舞的艺术特征和价值,临颍县文化部门从20世纪80年代起,就进行了大量的挖掘和整理工作。但由于一些表

南街村人表演双人旱船舞[①]

[①] 南街村民间艺术表演——划旱船（申报国家级非物质文化遗产演出［EB/OL］.（2019-08-14）. https://www.meipian.cn/2bctabk1.

演双人旱船舞的老艺人年老体衰，并且有的已经逝世，而学习这个舞蹈的青年人不多，舞蹈特技大多失传，高难度动作无人表演，后继无人。因此，这一民间艺术的瑰宝亟待保护、抢救和继承发展。据了解，2006年，临颍县文化局即呈文报县政府，要求对南街村民间舞蹈进行挖掘、整理、保护。当年，南街村成立了以村支部书记赵喜为组长的南街民间舞蹈抢救、挖掘、保护领导小组。2007年，临颍县文化局制订了南街村民间舞蹈保护方案，从三个方面对双人旱船舞进行保护：一是进一步深入展开普查工作，全面掌握南街村民间舞蹈的有关情况；二是对南街村民间舞蹈进行系统的挖掘、整理、研究，使南街村民间舞蹈得到切实有效的保护；三是整理舞蹈套路，组织人员学习排演与表演竞技，使之得到有效保护、长期保存。2008年，临颍县利用南街村民间舞蹈的研究成果，组建了一个南街村民间舞蹈表演团，在郑州或漯河举办民间舞蹈表演活动与比赛，扩大了南街村民间舞蹈的影响力。

综上所述，民族民间民俗文化艺术的传承需要借助技艺竞赛，让群众更加深刻地认识传统民族民间民俗文化艺术，并对其保持热爱和敬仰，从而进一步促进河南省体育非物质文化遗产的传承。

六、民俗节庆中传承

体育非遗在民俗节庆中的传承，其主导者一般是旅游局、文化局、民宗局或非遗中心等单位。在各地政府的支持下，一场场包含河南省体育非物质文化遗产表演的文化旅游节庆活动连番上演，为河南省体育非物质文化遗产的传播和推广起到了促进作用。

河南作为农业大省，在农闲之时，大量的体育非物质文化遗产会登台表演，要么欢庆节日，要么祈福纳吉，要么祭祀祖先，这些都是扩大体育非遗自身传播力和拓展传承面的绝佳机会。如内乡县的打春牛，每到迎春之时，打春牛民俗活动就开始上演，大街小巷的群众跟随春牛争相追逐打闹，表演

第三章　河南省体育非物质文化遗产的传承模式

身体技巧，几天下来，虽身体疲劳，但体质得到了极大增强。除了传统民族节日，现代社会根据需要也打造了多样的节庆活动，为体育非遗的传承提供了难得的舞台。如中国郑州国际少林武术节是一项集武术、旅游、文化交流于一体的大型综合性节会。自1991年以来，中国郑州国际少林武术节遵循"以武会友，共同进步"的宗旨，已成功举办了12届。所设项目中既包含具有少林特色的项目，也有太极、八卦、形意拳等多个流派，还设立了器械和对练项目，充分展示出中国郑州国际少林武术节的包容性，为中外武林高手提供了一个极佳的交流、切磋的平台。

下面以国家级非物质文化遗产高抬火轿的传承情况为案例，说明河南省体育非物质文化遗产的传承因民俗节庆而起、而兴、而发展起伏的过程。

高抬火轿，河南省沁阳市传统舞蹈，国家级非物质文化遗产之一，主要发源地是山王庄镇万善村。高抬火轿是一种传统民俗文化，属于大型的集体舞蹈表演节目。高抬火轿舞蹈表演最早可追溯

沁阳市高台火轿

到宋代，当时生活在丹水河流域的人们就有抬花轿闹新春的习俗，其场面壮观，气氛热烈，具有很强的观赏性。

高抬火轿的表演内容主要有三种：第一类是模拟皇帝巡游的场景。表演所需人数最多，场面最壮观，场景气氛最热烈，参加表演的可达数百人，有宫灯、纱灯、祥伞、棋子灯、回避牌、肃静牌等灯具。另外，还有文武大臣、宫女数十人在轿两旁随行，轿前踩高跷的人员装扮成社会各阶层的人物，舞蹈内容主要反映一年四季风调雨顺、五谷丰登、安居乐业的喜庆欢乐场面。第二类是清官大老爷体察民情的场景。轿子周围是各种打扮的百姓，围着轿子踩鼓点表演。表演的舞蹈有"豆叶黄""丰收乐""王大娘钉缸""磕瓜子""打棒槌""见见花"等，唱的内容大部分是"醒世词""情理词"和编写的内容。第三类是平常百姓娶亲嫁女的生活场景。轿内坐的是男扮女装的娇媚姑娘，表演过程中不时地向观众撒喜糖，这类表演观众最爱看，也最喜欢。到了近代，高抬火轿的表演类型以第二类和第三类为主。高抬火轿以舞蹈和说唱结合的形式进行表演，用管子、唢呐和锣鼓从旁伴奏。表演过程中，16人分为两班，交替踩着5尺高跷抬花轿行进，坐在轿内的演员边说边唱。有4～6人踩着6尺高跷转动"祥伞"引领火轿前行，高跷队中另有人踩着2～5尺的高跷，打着宫灯、纱灯、祥伞、棋子灯和回避肃静牌，模拟皇帝或官员出巡及百姓婚嫁等场面。高抬火轿一般在重大节日的夜晚表演，将一般民间舞蹈中的花轿改为火轿，布轿改为纱轿，插上点燃的蜡烛，有红红火火、兴旺发达之意。整个表演过程充满惊险感和喜庆感，展示出鲜明的地方特色。

从中华人民共和国成立初期到20世纪70年代，高抬火轿一直在当地盛演，1976年曾创下万人争相观看的纪录。民间传承较好，在当地影响深刻，具有十分重要的文化保护价值。由于各种原因，近二十多年来未能演出，许多精彩的节目随着老艺人的相继逝世而失传。一批颇有造诣的表演高手因年事已高逐渐退出，

第三章　河南省体育非物质文化遗产的传承模式

元宵节表演——沁阳市高台火轿

有些传统技艺亟待传承。因此，对该项目的抢救和保护工作迫在眉睫。

2008年6月7日，河南省沁阳市申报的高跷（高抬火轿）经国务院批准列入第二批国家级非物质文化遗产名录。2019年11月，《国家级非物质文化遗产代表性项目保护单位名单》公布，沁阳市文化馆（沁阳市非物质文化遗产保护中心）获得高跷（高抬火轿）项目保护资格。卫平均是第五批国家级非物质文化遗产代表性项目传承人。为弘扬发展高抬火轿这一独特的民间艺术，沁阳市政府采取了一系列措施：一是派专人到万南村对该项目进行挖掘、整理、调查资料并进行归类、整理、存档；二是制订详细的保护措施，不断加大对传承人的保护力度；三是不断组织会演，扩大节目的知名度与影响力。

七、盈利表演式传承

一些旅游公司、电视电影公司、文化演艺公司、民间表演队等出于营利的目的，在景区的文艺舞台、城市的民族文化表演舞台上频繁上演河南省体育非物质文化遗产项目，以电视节目和电影等方式在媒体上展现，在客观上促进了河南省体育非物质文化遗产的传承发展。

2020年，在我国文化和自然遗产日来临之际，在河南焦作云台山景区，由省文化和旅游厅主办、省非物质文化遗产保护中心承办了河南省2020年文化和自然遗产日非遗展演展示活动。精彩绝伦的少林功夫、刚柔并济的太极拳、刚健迅猛的八极拳、轻快明亮的河南坠子、令人赞叹的宝丰魔术等国家级非遗项目和省级非遗项目，纷纷亮相非遗展演舞台。观众的热情被一次次点燃，现场不断响起热烈的掌声。无独有偶，在河南省文化厅的不断努力和探索下，2020年，河南又增加了田铺大塆和云台山两个试点，将非遗项目送进景区，促进文旅深度融合。这种"以文彰旅，以旅促文"的方式极大地拓展了河南省体育非物质文化遗产的传承空间。

下面以省级非物质文化遗产项目猴艺的传承情况为案例，说明河南省体育非物质文化遗产通过盈利表演等方式而不断传承的过程。

> 猴艺是一种历史悠久的传统民间艺术，萌芽于先秦时期，起源于汉代，发展于唐代，兴于宋代，盛于明代，成熟于清代和民初。猴艺的文化价值较高，很多猴戏被搬上影视节目。单是1992年法国德路里亚电影制片公司与中国电影制片公司联合拍摄的纪录片《李氏一家》就曾在国外十多个国家巡回上映。汉代时，人们很推崇猴和猴艺，猴文化在汉代已十分兴盛，原因可能是"猴"和"侯"同音，"侯"为中国古代的爵位之一。《礼·王制》记载："王者之制禄爵，公、侯、伯、子、男，凡五等。"自此以后，五爵虽有变化，但历代都有侯爵。人们希望加官封侯，于是给"猴"增添了一种吉祥、富贵的象

第三章　河南省体育非物质文化遗产的传承模式

征意义，展现了人们盼望封侯入仕的美好愿望。猴文化还包含史前图腾文化的主题，是佛、道、儒相融合的一种民间信仰，是人民群众心中的正义化身，是驱除邪恶、祈福求安的保护神。因此，从汉唐开始，传统民俗中常将猴作为吉祥、显贵、驱邪纳福的象征。如我们常画的，猴子骑在马上，有"马上封侯"的寓意；小猴骑在大猴背上，表示"辈辈封侯"；九猴攀松，松代表永久，有长寿的意思；一只猴爬在枫树上挂印，寓意是"封侯挂印"。相传，旧时的马厩上总要系上一只猴子，用以辟邪、祛温病，保护马匹安全，这也是西游记中孙悟空被玉帝封为弼马温的原因。猴子，在中国民俗文化中几乎无处不在，成为大众化的"万能之神"。

新野猴艺表演

新野是著名的三国古城，是两汉文化的主要发源地之一。这里有丰厚的文化底蕴，孕育了很多丰富的民间文化，传承和发展了独特的民间艺术奇葩——猴艺。在新野出土的大量汉画砖上，除了杂技、游戏，猴子、狗和人在一起狩猎、嬉戏的精彩画面屡见不鲜。南北朝时期，猴戏已在新野盛行。明清时期，新野民间玩猴就已经较为流行。中华人民共和国成立后，猴戏作为一种地方民间文化，有了新的内涵。玩猴艺人一副扁担两个箱，足迹遍及祖国的大江南北。玩猴艺人每到一处，放下挑子，不用搭台，只需在一块空场上，拽住猴绳子，扬起手中的小扎鞭，用嘴一吆喝，便和这小精灵同台演出了。你看这个小毛猴戴上假面具，穿上小戏服，模仿着人们的举止行动，爬杆、担水、骑车、犁地、走钢丝、打篮球，要多像有多像，实属滑稽。

猴艺在施庵历史悠久，传承面广，自古就有十数人家八家猴的风俗，关猴、养猴、训猴、玩猴、交易猴有一整套猴艺体系，自古就是猴艺之乡。现今，农闲时从事猴艺的还有不下两千人，足迹遍及全国各地及周边国家，但大都是各自为战，精华和糟粕并存。为此，施庵镇在临公路的曾营村，创建了猴艺之乡文化广场。以广场为切入点，全面整体地来展现猴文化的丰富内涵，以及猴艺的骄人魅力，有计划地传承和发展猴艺，打造猴艺文化产业的品牌。在宋朝时也能找到猴艺的绘画，如清明上河图中的猴艺就是精典的实例。新野是全国最大的猴戏市场，新野施庵的民间艺人耍猴不但历史悠久，而且有很多绝招。猴戏最基本的节目是教猴子按照锣鼓点数、跳跃、钻圈、翻跟斗、倒立等。《西游记》第28回写道："（花果山的猴子）又被些打猎的抢了一半去，教它跳圈做戏、翻筋斗、竖蜻蜓、当街筛锣擂鼓，无所不为地玩耍。"新野施庵的猴戏中猴子，可以按人的指挥戴多种脸谱面具变换，就和川剧中的变脸一样。而《西游记》中的孙悟空也有七十二种变化。《西游记》中，还使用了大量的新野方言俚语。新野人称不走运为"背时"，孙悟空曾被如来佛相以法力压于五行山下五百年，深受土石压背之苦，"背石"与"背时"谐音。这些方言俚语，使用范围大都仅限于新野或新野周边地带，颇具地方色彩。若没有特定的语言环境，没有对新野风土人情及方言的深刻了解，远在千里之外、异乡他府的从不涉足新野的外省人吴承恩，是不可能运用得如此得心应手、恰到好处的。新野人在过新年时有送他人猴状图符的习俗，叫"送时候"，祝被送者交上好时候（好运），据说屋里贴上此"时候

第三章　河南省体育非物质文化遗产的传承模式

（石猴）"便能邪魔远避，百害不侵，平安吉祥。《西游记》中的孙悟空善能驱邪逐恶，降妖捉怪，而孙悟空及天生石猴也。据统计，猴乡涌现出了一千八百余人的玩猴艺人，他们既走南闯北丰富了民间文化生活，又把各地的致富信息带回了家乡，以帮助乡亲们脱贫致富，因此玩猴人被誉为"猴王""猴精"。他们不但在社会底层走街串巷，还能走进大剧场献艺盈利；他们不但被各大公园游览区聘为专业猴艺师，还能为猴的科研作指导。另外，还能教授他人猴艺，增加就业岗位，为国家减轻负担作出了贡献。猴艺带动养猴、猴市，促进科学研究。猴乡人把农户个人散养的猕猴集中起来办养殖场，建成猕猴驯养繁育基地，既能拯救新野的猴文化，又能保护国家的野生动物。

新野猴艺表演艺人参加"非遗"展演

随着新野猴戏的兴盛，玩猴艺人们于1989年以来自发地在该县施庵镇兴隆观村农贸市场中心形成了一个猴市场。该市场位于新野、南阳、唐河三地的交界处。每逢开集，猴市场总是最早开张，最晚收场。前来买猴的人，还有豫北、安徽的艺人。上市的猴子数量，农忙时每集四十只左右，农闲时多达一二百只。国家的许多科研机构也到这里选购猕猴作为研究项目。猴艺虽然有骄人的成果，但在市场经济大潮中，作为民间艺术的一朵奇葩，显得危机四伏，若任其自由发展将会逐渐消失。原因如下：一是传统节目失传。猴艺在旧时都是家传身教的绝活，训练时非常辛苦，但底层想要混饭吃就得有绝活。猴艺就这样代代相传，但在这一代却要失传了。二是艺人把猴艺变成了嬉闹。虽说猴艺是以取乐为主，但它有一定的技艺和文化在内，寓教于乐。可现今有些玩猴人只是打猴，引导它做些可笑的动作换取观众的笑声，强行收点报酬，这并不是真正的猴艺。长此以往，猴艺就不是真正的猴艺了，只是一种谋生的手段了。三是观猴变成养猴，玩猴人在减少。猕猴被列为国家二级保护野生动物，严禁私人逮猎，许多玩猴艺人没了艺猴的来源，又不愿用钱买别人养的猴，加上年龄又大，因此，好的玩猴艺人在减少，好的猴艺节目在消失。四是年轻人不愿传承。随着社会的发展、国家政策的优惠，就业机会在不断增加，大部分年轻人都外出打工挣钱，不愿在家辛苦地学猴艺，然后四处奔波。自古猴艺被人们说成是跑江湖的、讨要饭的，社会地位很低，是让人看不起的职业。现今的年轻人都不愿学习，猴艺面临着没有传承人的困境。因此，猴艺到了濒危的边缘，到了必须保护传承的地步。

八、广场健身中传承

随着全民健身热潮的到来，在一些健身爱好者的自发组织下，河南省体育非物质文化遗产以广场健身舞的形式开始在河南省广大市民中广为传承。河南省的各类大中型公共广场，都是开展河南省体育非遗健身项目的理想场地，河南省体育非遗逐渐成为广场舞的一员，再次融入城市市民的日常生活。

例如，2020年5月29日晚，河南省光山县文殊乡文殊街文化广场人头攒动、歌舞飞扬，文殊街居委会"喜迎全国第14个非物质文化遗产日非遗剧目展演暨广场舞汇演"在这里举行。现场虽下起了小雨，但没有减弱居民观看

第三章　河南省体育非物质文化遗产的传承模式

非遗剧目光山花鼓戏和广场舞的热情，不到7点，广场上就坐满了观众，光山花鼓戏《夫妻观灯》先声夺人，拉开了演出的序幕。除了花鼓戏演出，当地另一个非遗项目旱船舞及社区群众的广场舞、男声独唱等也轮番上阵，激情昂扬的音乐、活力动感的舞姿，不断将现场观众的激情点燃。此次活动巧妙利用大众对健康的关注和对广场舞的热爱，把体育非遗纳入广场舞，为河南省体育非遗的健康可持续传承拓展了新场域、探索了新方向。

下面以省级非物质文化遗产项目九莲灯的传承情况为案例，说明河南省体育非物质文化遗产通过融入居民日常休闲健身等方式而不断传承的过程。

> 九莲灯又名对花灯，是河南省镇平县高丘一带流传的一种优秀民间舞蹈。九莲灯是第二批河南省省级非物质文化遗产项目，属于传统类舞蹈。九莲灯起源于明末清初，距今已经有400年的历史。九莲灯浓醇芳香的乡土气息、悠扬婉转的美妙乐章、淳朴秀美的活力歌词和千变万化的舞蹈队形，让世人百听不厌、百看不烦，成为一种优秀的民间舞蹈。

登上央视的镇平民俗九莲灯[①]

---

① 传统民歌《镇平九莲灯》国庆期间登上央视舞台［EB/OL］.（2016-10-09）. http：//mt.sohu.com/20161009/n469796370.shtml.

镇平县位于河南省西南部，南阳盆地西北侧，历史上属楚、汉文化交界处，人文积淀深厚，是著名的中国民间文化艺术之乡，有着深厚的民间文化底蕴，当地百姓有热爱音乐舞蹈艺术的传统。关于九莲灯的起源，目前有两种说法。一种说法是由清末年间镇平县高丘镇大陈营村的陈布泽所创。当时社会秩序混乱、民风败坏，村里一些年轻人常无事生非行偷鸡摸狗、聚众赌博之事。村里著名老中医陈布泽对此现象甚为担忧，凭其长期行医所形成的社会威望和本身的艺术特长组建了花灯会，在剧情上主要是根据传说中九仙女下凡的故事进行编排的，并起名为九莲灯。此表演吸纳了一批青年人，表演形式受到群众的热烈欢迎，对改善大陈营村的民风起到了积极作用。另一种说法源自高连锁长期对《九莲灯》起源的考证，尤其是1961年大陈营村民间艺人陈足至所说被其采信。该书认为九莲灯为清末白莲教传道工具，后被大陈营村的陈布泽编创为民间歌舞并为陈家祖传至今。上述两种说法虽然有较大出入，但都认为九莲灯艺术是清朝末期由大陈营村的陈布泽所创的。

九连灯是一种优秀的民间舞蹈，因表演时由九位演员手持莲花灯载歌载舞，并变换队形，拼出一系列不同的图形或文字而得名。九莲灯全舞分四个部分：下凡、观灯、对花灯、留恋人间。由九个仙女各持四朵莲花灯对花灯、摆造型，队形不断变化，载歌载舞。歌词朴实无华，舞姿优美、动静结合、赏心悦目。其音乐韵律简单明快、新鲜独特、通俗易懂、易于传唱。九莲灯的表演艺术别具一格，最主要的特点是利用手中的莲花灯巧对画面，每个画面都是一个小故事，如对的"桥"是"鹊天桥"，反映的是牛郎会织女的故事；又如对的"船"是"秋江船"，反映的是陈妙嫦赶舟的故事。九莲灯唱词通俗易懂，语言朴实无华，具有浓厚的生活气息和地方特色。如对"轿"唱词是"对上一个大花轿，新人坐在花轿里，关住轿门不见了""谁家姑娘出了嫁，旗罗伞扇打火把，喇叭嘀嘀嗒"。九莲灯的唱腔朴实，舞蹈优美，唱词内容也与百姓生活紧密相连，是当地广泛传播并倍受群众欢

第三章　河南省体育非物质文化遗产的传承模式

迎的艺术形式。

20世纪40年代以前，跳九莲灯的演员都是男子。男扮女装，为仙女打扮。有时上身穿红大襟布衫，下身穿蓝裤子，头上饰古装女子发式；有时头系白毛巾，身挂铜吵铃，走起来一片叮当响。莲花灯是用白纸糊成的，上边喷洒红颜色，没有弦乐伴奏，只有打击乐和唢呐伴奏。所对画面主要有"二龙戏珠""蛇脱皮""长城""八仙饮酒""刘海戏蟾""船""桥""鹊天桥""大枣山""金香炉""金铰剪""七星勺""石牌坊""伞""宝塔山""弓""倒卷帘""银花""妇女迭布""龙掉挂""凤凰寻窝""芭蕉扇""黄河""琉璃井""大雁飞"等，主要字面有"十""土""王""大""天""夫"等30多种。20世纪五六十年代，跳九莲灯的演员都是女子。在音乐的伴奏上，除原来的打击乐和唢呐外，加上了戏曲上用的大弦。内容上更加丰富，画面有"照妖镜""木匠解木""凤凰双展翅""梯田""葵花""飞机""水渠"等50多个，字面有"元旦""三八""五一""七一""国庆""天安门""日""月""丰""田"等30多个。

由于九莲灯场面精致、舞蹈优美、形式典雅，所以很快从众多艺术形式中脱颖而出，成了当地最受欢迎的表演艺术。大陈营村周边的村落开始热情邀请九莲灯演员前去演出，九莲灯的影响力渐渐扩大。

九莲灯艺术自产生以来，深受当地群众喜爱，逐渐成为一个重要的传统民间歌舞形式。早期的九莲灯技艺从不外传，每次排练也都在陈家大院里进行，因此这一技艺的传播并不广泛。中华人民共和国成立以后，随着人们思想的进步与文化交流的逐步增强，九莲灯才渐渐流传开来。除了大陈营村的村民争相学习，周围各个乡镇的学校也派来师生学习九莲灯。第五代传承人师显银十四岁开始学习九莲灯，先后传授过一百多个徒弟，共创九莲灯画面一百多个。"文革"期间，师显银想尽一切办法冒险将九莲灯和当地一部分曲剧的乐器、道具进行收藏保护。20世纪50年代，时任镇平县文化馆副馆长的申敏华发现了九莲灯，带领工作人员来到大陈营村进行调查整理，成为九莲灯的第一发掘人。申敏华在九莲灯的编排、服装、道具、乐器、曲调、舞蹈上都进行了润色和改编，创新后的九莲灯越发受到各地观众的喜爱。她参加了多场演出、比赛，渐渐将这一民间歌舞艺术推向全省、全国乃至世界。

传统九莲灯的道具用料有玫红纸、木板、蜡烛等，如今用上了红纱、充电灯等现代工具。九莲灯音乐很独特，它采用中国五声调式中"宫""徵"两个调式，既简单又容易传唱，听起来非常柔和动听，充分展现了浓厚的乡土气息和淳朴的民族风格。九莲灯第五代传承人师显银在传统创编的基础上进行创新改编，有反映广大群众新生活的，有歌颂祖国建设突出成就的。一些曲目后经中央歌舞团移植、加工，参加了在匈牙利布达佩斯举办的世界青年联欢节，让不少外国友人叹为观止。

广场健身中的九莲灯

随着社会的变迁，一方面，九莲灯成为当地群众喜闻乐见和锻炼身体的健身休闲娱乐项目；另一方面，作为一种非物质文化遗产，九莲灯继续在艺术创作的道路上不断拓展和深入。比如，九莲灯受邀参加2019年中国（郑州）中秋文化节·中国农民丰收节·国庆节盛典，为新中国成立70周年献礼，得到了社会各界和广大群众的一致好评。此次活动以"金秋家园同欢庆·锦绣中原颂党恩"为主题，通过传统节日仪式展示、传统手工艺和民间绝技绝活展览、传统民间艺术展演等老百姓喜闻乐见、雅俗共赏的形式，传承优秀节日文化，增强百姓的获得感、成就感、幸福感。

第三节 河南省体育非物质文化遗产的主要传承模式

前文提到的8种传承形式是对河南省体育非物质文化遗产传承实践活动进行的经验式和形象化的归纳，其中有些类别之间难免存在相互交织的情况，本书把传承问题上升到理论高度，需要从逻辑学出发对现有的传承类别进行抽象和归纳，从而形成更加概括抽象的传承模式。

一、河南省体育非物质文化遗产传承模式的提出

前文提到的8种传承类型既彰显了河南省体育非物质文化遗产丰富的文化内涵，也保障了河南省体育非物质文化遗产的长期存续，但这些传承类型是依据多种传承实践的不同特征归纳出来的，是对传承现象的概括性和现象化描述，存在一定的经验和感性色彩，难以摆脱内容彼此交织的困境，这使研究者和传承者很难厘清它们的相互关系和变迁特征，从而难以探寻河南省体育非物质文化遗产传承的机制和规律。故应在前文已经归纳出的众多传承

类型的基础上,再寻找一个划分标准,从更加宏观的层次和抽象的角度进一步归纳这些传承类型。

(一)以主导力量为划分标准

谭志松以传承手段等为依据,把非遗教育划分为口传身授教育、社会组织活动教育、师徒传承教育、学校教育、记事与作品传承教育等形式[1]。周莲莲把民族民间文化的传承划分为人为干预模式和自然传承模式[2]。鲁春晓把我国非遗的传承划分为传统的自然传承模式和现代的社会传承模式[3]。秦钢认为民族传统体育文化有军事传承、竞技传承、生活方式传承、学校教育传承、社会教育传承等[4]。这些划分都是根据不同的标准提出的,所以划分依据不同,传承模式的分类结果就不同。

由前文可知,传承者"是非物质文化遗产保护的核心要素"[5],在所有传承要素及整个传承链条中处于核心地位;因体育非物质文化遗产是"身体活动",更依赖"口传身授"式的传承,故传承者在体育非遗各传承要素中处于决定地位,传承者是河南省体育非物质文化遗产"活态"的必要条件;传承者不同,传承模式的主导力量就不同;主导力量不同,河南省体育非物质文化遗产的传承模式就会有较大的差异,即有什么样的主导力量,就会形成什么样的传承模式。因此,本书依据传承中主导力量的不同,把河南省体育非物质文化遗产既存的8种传承类型进一步概括归纳为3种传承模式:民间个体主导模式、政府主导模式和社会组织主导模式。其中,民间个体模式的主导力量是民间传授人(师父等技艺拥有者),政府模式的主导力量是

---

[1] 谭志松. 土家族非物质文化传承的教育形式及其变迁 [J]. 中南民族大学学报, 2010 (3): 32-37.
[2] 周莲莲. "民族民间文化进校园"文化传承模式探析 [D]. 贵阳: 贵州民族大学, 2012: 16-18.
[3] 鲁春晓. 非物质文化遗产传承模式的反思与探讨 [J]. 东岳论丛, 2013 (2): 137-141.
[4] 秦钢. 我国民族传统体育文化资源与产业发展研究 [D]. 武汉: 武汉理工大学, 2012: 40-53.
[5] 刘魁立. 论全球化背景下的中国非物质文化遗产保护 [J]. 河南社会科学, 2007 (1): 25-34; 171.

政府机构（文化、民族宗教、教育、体育等部门），社会组织模式的主导力量是社会组织（企业、民间社团、协会等）。

（二）河南省体育非物质文化遗产传承模式的结构

河南省体育非物质文化遗产的传承模式其实是一个结构复杂的系统，传承模式包括两个层级，其中最高层包括民间个体主导模式、政府主导模式和社会组织主导模式3种；基础层则包括人生仪典等8种传承类型。民间个体主导模式是依托宗教信仰、风俗节庆、人生仪典等民俗民间事象，主要依靠师父等技艺拥有者推动的仪式性、自觉性行为，基本不受外界传承力量的干预，自发自然地推动着河南省体育非物质文化遗产的传承（基本上是任其自生自灭），是一种传统的传承模式；政府主导模式是以国家行政部门为主导力量的制度化行为；社会组织主导模式是以社会组织（企业或社团）为主导力量的组织化行为。政府和社会组织主导下的传承模式都是由外部力量对河南省体育非物质文化遗产传承行为进行干预的模式，是一种现代的传承模式。

二、河南省体育非物质文化遗产的民间个体主导模式

河南省体育非物质文化遗产的民间个体主导模式主要存在于中华人民共和国成立以前漫长的传统时期，包括人生仪典中传承、家族和师徒传承等几种类型。

（一）民间个体主导模式的传承要素

传承者：一般是身怀河南省体育非物质文化遗产技艺的师父，河南省体育非物质文化遗产的"活态性"主要体现在他们身上。师父是传承河南省体

育非物质文化遗产的领头人，他们熟练掌握河南省体育非物质文化遗产的多种动作和复杂仪式，往往兼具民间精英的特殊身份，对河南省体育非物质文化遗产在乡村的传承起到了关键作用。师父往往是公认的德高望重的河南省体育非物质文化遗产高手，他们通过授徒的方式传承河南省体育非物质文化遗产。

传承目的：主要是祭祀祖先、祈求美好生活，是为了满足祭祖、祈福、娱神、交往生产生活需要。

传承场域：在河南世代聚居的乡土世界。河南广大的乡土世界，都是河南省体育非物质文化遗产发生发展的文化空间。

传承内容：主要是有关河南省体育非物质文化遗产的身体仪式、技巧、动作、套路等。这些动作、仪式等较为淳朴原始，多是对生产生活的直接模仿，其目的是娱神祈福。

传承手段：主要是依赖血缘或拟血缘关系而建立的口传身授式的师徒或家族传承。如果按传播学的传播特征分类，民间个体主导模式下，河南省体育非物质文化遗产传承的手段主要是人际传播。

（二）民间个体主导模式的传承特点

传承动机的自发性：以农耕社会的自然经济为背景，民间个体主导模式下，人们传承河南省体育非物质文化遗产的动机是自发的、非理性的、下意识的，人们无须对"为什么传承河南省体育非物质文化遗产"进行思考和追问，在耳濡目染中就学会了，不需要刻意去学习或探求其存在的意义，河南省体育非物质文化遗产是其日常生产生活的一部分。

传承空间的封闭性：河南省体育非物质文化遗产传承的文化空间封闭、狭窄。

传承内容的原始性：传承的内容是一些动作、仪式，这些动作、仪式一般是直接模仿生产生活实践，显得原始古朴。

传承的低效性：从传承手段看，依靠家族和师徒方式实现了小众范围内的精英化传承。传承的手段主要为人际传播，显得较为单一化。另外，河南

第三章 河南省体育非物质文化遗产的传承模式

省体育非物质文化遗产的传承主要依托节庆活动,传承的时间较为固定、频率低,这也造成民间个体主导模式传承效率不高。

传承人的老龄化:首先,民间个体主导模式传承的组织方式松散,人们传承河南省体育非物质文化遗产多是自发行为,随着社会文化的变迁,松散的组织方式极易遭到冲击而失效。其次,传承活动主要依赖师父等个体,一些复杂的仪式和少见的动作较集中于为数不多的河南省体育非物质文化遗产高手,但这些高手往往年龄较大,存在"人绝艺亡"的巨大风险。

(三)民间个体主导模式的发展困境

在河南省体育非物质文化遗产产生、发展的漫长历史中,民间个体主导模式保证了河南省体育非物质文化遗产传承至今。但传承模式不是一成不变的,民间个体主导模式随着社会文化变迁的洪流而自发自然地变迁着,在此期间,民间个体主导模式也逐渐显露出其不足之处。

首先,在当前的时代背景下,民间个体主导模式难以保证河南省体育非物质文化遗产在乡土社会的长久传承。随着工业化、现代化在河南省的发展,年轻一代外出务工人员增多,河南省乡土世界空巢化现象增多,空巢老人、留守儿童数量增多,青壮年的外流导致民间个体主导模式下师徒、家族传承方式难以为继,河南省体育非物质文化遗产传承人的老龄化现象严重,后继乏人。

其次,民间个体主导模式难以保证河南省体育非物质文化遗产在城市落地生根。以祭祀祈福为目的的民间个体主导模式在城市面临水土不服的困境,不能使河南省体育非物质文化遗产获得城市人的认可。民间个体主导模式的传承内容原始古朴、传承方式单一固化,难以被城市新潮人群接受。

最后,民间个体主导模式难以使河南省体育非物质文化遗产在市场经济条件下获得持续的传承动力。随着市场经济的推进,文化产业在民族地区发展起来,人们开展、传承河南省体育非物质文化遗产的动机开始转向获取经济利益。民间个体主导模式下,自发自愿、义务式地传承河南省体育非物质文化遗产的方式因得不到群众的参与而难以为继。

三、河南省体育非物质文化遗产的政府主导模式

河南省体育非物质文化遗产的政府主导模式肇始于中华人民共和国成立后，它是一种主要依靠国家行政推动的传承模式，并随我国非物质文化遗产保护工作的全面展开而逐步走向高潮。其主要包括文艺展演中传承、学校授课中传承、技艺竞赛中传承和旅游节庆中传承等几种类型。

（一）政府主导模式的传承要素

传承者：传承的主导力量是国家行政机构或事业部门（文化部门、传习所、博物馆、体育局、民宗局、教育局、学校、文化站、非遗中心、群艺馆、旅游局等）。一般邀请河南省体育非物质文化遗产民间传承人或自己培养的河南省体育非物质文化遗产文艺工作者为传授者，受众一般是城镇学生、市民、游客等群体。政府通过认定传承人等方式，将民间个体主导模式下的师父等河南省体育非物质文化遗产技艺高手纳入国家体系。

传承目的：与民间个体主导模式不同，政府主导模式是在河南省体育非物质文化遗产遭遇现代传承危机之后产生的。政府主导模式是为了避免河南省体育非物质文化遗产的消亡，从而保护民族文化多样性、维护民族团结。同时还有发展民族文化产业，维护各民族平等，尊重民族风俗，促进民族地区经济发展、稳定等目的。

传承场域：如果说民间个体主导模式的传承场域主要在乡村，那么政府主导模式的传承活动大多发生于城镇等经济文化较为发达的场域。因为相对于农村所在的乡土社会，城镇等地一般具有较便利的交通、住宿、场地、饮食、人口等条件。

传承内容：在保留河南省体育非物质文化遗产一些原始古朴动作的基础上，政府主导模式根据时代的发展和城市居民的需求，对河南省体育非物质

文化遗产的动作、服装、音乐等进行大胆创新。

传承手段：政府主导模式利用其独特的资源优势、组织优势等，与大众传媒紧密结合，除了发挥民间个体主导模式的人际传承方式，还更加依赖组织传播和大众传播的方式来达到传承河南省体育非物质文化遗产的目的。

（二）政府主导模式的传承特点

传承的高效性：首先，利用政府的资源优势、组织优势等，保护并传播河南省体育非物质文化遗产，促使河南省体育非物质文化遗产在新时期获得新生，走向繁荣。其次，政府在河南省体育非物质文化遗产传承、传播方面具有独特的、强大的宣传和传播力量。政府与大众传媒相结合，多手段、多渠道传播河南省体育非物质文化遗产，使河南省体育非物质文化遗产走出原生场域，获得更多人的熟识和认可。最后，从政策、资金等方面支持河南省体育非物质文化遗产的传承。这些措施使河南省体育非物质文化遗产在较短的时间内走出了传统时期行将消亡的传承困境。

传承动机的明确性：政府主导模式下，传承的动机就是保护河南省体育非物质文化遗产免于消亡。中国积极融入世界非物质文化遗产保护体系之后，河南省诸多传统体育项目作为国家的非物质文化遗产得到了政策和法律的保护、传承。同时，河南省体育非物质文化遗产的传承还有保护文化多样性和促进河南地区经济发展等目的。

传承空间的开放性：河南省体育非物质文化遗产开始走出其发生、发展的乡土世界，以新的形态融入城市生活。在政府主导模式下，河南省体育非物质文化遗产不仅是河南省的，还是中华民族的，乃至世界的，其传承的文化空间得到极大的扩展与开放。

传承内容的现代性：不限于原始古朴的动作与仪式，融入更加科学、流行的现代元素，新的传承内容得到城市居民的接受与喜爱。

传承负担的单一性：国家行政机构和事业单位等成为河南省体育非物质文化遗产传承的主导力量，广大群众和传承人的传承需求有时得不到重视，造成国家与地方、政府与民众的传承动机时有背离，政府传承得不到地方和基层的支持，在管理和资金方面面临不断增大的压力。

（三）政府主导模式的发展困境

中华人民共和国成立以来，一方面，为河南省体育非物质文化遗产的开展创造了一个稳定的国内环境；另一方面，随着工业化、现代化的加速发展，河南省体育非物质文化遗产面临生存困境。在这个大背景下，河南省体育非物质文化遗产的政府主导模式产生并在各模式中迅速占据主导地位，但此模式在实践中也存在不足。

第一，难以调动基层的积极性。政府主导模式下，政府依靠资源优势、组织优势等"自上而下"地推动河南省体育非物质文化遗产的传承，基层群众在传承政策制定、传承方案规划、传承人认定等方面难以参与，缺少发言权，要求不能有效表达，容易造成基层群众在河南省体育非物质文化遗产传承方面的沉默或不配合，甚至出现政府传承目的、地方实际和群众需要相背离的情况。

第二，传承人认定制度的不足之处。我国的传承人认定是以"个体认定"为主，譬如小相狮舞、打春牛、少林功夫、太极拳等不少河南省体育非物质文化遗产项目具有群体传承的特点，未被认定为传承人的技艺拥有者还有很多，传承人与未被认定的技艺拥有者之间有时会产生明显的利益冲突，大大降低了人数众多的技艺拥有者的传承积极性。

第三，政府负担日益沉重。据调查，河南省国家级传承人每年可以获得8000～12000元的传承经费，省级每年获得3000～5000元的传承经费。河南省国家级—省（区）—市—县四级传承人的数量非常庞大，使国家和省每年都要不断增加投入来保证"非遗"保护与传承工作的正常运行。缺少了基层与社会的支持，政府在传承河南省体育非物质文化遗产中的负担日益沉重。

第四，容易出现"独断式"破坏。河南省体育非物质文化遗产的政府传承模式是一种"自上而下"式的保护，缺乏基层群众"自下而上"式的参与和监督，容易走上"专断式"保护的道路，甚至出现"独断式"破坏的恶果。改革开放以来，一些地方政府为了发展地方文化产业，搞活经济，对河南省体育非物质文化遗产的历史进行随意的"发明和再造",对其内容和表现形式进行任意修改和"创编",一些民俗变身为"官俗""伪民俗",甚至是"不良风俗",不仅没有达到应有的促进经济发展的目的,还使河南省体育非物质文化遗产很快丧失了个性与特色,不利于河南省体育非物质文化遗产的可持续传承。

第五,易使河南省体育非物质文化遗产的发展产生依赖,陷入孤立。政府主导模式是"由外及内"地推动河南省体育非物质文化遗产的传承,主要靠外力作用于河南省体育非物质文化遗产的传承实践,其在管理、资金等方面的投入是巨大的。同时,文化生态的变迁使河南省体育非物质文化遗产日益远离乡土群众的生活,缺乏地方和基层群众的支持,政府在河南省体育非物质文化遗产的保护与传承中逐渐唱起了"独角戏",更强化了河南省体育非物质文化遗产对政府主导模式的依赖。

四、河南省体育非物质文化遗产的社会组织主导模式

河南省体育非物质文化遗产的社会组织主导模式开始于改革开放以来的市场经济时期,它是一种主要依靠社会营利组织(文化演艺企业、旅游企业、传媒集团等)和非政府组织(广场舞社团、民间文艺家协会、民间文化保护组织等)来推动的传承模式,主要包括盈利表演中传承和广场健身中传承等几种类型。

(一)社会组织主导模式的传承要素

传承者:社会组织主导模式下,河南省体育非物质文化遗产传承的主导力量是一些机构或组织,包括文化演艺公司、旅游企业、传媒集团等盈利机构和广场舞协会、民间文艺家协会、民间文化保护组织、河南省体育非物质文化遗产民间表演队等非政府组织。他们往往聘请河南省体育非物质文化遗产高手或演员作为传承者;传承者群体规模很大,包含游客、市民、外国人

等。社会组织主导模式下的传承者开始成立自己的组织或被邀请加入其他的组织，其"自然人"身份变得有组织化。

传承目的：一是通过长期利用河南省体育非物质文化遗产项目来锻炼身体；二是通过河南省体育非物质文化遗产的表演赚取经济收益。

传承场域：旅游景点、酒店、场馆内的文艺表演舞台成为河南省体育非物质文化遗产项目的营利性传承场域，城乡广场成为河南省体育非物质文化遗产项目的健身传承场域。

传承内容：一方面，为满足广大市民健身的需要，将河南省体育非物质文化遗产创编为更加适合健身、更加适合在广场开展的项目（操）形式；另一方面，在保留河南省体育非物质文化遗产原始基本动作和吸引观众的神秘仪式的基础上，加入为迎合市场和游客需要的动作、服装、音乐等流行元素。

传承手段：综合利用组织传播、人际传播、大众传播等手段，多类别、多样化地传承河南省体育非物质文化遗产。旅游企业在景点开展河南省体育非物质文化遗产表演，使国内外的广大游客都成为其传承受众。

（二）社会组织主导模式的传承特点

较高的传承组织性：传承主导方是各种盈利性企业或非政府组织。河南省体育非物质文化遗产传承的组织性较好，使其传承的效率得到提升，更易实现传承的目的。

传承动机的功利性：在社会组织主导模式下传承河南省体育非物质文化遗产的直接目的，一是通过河南省体育非物质文化遗产的表演赚取经济收益，二是通过长期开展河南省体育非物质文化遗产项目来锻炼身体，对经济效益和健康体魄不懈追逐的功利目的较为明显。

传承内容的市场性：在市场经济背景下产生、发展，河南省体育非物质文化遗产成为一种消费产品，在游客、健身爱好者的需求下，经过不断调整、改造，始终以迎合市场需求的内容形态传承。

传承手段的多样性：能够综合利用大众传播、人际传播和组织传播等手段，多类别、多样化地传承河南省体育非物质文化遗产。

（三）社会组织主导模式的发展困境

改革开放以来，河南省体育非物质文化遗产的社会组织主导模式得到进一步发展。但因发展历史较短，其也存在着一些不完善之处。

首先，功利目的易使河南省体育非物质文化遗产原生态内涵丧失，出现变异。在社会组织主导模式下，一些旅游企业和传媒公司成为河南省体育非物质文化遗产传承的新主导力量。出于营利目的，这些社会组织往往为迎合市场而擅自修改河南省体育非物质文化遗产的动作、服饰等文化形态，使河南省体育非物质文化遗产丧失了原生态的内涵，甚至出现变异。

其次，难以进行有效的监督与引导。随着全民健身热潮的兴起，河南省体育非物质文化遗产以广场舞的形式进入城镇大小广场。但当前广场上的河南省体育非物质文化遗产大多是经过改编的健身操（舞），往往与其他广场舞混合在一起进行，很难看出其特色之处。

最后，资源缺乏，社会组织参与积极性不高。在政府承受日益沉重的资金、管理负担的情况下，社会组织主导模式本应承担更多的河南省体育非物质文化遗产传承任务，但因大量的河南省体育非物质文化遗产人力、物力等资源掌控在政府手中，获取这些资源的成本较高，一些社会组织不愿意涉足河南省体育非物质文化遗产开发与传承领域，未来这个矛盾的解决还需要更多的方法。

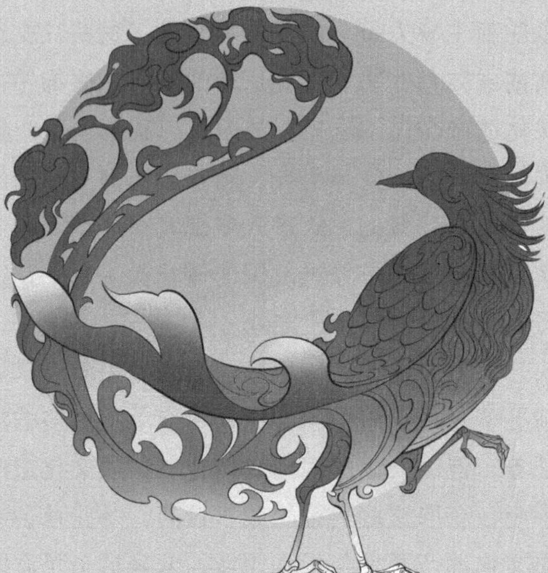

第四章

河南省体育非物质文化遗产传承模式的变迁

传承模式的变迁是不同传承者选择不同传承行为的结果。一般而言，传承模式的变迁包括单一模式自身的变迁及不同模式之间的变迁；从微观上看，传承模式的变迁具体表现在传承者、传承手段、传承内容、传承目的、传承场域等传承要素的变化上；从宏观上看，传承模式的变迁具体体现在民间个体主导模式、政府主导模式与社会组织主导模式之间的交替与互动中。

第一节 传承模式自身及之间的变迁

河南省体育非物质文化遗产传承模式的变迁包括单一模式自身的变迁和不同模式之间的变迁两个方面。其中，传承模式自身的变迁是一种缓和的变迁，体现了某一传承模式的相对稳定性；传承模式之间的变迁是一种剧烈的变迁，体现了传承模式的变动性。

一、传承模式自身的变迁

传承模式自身的变迁主要发生在该模式的内部，是一种局部的、仅因个别传承要素变化而引起的变迁。比如，在河南省体育非物质文化遗产的民间个体主导模式下，因传授者与传承手段的不同，就可以将传承类型划分为人生仪典中传承和家族师徒式传承。人生仪典传承中的传授者往往是民间精英、德高望重的艺人等，传承手段主要是群体传承；家族师徒式传承中的传授者是师父（大多为父亲或叔伯），传承手段主要是一对一口传身授式的个体传承。但由于以上两种传承类型的传承场域（乡村的场院）、传承目的（娱神、祭祖、祈福、娱乐等）、传承内容（仪式、动作）等基本维持不变，传承者与传承手段的细微差异并没有改变民间个体主导模式的主要特征

第四章　河南省体育非物质文化遗产传承模式的变迁

（传承的主导力量都是民间自然个体），即这些具有细微差异的传承要素形成了略有不同的两种传承类型，而这两种传承类型又共同构成并维持了河南省体育非物质文化遗产的民间个体主导模式。

同样地，河南省体育非物质文化遗产的政府主导模式包含技艺比赛中传承、文艺展演中传承、学校授课中传承和旅游节庆中传承四种传承类型，这四种传承类型的传承要素虽略有差异，但它们具有共同的传承主导力量——政府行政机构或组织。因而，虽然这4种传承类型各自部分的传承要素发生了变化，但都不影响政府主导模式的总体特征，属于河南省体育非物质文化遗产政府主导传承模式的内部变迁。社会组织主导模式也是如此，它所包含的广场健身中传承和盈利表演式传承两种传承类型虽在传承手段、传承目的、传承场域等要素方面略有差异，但因为它们共同的传承主导力量都是社会组织，所以它们构筑并保持了河南省体育非物质文化遗产社会组织主导模式的稳定性。

二、传承模式之间的变迁

相对于单一传承模式自身的变迁，传承模式之间的变迁是一种因所有传承要素都发生变化而引起的剧烈的变迁。河南省体育非物质文化遗产由民间个体主导模式变迁到政府主导模式或社会组织主导模式、由政府主导模式变迁到社会组织主导模式等，都是由于河南省体育非物质文化遗产各模式的传承要素全都发生变化，即河南省体育非物质文化遗产的传承主导力量由民间个体（民间艺人、师父等）逐渐变化为政府权力机构或组织（非遗中心、文化部门、民族宗教部门、体育部门、学校、旅游局等）或者社会组织（文化演艺公司、企业、广场舞协会等）；河南省体育非物质文化遗产的传承目的由娱神、祭祖、祈福等传统信仰逐渐变化为强化民族认同、发展民族体育、维护文化多样性等，或者传播民族文化、休闲健身娱乐、赚取经济利益等；河南省体育非物质文化遗产的传承手段由借助血缘、家族的"口传身授"变化为借助政府力量、传播技术的大众传承，或者借助社会组织、现代多媒体的大众传承；河南省体育非物质文化遗产的传承场域由神堂庙宇、乡村场院等乡土空间扩展到学校和健身广场、城镇的文化中心、城市文化演艺舞台等；河南省体育非物质文化遗产的传承内容由原始古朴的身体动作、仪式等变化为在保留基本动作的基础上改编而来的现代动作、套路，或者为迎合市场、商业、生活的服装、动作、配乐等。总之，因河南省体育非物质文化遗产各传承要素的全部变化引起了传承模式之间变迁。

第二节 模式变迁体现在传承要素的变化中

从微观来看，河南省体育非物质文化遗产传承模式的变迁主要体现在该模式各传承要素的变化上，即模式各传承要素的变化最终引起了该传承模式的变迁。

一、传承者由个体扩充到群组

传承者的变迁可以通过传授人和继承人的变化、传承组织与团体的演化、传承中主导力量的更替体现出来。

（一）传授人和继承人的变化

就传承人而言，在民间个体主导模式下，河南省体育非物质文化遗产的传承人往往是自然个体，传承活动往往自发地进行。人生仪典中带头传承河南省体育非物质文化遗产的师父、长辈、艺人等都是传授人；同时，在这些活动中有意或无意地学习河南省体育非物质文化遗产的则是继承人。在政府主导模式下，民间传授人除了在乡土社会自发传授河南省体育非物质文化遗产，还时常被政府聘用，变身为传承人或民间艺术大师等，在获得官方认可的同时也失去了一定的自然人身份。比如中华人民共和国成立后，作为河南文

第四章　河南省体育非物质文化遗产传承模式的变迁

化标识的少林功夫和太极拳开始在全国范围内传播，一些老方丈、主持、拳师、掌门人等在政府部门的邀请或征召下登上全国各类舞台展演绝技，有的甚至变身为"吃国家饭"的文艺工作者。在社会组织主导模式下，部分传授人开始面向市场，或成立类似"××文化表演队"等的盈利组织，或受聘文化演艺公司、旅游公司，或加入广场舞健身团队，身份又转变为老板、艺人或协会负责人等。继承人的群体规模也进一步扩大，一些外地游客也开始学习河南省体育非物质文化遗产。

总之，河南省体育非物质文化遗产传授人存在着身份不断变化的现象：民间艺人→传承人→公司或协会负责人。另外，这些身份是多样共存的，是相融共生的一种"兼性身份"。随着河南省体育非物质文化遗产传播范围的扩大，继承人也存在不断增多的现象：原来基本是乡村的群众或地地道道的农民，继而开始有城市居民的加入，随后扩展为全国游客和居民。

（二）传承组织与团体的演化

在民间个体主导模式下，河南省体育非物质文化遗产的传承活动都是自发进行的，故几乎不存在规范正式的传承组织。在政府主导模式下，濒危的河南省体育非物质文化遗产需要借助政府的组织优势摆脱困境，各级非遗中心、文化部门、体育部门、民族宗教部门、旅游部门、教育部门等成为新传承组织者。在社会组织主导模式下，一些企业和社团介入河南省体育非物质文化遗产的传承实践，成为河南省体育非物质文化遗产的传承组织者。可见，在河南省体育非物质文化遗产的传承过程中，其组织化过程存在"从无到有、从单一到多样"的变迁。

（三）传承中主导力量的更替

在民间个体主导模式下，家族传承中的师父、人生仪典传承中的"支客"、掌堂师、话事人等，是河南省体育非物质文化遗产传承活动的主导力量，他们的身份是自然人。在政府主导模式下，国家的机关和管理部门成为主导力量，如文艺展演传承的主导力量一般是文化局、文广新局、民族宗教事务局等；学校授课传承的主导力量一般是教育局；舞艺比赛传承的主导力量是体育局和民族宗教事务局；旅游节庆传承的主导力量是民族宗教事务局、旅游局、文化局、体育局等机构和单位。在社会组织主导模式下，一些企业和社团等社会组织开始参与河南省体育非物质文化遗产的传承工作。其中，广场健身传承的主导力量主要是体育社团，盈利表演传承的主导力量主要是企业。

总之，在民间个体主导模式下，河南省体育非物质文化遗产的传承活动是由作为个体的自然人主导；在政府主导模式下，政府设立专门的传承机构主导着河南省体育非物质文化遗产的传承；在社会组织主导模式下，一些企业和社团主动承担起河南省体育非物质文化遗产传承的责任。

二、传承目的由娱神转变为娱人

民间个体主导模式下，人生仪典传承是为了烘托热闹气氛、告慰祖先、祈福等；家族师徒传承是为了保存祖上技艺或维护家族社会资本。所以，该模式下，河南省体育非物质文化遗产的传承目的是满足生产和生活之需，与原始神灵崇拜、祖先崇拜等民间信仰关系密切。

政府主导模式下，传承河南省体育非物质文化遗产的主要目的为避免体育非遗过度消亡、扩大河南省体育非物质文化遗产的知名度与品牌影响力、发展民族文化事业、尊重民族习惯、守护民族精神家园、增强国家认同、维护民族平等团结、保护世界文化多样性等。文艺展演传承是为了扩大河南省体育非物质文化遗产的影响力和知名度，吸引更多的人参与河南省体育非物质文化遗产的传承与保护；旅游节庆传承是为了保护河南省体育非物质文化遗产的乡土生存、提升河南省体育非物质文化遗产的知名度、发展地方文化产业等；运动竞赛传承是为了探索以体育方式传承河南省体育非物质文化遗产的可能性；学校传承是为了从娃娃抓起，保住河南省体育非物质文化遗产传承的血脉和未来。政府主导模式下，河南省体育非物质文化遗产的传承目的是非常明确的，就是利用政府力量和资源，首先保证河南省体育非物质文化遗产能够存活下来，其次推动河南省体育非物质文化遗产适应现代社会，也可以利用河南省体育非物质文化遗产来发展、服务地方。

社会组织主导模式下，一些企业或个人出于赚取经济利益等目的，把河南省体育非物质文化遗产与舞台文艺表演和文化旅游业结合起来，客观上起到了传承河南省体育非物质文化遗产的作用。同时，一些体育健身社团把河南省体育非物质文化遗产纳入广场健身舞，在锻炼身体的同时，也把河南省体育非物质文化遗产带入城市居民的生活。

总之，从娱神祭祖到发展地方经济、保护传统文化，再到追求锻炼身体、经济利益。随着人们传承目的的不同，河南省体育非物质文化遗产的功能也在不断地发生变化，但其核心目的是祭祖。各种传承模式下形成的传承目的的差异，也会给河南省体育非物质文化遗产的传承实践带来冲突。比如，在处理河南省体育非物质文化遗产保护和发展的关系方面，政府主导模式是以保护为第一位的，其发展是建立在保护的前提下的；而社会组织主导模式则是以满足经济和健身需要为主。可见，如何协调各传承模式的不同目的，引导其走向协同，避免模式间的冲突与对抗，是保障河南省体育非物质文化遗产未来可持续健康发展应慎重考虑的问题。

三、传承场域由乡村拓展到城镇

河南省体育非物质文化遗产的传承场域是指其传承活动发生的地点、环境和传播的范围等。民间个体主导模式下，河南省体育非物质文化遗产的传承基本发生在乡村场域。人生仪典传承中，河南省体育非物质文化遗产的传承场域一般在东家的堂前、院落；家族师徒传承中，河南省体育非物质文化遗产的传承场域一般在村落的平整空地。总之，民间个体主导模式下，河南省体育非物质文化遗产发生、发展的场域主要在聚居的乡村社会。

政府主导模式下，为了保证河南省体育非物质文化遗产能够继续存活，政府利用多种措施，大大拓展了河南省体育非物质文化遗产的传承场域。第一，积极挖掘、整理河南省民族、民俗、民间体育非物质文化遗产，编排河南省体育非物质文化遗产节目，在全省、全国乃至国外进行展演传播。第二，编排河南省体育非物质文化遗产健身操，使河南省体育非物质文化遗产进入城市居民生活。第三，把河南省体育非物质文化遗产纳入中小学课堂教学。第四，河南省体育非物质文化遗产进入了运动会。第五，以特色文化节庆等形式，从政策和资源上鼓励河南省体育非物质文化遗产在乡村空间传承。总之，政府主导模式下，在城市的公园、学校、广场、舞台、运动场等场域都可以看到河南省体育非物质文化遗产项目的身影，河南省体育非物质文化遗产不仅在乡村场域得以继续传承，还进入了国内外诸多城市。

社会组织主导模式下，河南省体育非物质文化遗产的传承场域被企业和社团等进一步拓展到文化演艺中心的展演舞台、旅游景点的表演舞台、酒店的表演大厅和舞台、城市街道的平整空地等。作为河南的文化标识，河南省体育非物质文化遗产的传承场域正在不断地扩展。城市广场是我国群众体育传播和开展的主要物质载体，在很大程度上不断调节和影响着人们的素养和行为[1]。未来，中国城市的群众文化建设要充分结合不同阶层人群的需要，结合其民族性、社会性和体育的功能，大力发展广场体育文化，充分挖掘广场体育的核心价值[2]。

总之，河南省体育非物质文化遗产的传承场域被无限拓展，已经从省域扩展到全国乃至国外；从民间个体主导模式下的乡村场域扩展到政府与社会组织主导模式下的城市空间。随着我国城镇化进程的不断推进，河南省体育非物质文化遗产在城市的发展动力和传承空间等将会得到进一步增强与拓展。

---

[1]卢艳.城市广场体育文化建设初步研究[D].武汉：武汉体育学院，2009：29-35.
[2]刘阳，孟祥龙.我国广场体育文化的起源、变迁与现实[J].体育文化导刊，2015（7）：22-26.

四、传承手段由单一丰富到多样

民间个体主导模式下，家族师徒模式主要依靠的是一对一或一对多的个体传承，人生仪典模式主要依靠的是在仪式典礼中的群体传承。民间个体主导模式下的个体传承与群体传承依靠的都是口传身授式的人际传播手段，传承效率低，对传承效果没有明确的规约，传承范围小，传承周期长。

政府主导模式下，各传承主体综合利用授课、旅游节、展演、竞赛、文化产品等多种传承方式，以"自上而下"的强大力量推动着河南省体育非物质文化遗产的传承。其中既有口传身授式的传统手段，又有利用现代传播技术的组织传承和大众传承手段，对传承的效果进行明确的预期和规定，传承范围可以无限扩大，传承周期较短，传承迅捷，传播效率较高。

社会组织主导模式下，无论是广场健身模式还是盈利表演模式，都追求对便捷化、多样化传承手段的利用，口传身授手段已经较少利用，而借助大众传媒、现代新媒体、多媒体互动平台等传承河南省体育非物质文化遗产的频率渐高。这种对传承手段的不懈追求，促使其传承效果不断符合预期，传承速度变快，传承范围无限扩大，传承效率极高。

总之，传承手段从口传身授到采借大众传媒与现代科技，再到对新传承、传播技术的综合运用，不同传承模式下，河南省体育非物质文化遗产的传承手段经历了从简单到复杂、从单一到多样、由单向到互动的丰富过程。

五、传承内容由内源调适到采借

民间个体主导模式下，河南省体育非物质文化遗产的传承内容主要是原生态的体育动作。政府主导模式下，展演方式传承的内容是一些经过整理的比较原生态的河南省体育非物质文化遗产动作和仪式；授课方式传承的内容是经过改编的、易于被中小学生接受的新编河南省体育非物质文化遗产动作，其中保留了一些原生态的河南省体育非物质文化遗产动作；文化制品方式传承的内容是经过数字化处理的河南省体育非物质文化遗产，其既可以推广及传承原生态的河南省体育非物质文化遗产动作，也可以推广及传承经过改编的河南省体育非物质文化遗产动作；比赛方式传承的内容是"体育化"或"操化"的河南省体育非物质文化遗产动作，其既保存了一些原生态的河南省体育非物质文化遗产元素，也加入了一些锻炼身体各部位的串联新动作。社会组织主导模式下，盈利表演传承的内容是迎合市场需要的河南省体育非物质文化遗产动作，其既可以是比较原生态的河南省体育非物质文化遗产动作，也可以是经过艺术加工的动作。1974年，霍布斯鲍姆等通过对威尔士的民族服装、英国统治下印度庆典礼仪的变化、1870—1914年英、德、法三国民族节日和大众文化方面的变化等个案的考察，提出了"传统是被发明的"论断。他认为那些表面看来是古老的传统，其起源的时间往往是很晚的，而且有的是被发明出来的[①]。在一些旅游企业策划的河南省体育非物质文化遗产盈利性表演中，无论是对性感动作和身体的彰显，还是过于暴露的服装，都是以市场为导向的，也是对原生态河南省体育非物质文化遗产进行不断"创造和发明"的结果。本研究认为，营利性表演应该以"原真性"的河南省体育非物质文化遗产为基础，一方面是对河南传统文化的尊重，另一方面也是对游客的尊重。

总之，民间个体主导模式下，河南省体育非物质文化遗产的传承内容一般源于乡土社会的生产生活实践，多是一些简单动作和仪式，以及一些原始古朴的身体活动。政府主导模式下，河南省体育非物质文化遗产的传承内容开始加入一些从西方体育、现代舞蹈、杂技曲艺中采借而来的动作，服装和道具也发生了变化，人们可以身着休闲、现代服饰，亦可以身穿民族服饰，伴奏音乐可以不是鼓和锣等，可以是西方电子器乐，可以录制数字音乐、CD或电子音乐，然后用音箱播放、视频直播表演。但总体来说，政府主导模式下的传承内容基本保持了原生态河南省体育非物质文化遗产的内涵和

---

① E.霍布斯鲍姆，T.兰格.传统的发明[M].顾杭，庞冠群，译.南京：译林出版社，2004：1-338.

特色。社会组织主导模式下，河南省体育非物质文化遗产的传承内容，或随市场需求而被不断编排和"重新发明"，或因健身需要而被随意改变动作、套路和节奏。可以说社会组织主导模式下，传承内容内源于原生态河南省体育非物质文化遗产的元素不断减少，而采借时尚流行的元素逐渐增多。

第三节 传承模式间的交互关系反映变迁

河南省体育非物质文化遗产的传承主要有民间个体主导、政府主导、社会组织主导三种模式。其中，民间个体主导模式存在的历史最为悠久，从河南省体育非物质文化遗产产生就开始运行，政府和社会组织主导模式则都是现代以来在河南省体育非物质文化遗产发展过程中逐渐产生的。随着社会文化的变迁，三种模式被历史地联结在了一起，它们之间的交替与互动关系体现了各传承主导力量的转换与交替，反映了河南省体育非物质文化遗产传承模式的变迁。

一、历时性的主次演进

从历时角度，河南省体育非物质文化遗产的民间个体主导模式、政府主导模式和社会组织主导模式不是从开始就有的，它们的出现有一个先后的顺序，而且在不同的历史时期，三种传承模式间的地位也是不同的。

在中华人民共和国成立以前较长的传统时期，河南省体育非物质文化遗产产生后，一直在民间个体主导模式下慢慢地传承发展着。虽然政府有时也会主动传承和保护河南省体育非物质文化遗产，但河南省体育非物质文化遗产在传统时期的传承行为基本还是自发的，更多时候是一种非"自觉"的无意识行为。政府机构和社会组织还是很少直接参与河南省体育非物质文化遗产传承的。

模式与变迁：河南省体育非物质文化遗产的传承

中华人民共和国成立后，随着现代化进程的推进，河南省体育非物质文化遗产赖以生存的文化空间不断缩小，以及被现代文化和价值观多重挤压，民间个体主导模式日渐式微，河南省体育非物质文化遗产开始面临生存危机。在这个背景下，政府力量开始介入河南省体育非物质文化遗产的传承与保护工作。中华人民共和国成立之初，河南省的文化部门在政策和上级部门的支持下，纷纷对各自的体育非物质文化遗产进行挖掘与整理，各类队伍在全国各地表演展示，渐渐使河南省体育非物质文化遗产恢复了生机、扩大了影响。21世纪初，中国融入国际非遗话语体系并迅速占据重要地位，河南省体育非物质文化遗产得到更加系统、科学的传承与保护。2006年，少林功夫、太极拳、麒麟舞、狮舞等河南省体育非物质文化遗产成为首批国家级非物质文化遗产，在"国家—省—市—县"四级非遗保护体系的主导和推动下，河南省体育非物质文化遗产迎来了繁荣发展时期。中华人民共和国成立以来，河南省体育非物质文化遗产能够实现从行将灭亡到迅猛发展的华丽转变，政府主导模式在其中起到了关键作用。这一时期，随着民间个体传承模式的日渐式微，政府主导模式在河南省体育非物质文化遗产的传承中逐步占据了主导地位。

20世纪90年代以来，随着河南省旅游业和文化产业的发展，河南省体育非物质文化遗产的社会组织主导模式迅速发展，具体表现在以下几个方面。第一，一些旅游公司为了发展旅游业，纷纷在景区改建或新修庙宇场祠、搭建河南省体育非物质文化遗产表演舞台，邀请民间艺人、文艺工作者到旅游景点进行河南省体育非物质文化遗产表演。第二，文化系统纷纷成立文化产业公司，展示河南省体育非物质文化遗产项目。第三，乡村群众自发成立的民间河南省体育非物质文化遗产表演队，专门为游客提供有偿表演服务。第四，在全民健身热潮下，河南省体育非物质文化遗产加入了广场舞行列，河南省的城镇自发组织广场舞团队，他们为河南省体育非物质文化遗产的传承起到了不小的作用。我国的非物质文化遗产传承保护工作起步较晚，从日本、韩国的发展经验来看，在非物质文化遗产的传承与保护中，其认定的个人或团体传承者经常会向政府申请资金等帮助；在政府需要的时候，也可以向个人或团体的传承方"购买服务"，"按需分配"资源模式已经成为邻邦非遗保护的常态。所以，日本和韩国的社会组织与个人（人间国宝）在非物质文化遗产传承中占据主导地位，并且有很大的自主权[①]。当前，民间个体主导模式日渐式微，政府主导模式在管理和资金方面面临着压力与日俱增的困境，社会组织主导模式未来很可能会成为推动河南省体育非物质文化遗产传承的主要传承模式。

二、共时性的互补共生

从上文可知，河南省体育非物质文化遗产的民间个体主导、政府主导、社会组织主导三种模式从历时角度而言，是按照先后顺序出现的。就目前的传承现状来说，这三种传承模式处于一种共生互补、相互交织的状态，于是彼此之间就产生了很多相互联系。

首先，三种传承模式呈现一种共生互补的关系。

河南省体育非物质文化遗产的三种传承模式绝不是此消彼长、相互替代的关系，而是一种新模式一旦产生就与已有传承模式形成共生互补的关系，只是在不同时期其各自的地位和重要性不同。民间个体主导模式最早产生，虽然当前地位日渐式微，但其直到现在还在河南省体育非物质文化遗产的传承实践中发挥着作用；政府主导模式在中华人民共和国成立后产生，遂与民间个体主导模式一起迎来了河南省体育非物质文化遗产的复兴；20世纪90年代后，社会组织主导模式产生，遂与前面两种主导模式共同推动了河南省体育非物质文化遗产走向繁荣。在1949年之前漫长的传统时期，民间个体主导模式一直是河南省体育非物质文化遗产的主要传承模式，可以说，如果河南省体育非物质文化遗产有千年的历史，那么民间个体主导模式就保障了河南省体育非物质文化遗产的千年传承。当然，传统时期也有政府和社会组织介

[①] 李致伟. 通过日本百年非物质文化遗产保护历程探讨日本经验[D]. 北京：中国艺术研究院，2014：112-128.

入河南省体育非物质文化遗产传承的情况，但整体而言，这些零星行为并未模式化，也没有动摇民间个体主导模式的主导地位。中华人民共和国成立以来，河南省体育非物质文化遗产民间个体传承的文化生态发生巨变，政府主导模式应运而生并迅速成为河南省体育非物质文化遗产的主要传承模式。虽然这一时期河南省体育非物质文化遗产的民间个体主导模式日渐式微，但民间自发的原生态河南省体育非物质文化遗产传承活动依然存在。20世纪90年代后，河南省体育非物质文化遗产的社会组织主导模式形成并不断发展完善，一些旅游公司、健身社团、传承人族群等社会组织开始主动传承河南省体育非物质文化遗产。自此，民间个体主导模式、政府主导模式和社会组织主导模式就一直处于共存的状态。总体来说，现阶段政府主导模式在河南省体育非物质文化遗产的各种传承模式中占据主导地位，并且还将持续一段时间。从日本、韩国的先进经验来看，河南省体育非物质文化遗产的社会组织模式未来将可能逐步占据主导地位，民间个体主导模式和政府主导模式将会逐渐处于从属的辅助地位。

其次，三种传承模式之间是一种相互交织的关系。

河南省体育非物质文化遗产的三种传承模式不是一种彼此隔绝、绝无交集的关系，而是彼此之间相互交织的关系。河南省体育非物质文化遗产民间个体主导模式包括人生仪典中传承、家族师徒式传承两种类型，在乡土原态文化空间遭遇严重挤压的今天，这两种传承类型的持续健康发展离不开政府和社会组织技术、安保、资金、运输等资源的支持。同样地，河南省体育非物质文化遗产政府主导模式下的学校授课、舞艺比赛、文艺展演、旅游节庆四种传承类型和社会组织主导模式下的营利表演、广场健身两种传承类型，离不开民间个体主导模式中神秘的传承目的、原态传承内容、活态传承者、原始传承场域等要素。此外，随着我国社会转型加速及改革的深入，河南省体育非物质文化遗产传承中，政府主导模式下的舞艺比赛、文艺展演、旅游节庆等传承类型将逐步交由社会组织来主导和负责；而社会组织主导模式下的广场健身、盈利表演等传承类型中的公益部分也将交由政府来主导和完善。

总之，河南省体育非物质文化遗产民间个体主导模式可以长期保存体

第四章 河南省体育非物质文化遗产传承模式的变迁

育非遗的"原真性";河南省体育非物质文化遗产政府主导模式可以在短期内"抢救式"保护体育非遗;河南省体育非物质文化遗产社会组织主导模式易于调动传承者的积极性。但永远完美的传承模式是不存在的,任何传承模式发展到一定阶段后,都会暴露出其不足之处,当不断涌现的问题促使已有传承模式陷入困境时,新的传承模式就会应运而生。据现有的文献资料和实地考察的情况,河南省体育非物质文化遗产民间个体主导模式、政府主导模式、社会组织主导模式三者共生互补、相互交织的局面在未来还会持续很长时间。

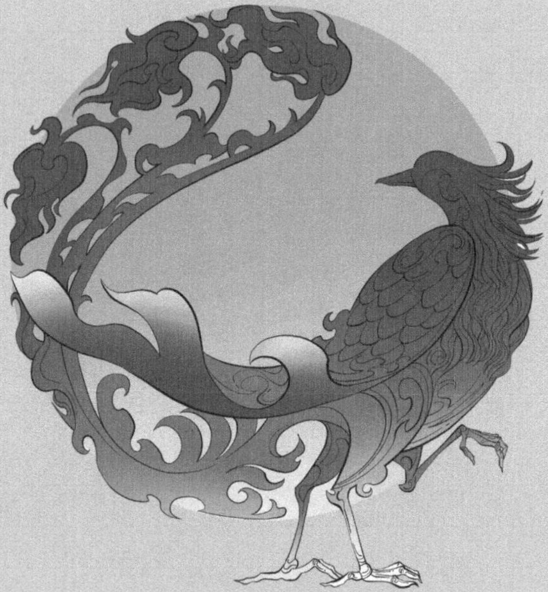

第五章

河南省体育非物质文化遗产传承模式变迁的原因

前文归纳了河南省体育非物质文化遗产的传承模式，阐述了传承模式变迁的表征。本章主要分析河南省体育非物质文化遗产传承模式变迁的原因，这是探索河南省体育非物质文化遗产的传承经验、审视传承中存在问题的必要一环。

第一节 传承模式变迁的影响因素分析

河南省体育非物质文化遗产传承模式的变迁是在多种影响因素作用下的必然过程，探析这些影响因素是分析河南省体育非物质文化遗产传承模式变迁原因的前提。

一、模式变迁是内外因共同作用的结果

文化变迁理论是文化人类学的研究主题，文化变迁研究在人类学学术史上具有较长的发展历史。文化变迁指"或由于民族社会内部的发展，或由于不同民族间的接触，因而引起一个民族的文化的改变"[1]。从早期的古典进化论、历史学派、传播学派、功能学派到文化相对论学派、心理学派、新进化论学派等流派，均从不同角度、不同层面、不同程度探索文化变迁的奥秘[2]。体育文化变迁是"体育文化进化和传播相结合的过程，进化是一个民族内部的历史的发展过程，传播是指本族文化与外族

---

[1] 黄淑娉，龚佩华.文化人类学理论方法研究[M].济南：山东教育出版社，1996：211.
[2] 胡小明.体育人类学[M].北京：高等教育出版社，2005：9-11.

第五章　河南省体育非物质文化遗产传承模式变迁的原因

文化的相互影响"[①]。社会与文化变迁的发生及其动力是极复杂的,人口压力与资源紧张、自然灾害与生态变迁、文化传播、发明创造、工程计划的实施乃至政治革命与宗教改革等都能带来社会与文化的变化[②]。马克斯·韦伯认为新教有关工作、储蓄、成功等价值观促进了资本主义制度在欧洲的发展。马克思主义学说认为一切变革都源于以生产工具革新为代表的生产力的发展。费尔丁·奥格本认为一旦物质文化发生变革,非物质文化的价值观、规范、意义、社会结构等也会发生变化[③]。现代人类学认为文化变迁的原因既有内部的,也有外部的,发明、发现、进化、传播或借用等都可以是文化变迁的途径。经典马克思主义哲学认为事物的变化是内、外因共同作用的结果,外因是条件和间接因素,内因是根据和决定因素,外因通过内因起作用。可见,文化变迁既是内、外因综合作用的结果,又是一个永恒的、必然的过程。

河南省体育非物质文化遗产传承模式的变迁既是一种文化变迁,又是被其他文化变迁所推动的变迁。从河南省体育非物质文化遗产的历史看,它是社会文化发展到一定阶段之后的产物;从河南省体育非物质文化遗产的变迁看,它不是一直静止的,而是在不断适应变化的自然和社会文化环境的过程中不断调适着的。传承模式是人类的一种行为选择,河南省体育非物质文化遗产传承模式的变迁是一种非常复杂的文化现象,是各传承要素由于内、外环境的改变而持续调适或适应的动态过程。其中,河南省体育非物质文化遗产赖以生存的自然环境和社会文化环境的变化,是促使河南省体育非物质文化遗产传承模式变迁的外因;在诸多外因的作用下,人们的思想意识不断变化,使传承主导方对河南省体育非物质文化遗产产生不同的需要,从而促进其不同功能的发展及各传承要素的变化,这些是引起河南省体育非物质文化遗产传承模式变迁的内因。分析推动河南省体育非物质文化遗产传承模式变迁的影响因

[①]易剑东.体育文化学[M].北京:北京体育大学出版社,2009:268-269.
[②]王鸣明.布依族社会文化变迁研究[D].北京:中央民族大学,2005:128.
[③]威廉·费尔丁·奥格本.社会变迁——关于文化和先天的本质[M].王晓毅,译.杭州:浙江人民出版社,1989:143.

素是正确、客观认识其传承经验和问题的重要一步，也是探寻河南省体育非物质文化遗产传承规律的必然之举。当然，引起河南省体育非物质文化遗产传承模式变迁的内、外因没有天然的分界线，是紧密融合在一起的，本研究为了论证方便，特对影响因素作了内、外区分。下文对河南省体育非物质文化遗产模式变迁的内、外因进行具体分析。

二、生态变量和传承要素共推传承模式变迁

文化整体观是人类学的重要理论之一。传统人类学、文化学偏重于文化特质和异质文化的分析，往往忽视了把文化作为整体来探讨。而在文化这个整体系统中，一切文化现象都具有存在的现实意义，各文化成分是相互依存的。拉德克利夫·布朗在《安达曼岛人》一书中写道："安达曼岛人的仪式风俗来自一种密切联系的制度……如果我们认为每一个人都是独立的，就不能理解他们，必须去研究全部的制度，才可能正确理解。"马林诺夫斯基认为："对文化特质，使之化为原子或孤立……这是无效果的，文化的意义包括了众多成分之间的关系。"[1]文化模式理论主张把文化看作一个整体，"对文化的整体性研究远比对文化的各个部分的连续分析来得重要"[2]。美国人类学家克莱德·克鲁克洪认为"文化本身就是一种相互依存性的系统"[3]。波普诺[4]在研究文化变迁时，给出了社会变迁的七个主要原因：物质环境、人口、技术、非物质文化、文化进程、经济发展、有目的地促进变迁。国内学者徐杰舜、王铭铭认为，一个群体的生

---

[1] Bronislaw Kaspar Malinowski. Culture, Encyclopedia of the Social Sciences [M]. New York: Macmillan, 1931: 625.
[2] 露丝·本尼迪克特. 文化模式 [M]. 张燕, 傅铿, 译. 杭州: 浙江人民出版社, 1987: 6; 46; 49.
[3] 克莱德·克鲁克洪. 文化与个人 [M]. 杭州: 浙江人民出版社, 1986: 31.
[4] 戴维·波普诺. 社会学（第10版）[M]. 李强, 等, 译. 北京: 中国人民大学出版社, 1999: 621.

第五章 河南省体育非物质文化遗产传承模式变迁的原因

活的某一个方面是不可以单独研究的,只有对它的整体进行研究后才能看到其中的某一点意义[①]。可见,文化整体观强调对某一文化进行整体性研究,认为无论研究人类生活的哪一方面,都要关注与其有关的生活的其他方面。

在整个人类学流派中,文化生态学理论秉持的文化整体观最为明显。美国文化人类学家朱利安·斯图尔德在其理论著作《文化变迁理论:多线性进化的方法论》中提出了文化生态学的理论,他认为文化生态学专注于对一个文化适应其环境的过程进行研究[②]。我国文化社会学家司马云杰把影响文化产生、发展的自然环境、科学技术、经济体制、社会组织和价值观等变量构成的完整体系称为文化生态系统,并构建了文化生态结构模式来表达这个生态系统及其变量间的相互关系[③]。所以,文化生态学是一门把文化的适应和变迁放在普遍联系的内外世界进行全面考察的学问,社会、自然、价值观念等因素的综合作用决定了文化生产与变迁的内、外动因。

就河南省体育非物质文化遗产的存在范式而言,"其不是作为一种体育活动项目单独存在的,而是作为一种'总体呈现体系'存在的,它蕴含着深刻的意义结构和价值体系等更深层的东西"[④],即河南省体育非物质文化遗产与其存在的文化生态是相生共融、互为依存的。把文化生态理论作为变迁动因的分析工具,是基于本研究认为河南省体育非物质文化遗产传承模式的变迁与其依存的整个文化空间的变迁不可分割,如果仅限于河南省体育非物质文化遗产活动自身变迁过程和内部影响因素的研究,可能会陷入"只见树木不见森林"的窘境,从而难以准确把握河南省体育非物

[①] 徐杰舜,王铭铭.我想象中的人类学——人类学学者访谈录之三十七[J].广西民族学院学报(哲学社会科学版),2006,28(1):58-72.

[②] 丁永祥.怀邦文化生态研究[D].上海:上海师范大学,2009:10.

[③] 司马云杰.文化社会学[M].北京:中国社会科学出版社,2001:155-156.

[④] 王永忠,冉清泉,涂传飞.我国民族传统体育研究取向的演进[J].北京体育大学学报,2012(3):38-42.

质文化遗产的变迁机制和传承的规律。

由上文可知，河南省体育非物质文化遗产传承模式的变迁应该是在内、外影响因素的综合作用下产生的。司马云杰提出的五个文化生态变量对河南省体育非物质文化遗产传承模式变迁的影响也有内、外之别，其中价值观念主要是指河南省体育非物质文化遗产传承主导力量的意识观念，因传承主导力量是传承模式的内部构成要素，所以意识观念应该是推动传承模式变迁的内因。此外，司马云杰提到的社会组织指代的应是人类为适应自然、社会环境而创造的组织制度，它的内涵远远超过河南省体育非物质文化遗产社会传承模式中出现的具化社会组织（旅游企业、健身社团等），为了体现出二者的差异性并兼顾表述的准确性，本研究把组织制度作为一个变量纳入河南省体育非物质文化遗产传承模式变迁的外在动因。这样，具体到河南省体育非物质文化遗产，自然生态环境、科学技术、经济体制、组织制度四个变量构成了河南省体育非物质文化遗产赖以生存的文化生态圈，是推动河南省体育非物质文化遗产传承模式变迁的外部影响因素。同时，传承者、传承目的、传承内容、传承场域、传承手段是传承模式的构成要素，所以它们是推动河南省体育非物质文化遗产传承模式变迁的内部影响因素，它们之间的互动构成了河南省体育非物质文化遗产的传承模式圈。价值观是传承主导力量的一种意识观念，所以价值观变量应该与传承者一样，属于推动河南省体育非物质文化遗产传承模式变迁的内部影响因素。

总之，由于文化生态系统中的内外变量处在永恒的变化之中，它们不断作用于由各传承要素构成的传承模式系统，从而外在地推动了河南省体育非物质文化遗产传承模式的变迁。其中，不同的生态变量对各传承要素的影响程度是不同的。各传承要素之间应该也是一种彼此作用的互动关系，正是各传承要素自身的变化及彼此间的互动推动了河南省体育非物质文化遗产传承模式的变迁。

第二节 外因：生态变量变化与传承模式的变迁

"传统总是不断变迁和发展的，即使传统深得人心，也会因为与其发生关系的环境起了变化而必定被改变。"[1]19世纪中叶以来，我国经历着剧烈的社会转型，这是一种由传统社会向现代社会的转型。我国社会转型（郑杭生2009）是指在保持社会主义基本形态不变的前提下，对社会的政治、文化、经济、社会等各方面的体制、机制进行的变革。其既涉及我国从传统农耕社会向现代农业、工业和信息社会的转变，也涉及从自然经济、半自然经济和计划经济向社会主义市场经济的转变；既涉及人们工作、生活方式的改变，也涉及人们思维方式、观念的改变[2]。也就是说，在这次社会转型中，我国政治、经济、文化、社会各方面的变迁具有任务重、时间短、速度快的特点。河南省体育非物质文化遗产文化生态变量的变化与我国文化变迁、社会转型的历史大背景是密切相关的，并且深受这一变迁和转型的影响。总之，自然生态环境、科学技术、经济体制、组织制度等变量是河南省体育非物质文化遗产传承模式变迁的外部动因，下面主要从这些变量的变化出发，探寻引起河南省体育非物质文化遗产传承模式变迁的外部推动力量。

一、自然生态环境变化为变迁提供条件

自然生态环境是相对社会文化而言的概念，是指人类及其文化赖以生存和发展的自然生态环境，它包括气候环境、地理环境、人口状况、物种环境等内容。与河南省体育非物质文化遗产传承模式变迁密切相关的自然生态环

---

[1]爱德华·希尔斯.论传统[M].傅铿, 吕乐, 译.上海：上海人民出版社, 2007：257.
[2]雷结斌.我国社会转型期道德失范问题研究[D].南昌：南昌大学, 2013：20-24.

境主要有自然地形地貌、人口流动和开展场地等方面。

（一）自然环境打开与民间传承式微

文化是人类在生态作用和影响下形成的一种"适应策略"。文化生态学创始人斯图尔特认为文化与其所处的生态环境密不可分，文化研究需要对具体的文化进行具体的分析，而其前提就是必须考察不同的文化与各自生存环境因素之间的互适关系，文化是"对自然环境和社会环境适应的结果"[1]。河南省不同民族、文化、体育非遗项目等所依存的文化资源、社会习俗、生活方式、地理环境、图腾与宗教信仰均有所不同，由此促成了河南省传统体育文化的多样性特征。其实，就全国而言更是这样，地势平阔、水草丰盛的蒙古高原诞生了骑马、摔跤、射箭等项目；亚热带地区的苗、壮、彝等民族则熟练掌握了攀爬、窜蹦、跳跃等本领[2]。河南省体育非物质文化遗产出现在中原地区这一特殊的地理场域之中，该地区自然资源丰富、民族多样、传统文化发达，独特的地理环境既造就了河南省传统时期的农耕文化，也造就了河南省丰富多样的体育非物质文化遗产。特别是随着现代化进程的推进，河南省山区、农村等封闭的环境被打开，城镇里的人工环境被不断发明创造出来，与存续数亿万年的乡土天然共存。河南省体育非物质文化遗产逐渐走出生存已久的封闭环境，开始进入开放多元的城市空间，城市人工地理环境（如休闲健身广场、公园、健身步道等）形成了与之相适应的城市文化。在现代化的冲击下，河南省体育非物质文化遗产的原始自然生态变化巨大，传统体育非遗项目赖以生存的文化空间遭受严重挤压、传承资源的缺乏等需要借助政府主导模式的优势来保证存续。人们对城市环境和生活的厌倦，以及对河南省原始自然生态环境和文化的好奇等，促使河南省旅游业

---

[1] 郑晓云. 社会变迁中的傣族文化——一个西双版纳傣族村寨的人类学研究[J]. 中国社会科学，1997（5）：125-140.
[2] 王智慧. 我国民族传统体育文化本源、特征与传承方式研究[J]. 西安体育学院学报，2015（1）：75-81.

第五章　河南省体育非物质文化遗产传承模式变迁的原因

发展迅速，河南省体育非物质文化遗产成为一种特色文化产品，需要社会组织主导模式的介入和推进。

（二）人口流动改变传承者

河南省体育非物质文化遗产传承模式的变迁与人口的流动密切相关。现代化以来，随着河南省文化生态的急剧变化，河南人外出谋生（务工、求学、经商）成为普遍现象，与外出务工潮、人口向城市集中并存的是河南省体育非物质文化遗产传承后继乏人，这种情况促使政府主导模式产生。当前，将农民集中居住视为农民城镇化、市民化的重要实践，这一实践对村落共同体的解构可能更加彻底[①]。改革开放以来，随着市场经济发展，河南文化和山水的吸引力日渐增强，国内外游客不断涌入河南地区，极大扩展了河南省体育非物质文化遗产传承的受众群体，从而促进了社会组织主导模式的发展。总之，人口流动与河南省体育非物质文化遗产传承模式变迁的关系是十分密切的：过去河南人"固守乡土"为河南省体育非物质文化遗产的民间个体主导模式提供了大量的传承者，现代以来的人口流失，使河南省体育非物质文化遗产在乡土世界的民间传承式微，而逐步增加的城市人口为河南省体育非物质文化遗产的政府主导模式和社会组织主导模式发展提供了条件。

（三）场地增多扩大传承场域

传承场域是自然生态环境对河南省体育非物质文化遗产传承模式变迁最易直接产生影响的因素。传统时期，出于祭祀神灵、祭拜祖先与纳吉祈福

[①] 李飞，杜云素.中国村落的历史变迁及其当下命运［J］.中国农业大学学报（社会科学版），2015（2）：1-16.

等目的而修建的神堂庙宇,成为河南省体育非物质文化遗产的主要开展场所。"凡是把许多灵魂团结在一起的就是神圣的"[1],庙宇是神圣之地,是维克多·特纳所谓的"支配性的象征符号",也是伊利亚德宗教思想中的"世界支柱",它是支撑起河南省体育非物质文化遗产仪式语境最主要的象征符号[2]。神堂庙宇也成为河南省体育非物质文化遗产民间个体主导模式得以长期延续的基本保障之一。

随着城市化进程不断推进,人口不断流向城市,包括体育场馆在内的室内外空间为河南省体育非物质文化遗产的政府主导模式运行提供了条件,文化部门利用手上的资源,将河南省体育非物质文化遗产的传承场域扩展到城市社区、运动场馆和文化舞台。市场经济逐步发展起来以后,一方面,作为公共空间的城市广场成为城市居民活动交流的重要场所,河南省体育非物质文化遗产作为健身活动在城市中得以生存;另一方面,在民族文化产业和旅游产业的双重推动下,景区、市区的盈利性演艺舞台成为河南省体育非物质文化遗产传承的新场域,促使其社会组织主导模式得到快速发展。

总之,河南省体育非物质文化遗产开展的场地从乡土世界进入城市空间和旅游景区等,这为河南省体育非物质文化遗产传承模式的变迁提供了条件;同时,新的传承模式的发展又促进了河南省体育非物质文化遗产场地的进一步扩展。

二、科学技术进步加速模式变迁

美国人类学家L.A.怀特将文化划分为社会、技术和思想三个子系统。其中,技术系统处在基础地位;文化每一次的变迁和重大进步都与新能源的发现和利用有关,而对新能源的探索只有通过技术手段才能达到,所以

---

[1]黑格尔.美学(第三卷)[M].朱光潜,译.北京:商务印书馆,1981:37.
[2]维克多·特纳.象征之林[M].赵玉燕,欧阳敏,徐洪峰,译.北京:商务印书馆,2006:19.

技术系统对于文化的进化起着决定作用[①]。当然，后期有不少学者认为技术是推动社会进步的自然属性，还应具有关照人类生存意义的社会属性。另外，新进化论学派代表人物的斯图尔特则坚持文化多线进化观点，他对"文化因果的探讨感兴趣，并将技术与环境视为文化变迁的主因"[②]。可见，科学技术对河南省体育非物质文化遗产传承模式的变迁具有巨大的推动作用。

（一）生产技术提升改变传承基础

过去，刀耕火种是河南古代先民的主要生产方式；后期随着农业技术的提高，人们学会充分利用土地，"寒星散地、田边地角、悬崖隙土、篱边沟侧，亦必广种麦、荞、苞谷、草烟、粟、蔬菜、菽、瓜果之类，寸土不闲，惜土如金"。农业受地理、气候等自然影响较大，生产效率低下，河南人民无论是农业生产、物品交换，还是婚丧嫁娶等，都需要群体或团队的配合，落后的农业生产技术需要一定人口数量的聚集。河南省体育非物质文化遗产正是这样一种群体性的活动，在年尾农闲或喜庆时分，相互依存的河南人民聚集在一起，或出于对丰收的强烈渴求与喜悦，或出于对祖先神灵的感恩与思念，人们自然而然地进行河南省体育非物质文化遗产项目，民间个体主导模式在这种自给自足中得到自然延续。

中华人民共和国成立后，河南地区的精耕细作已经完全替代了刀耕火种，河南人民因地制宜，根据特殊的自然环境发展农业经济，基本实现了农业产业化。随处可见的瓦、水泥、砖、混凝土房屋慢慢替代了土、石、茅草房屋。20世纪90年代后，随着"打工族"的日益增多，内外流动愈加

---

① 怀特.文化科学：人和文明的研究［M］.曹锦清，杨雪芳，等，译.杭州：浙江人民出版社，1988：1-33.

② 康拉德·菲利普·科塔克.文化人类学：欣赏文化差异（第14版）［M］.周云水，译.北京：中国人民大学出版社，2012：73.

频繁，越来越多河南人的世界观和人生观等发生巨大变化，个人对乡土、宗族的依赖感降低，对一些民间信仰和传统宗法的认同度也在不断降低，河南省体育非物质文化遗产赖以生存的信仰基础和人际依存关系日益薄弱。在现代化、工业化巨轮的快速转动下，保障原生态河南省体育非物质文化遗产传承的农耕文明基础已经严重萎缩。为了保护河南省体育非物质文化遗产免于快速消亡，使其在城市空间和工业文明中长久存续下来，利用政府力量传承河南省体育非物质文化遗产的政府主导模式及利用社会力量传承河南省体育非物质文化遗产的社会组织主导模式应运而生。

（二）通信技术改进丰富传承手段

通信技术的快速发展使地球越来越像"地球村"。但是，在过去的河南省，人们传递信息的方式主要是"捎口信"和"跑长腿"，收集信息的主要方式是面对面的交流，体育非物质文化遗产活动在开展时的集聚效应为人们收集与传播信息提供场域。河南人民需要通过体育非物质文化遗产活动来进行人与自然、人与人、人与神灵等的沟通和交流，进而使河南省体育非物质文化遗产成为人们生活的一部分得到世代传承。

现代以来，随着通信技术的迅猛发展，河南省体育非物质文化遗产的传承方式受到了较大的影响。一方面，河南体育非遗的召集方式变化巨大。以前，击鼓鸣锣、张贴告示、放炮吆喝是必不可少的；而现在，只需通过手机或网络事先确定好时间、地点即可。另一方面，河南省体育非物质文化遗产的传播效率变化极大。以往，河南省体育非物质文化遗产只是在很小的乡土聚居区开展，但随着大众传播技术的发展，河南省体育非物质文化遗产也可以通过广播、报纸、网络、电视、移动终端等传播到世界各地。

在现代通信技术的作用下，一方面，河南省体育非物质文化遗产遭受着外来文化、流行文化（如西方体育文化、舞蹈健身文化等）的不断冲击；另一方面，河南省体育非物质文化遗产本身也以"文化产品"的形式被推送到

第五章　河南省体育非物质文化遗产传承模式变迁的原因

大众的面前。"观看是人类最自然、最常见但并非是最简单的行为。观看是一种异常复杂的文化行为，它不是一个被动的而是主动发现的过程。"[1]在当代"视觉文化"当道的背景下，河南省体育非物质文化遗产已成为国家构建民族文化"传播狂欢"所选择的重要内容，也是不少旅游企业"赚取利润"的必要选择，亦是健身群体展现精神面貌的重要手段。一方面，通信技术的发展促生了河南省体育非物质文化遗产的政府主导模式和社会组织主导模式；另一方面，这两种传承模式也充分利用现代通信技术的优点，使河南省体育非物质文化遗产可以随时随地开展，不仅使河南省体育非物质文化遗产的民间个体主导传承模式免于消亡，还为其在工业化与现代化的进程中争取了新的生存空间。

（三）交通状况改善拓展传承空间

河南省体育非物质文化遗产的开展长期局限于狭小的生活区域内，在保留其原生形态多年不变的同时，也使其"养在深山人不知。"1949年以来，河南省的交通条件得到极大改善，不仅修建了四通八达的公路（高速公路）、铁路，甚至还修建了多个高铁站、机场。河南省体育非物质文化遗产借助发达便利的交通，已经可以便捷地走出深山、走出农田，来到城市甚至国外；亦可以走进城市社区、广场和体育场馆。河南省体育非物质文化遗产的传承空间得到极大拓展，使政府主导模式和社会组织主导模式可以得到更好地运行和发展。过去河南省交通条件落后，把河南省体育非物质文化遗产置于狭小的区域之内，河南省体育非物质文化遗产能够得以延续，主要是依靠区域内部自发的濡化式传承，形成了民间个体主导模式。1949年之后，大大改善的交通条件为河南省体育非物质文化遗产的传播与传承提供了方便，但随着河南省体育非物质文化遗产走出河南聚居区的还有作

---

[1] 孟建. 视觉文化传播：对一种文化形态和传播理念的诠释[J]. 现代传播，2002（3）：1-7.

为继承者的青壮年人群。交通改善带来频繁的人口流动和人际交流，导致河南省体育非物质文化遗产赖以传承的思想认识基础、稳固的继承人基础等逐步丧失，民间个体传承式微；另一方面，为了保证河南省体育非物质文化遗产能够在城市落地生根，政府力量和社会组织（企业、社团等）开始介入河南省体育非物质文化遗产的传承实践，政府主导模式和社会组织主导模式逐渐发展起来。

三、经济体制转型框定模式的选择

经济体制是由生计方式决定的，同时经济体制又反过来影响各民族的生计方式[1]。考察河南省体育非物质文化遗产传承模式的变迁离不开生计方式与经济形态两个因子。

（一）生计方式改变是模式变迁的基础

文化特殊论学派认为在特定的生存环境中不同族群形成并发展着不同的生计方式，且内在规定该族群文化的诸多特质。生计方式的转变不仅意味生活资料获取方式的变化，也是人们基于其生存环境而发生的适应性文化的改变，进而引发社会文化变迁。当一个民族长久赖以存续的生计方式突然转变为另一种陌生形式时，会引起民族心理层面的剧烈震荡，甚至出现文化中断等文化生存问题[2]。

---

[1] 田俊迁. 地力山土族生计方式与家庭经济结构[J]. 兰州大学学报（社会科学版），2008：114-119.
[2] 世界历史上因生计方式被强迫变迁而使原住民文化遭到破坏的案例不少，北美印第安人的遭遇就是经典个案。我国于20世纪90年代对鄂伦春实行"禁猎转产"措施，也曾一度引发该族群中的酗酒和非正常死亡等不同程度的社会、文化、心理失调现象。

第五章　河南省体育非物质文化遗产传承模式变迁的原因

1. 生产方式变化推进模式变迁

马克思和恩格斯认为："人类的第一个历史活动就是生产满足这些需要的资料，即生产物质生活本身。"[①]河南省体育非物质文化遗产产生于生产方式比较落后的传统时期，当时河南人创造物质资料的能力较差，无论是从事农耕、狩猎、采集，还是其他生产活动，都需要一定数量的人口和相互协作，乃至对外界神秘力量的依赖和取悦。河南省传统体育中许多项目都是从农耕生产劳动中演变而来的，如"踩旱船"是从农业生产活动之余的祭祀娱乐、庆祝丰收、感恩自然中演变而来的。这一阶段的河南人需要利用体育非物质文化遗产活动来祭祀祖先和神灵、祈求丰收，也需要体育非遗活动来加强彼此间的互动交流和休闲娱乐，从而推动河南省体育非物质文化遗产的产生及长期自然的传承。随着生产工具和科学技术的改进和发明，以及对外交流的逐渐频繁等，河南省的农业生产技术大幅提高，一些比较先进的生产工具和技术的传入，大大提高了农业生产率，使河南人民获得了更多的农业产量，也拥有了更多的闲暇时间和娱乐需求。特别是20世纪90年代以来，工业化、全球化、现代化的进程开始在河南推进，最明显的变化就是旅游业在河南省的迅速兴起。一方面，农业生产已经不能满足河南人对经济的需求，于是河南人开始走出乡土，融入工业经济大潮；另一方面，河南省体育非物质文化遗产成为一种重要的旅游资源被开发出来。随着赖以生存的农耕生产方式的消失，新老生产方式的快速转型使河南省体育非物质文化遗产陷入消亡边缘，从而促进政府主导模式的形成。另外，随着第二、第三产业的发展，河南省体育非物质文化遗产的经济功能、健身功能逐渐凸显，促进社会组织主导模式的产生。

2. 生活方式是变迁的现实依据

过去，体育非遗是河南人生活的一部分。以前，因民族性和民俗性特征

[①] 马克思, 恩格斯. 马克思恩格斯全集 [M]. 第三卷. 北京：人民出版社, 1956.

等限制，民族传统体育具有不可流通或者不易普及的基本特点，往往需依靠特定的民俗语境才能开展，如傣族在泼水节上举行的盛大文体活动，以及壮族和侗族在秋收或三月三举行的抢花炮等[1]。河南省体育非物质文化遗产是河南人祭祖、娱乐生活的一部分。河南省体育非物质文化遗产活动中存在大量的生活类动作，如赶麻雀、打蚊子、喝豆浆、锄地、播种、抖跳蚤、梳头、钓鱼、打草鞋、打猪草等。作为生活的组成部分，河南省体育非物质文化遗产得以长期自然的传承。

工业化、现代化以来，河南省经历了从小规模社会向大规模社会转型的历史进程。河南人开始背井离乡，涌入城市；传统的衣、住、用、食、行、娱乐等生活方式开始向城市看齐，城市生活成为"时尚"，河南省体育非物质文化遗产逐渐脱离河南人的主流生活方式。传统时期河南省体育非物质文化遗产曾是婚嫁等人生仪典中的重要部分，但在实地调查中发现，河南省民间自发的体育非遗活动已经越来越少，且河南省个别村落的体育非遗活动也是在政府力量的帮扶下才得以开展的，其中还存在开展频率降低和程序仪式简化等变化，河南省婚嫁仪式中的体育非物质文化遗产随着河南省婚俗的变迁更是难以见到。在这种背景下，政府为了守护河南人的"精神家园"，开始以政府之力保护与传承河南省体育非物质文化遗产，并努力使河南省体育非物质文化遗产重新融入城市居民的生活之中，因之促成的政府主导模式避免了河南省体育非物质文化遗产的迅速消亡。但河南省体育非物质文化遗产要想得到长久的生存与发展，单靠河南省政府"圈养式"的传承与保护是不够的，融入河南省城市居民的生活是必然之举。另外，随着河南省城市（镇）化的进一步发展，城市生活方式带来的"文明病""精神空虚"等问题使人们把目光再次转向河南省体育非物质文化遗产，因此河南省体育非物质文化遗产成为城市居民健身的手段、用以欣赏的奇异文化产品和快节奏城市生活的调剂品。一些企业和社会组织抓住这个机会成为河南省体育非物质文化遗产新的传承主导方，社会组织主导模式因城市居民对河南省体育非物质文化遗产的需要而逐步发展壮大起来。

---

[1] 王智慧. 我国民族传统体育文化本源、特征与传承方式研究[J]. 西安体育学院学报，2015（1）：75-81.

第五章　河南省体育非物质文化遗产传承模式变迁的原因

（二）各传承模式适应不同的经济形态

过去，人们生活在一个狩猎、采集与农耕经济并存的时代里，由于地理位置的相对封闭，河南省体育非物质文化遗产的产生和长期发展是与自给自足的小农经济相伴随的。"靠天吃饭"的农业时代，离不开河南人彼此间的协助与帮扶，河南省体育非物质文化遗产成为河南人相互沟通交流、构建集体记忆乃至缔结婚姻延续后代的文化空间。过去小农经济的特性，决定了河南省体育非物质文化遗产活动的产生和长期存在，也保证了河南省体育非物质文化遗产民间个体主导模式的长期运行。

工业化在河南地区推进之后，大幅提高的生产效率使农业产量不断飙升一些从农业中解放出来的河南劳动力开始进入手工业、工业等领域，促使生产方式实现从自然经济、农业经济向工业经济的改变。河南工业经济带来了制造业等的发展与繁荣，促使河南省青壮年开始走出大山"进城务工"，老人、妇女儿童"留守"乡土，河南省体育非物质文化遗产的传承出现青黄不接式的"断层"。随着河南省城镇化的不断推进，人们发展工业经济、市场经济与商品经济的欲望不断增强，人口向城市的集中，传承的人口基础变得越发薄弱。河南省体育非物质文化遗产生存和发展的危机促使政府主导模式产生。

随着河南省市场经济的确立和发展，在物质产品极大丰富的背景下，河南人民渴望个性化的产品和服务，农业经济和工业经济开始向市场经济和知识经济转变，河南省的第三产业开始占据国民经济的重要地位，服务业兴起。河南省利用独特的自然、文化资源大力发展文化产业和旅游业，其中，河南旅游业的发展速度更是惊人。在这样的背景下，河南省体育非物质文化遗产作为河南人的特色文化被打造为文化产品和旅游产品呈现在市民、游客面前。知识经济在推动国民经济高速发展的同时，也造成河南城市居民脑力劳动有余而体力劳动匮乏等现象。已经适应城市生活的河南人一方面更加注重身体的健康，另一方面也更加怀念传统的民族文化，追忆他们的精神家园。这种情况下，"肌肉饥饿"促使河南人民回归乡土、走向运动场，河南省体育非物质文化遗产作为体育旅游和健身的产品被广大市民接受,河南省体育非物质文化遗产以广场健身舞和民族特色文化产品等形式重新回归河南人的生产生活之中。随着河南市场经济和知识经济的发展,一些社会组织成为新的传承主导方,推动河南省体育非物质文化遗产社会组织主导模式的快速发展。

四、组织制度发展是变迁的主要推力

马克思认为人的本质是一切社会关系的总和,人类总在相互交往中形成不同的组织。"组织"是政治学关注的重要概念,文化人类学视野下的组织既包括正式的政治组织,也包括非正式的民间组织。以马林诺夫斯基和拉德克利夫·布朗为代表的人类学功能学派认为,各种社会组织和社会制度等是介于物质因子与精神因子之间的文化骨干[1]。社会学界一般也认为,个人不能直接运用和占有社会资本,只有通过成为该网络的成员才能接近和使用该社会资本。在文化生态变迁的前提下,河南省体育非物质文化遗产赖以传承的组织制度在不断发展和完善,从传统的宗族血缘组织到当代的旅游企业、文体机构、广场舞团体等社会组织,都为河南省体育非物质文化遗产传承模式的发展和变迁提供了组织保证。

(一)宗族制度的兴衰影响民间传承

"中国社会既不是人本位的社会也不是社会本位的社会,中国社会是关系本位的社会。"[2]《共同体与社会》一书认为人类群体生活有两种结合形式:共同体、社会。共同体类型主要指家庭、宗族—血缘组成的共同体,这种共同体是有机地、浑然生长在一起的整体,是一种"持久的和真正的共

---

[1] 黄淑娉,龚佩华.文化人类学——理论方法研究[M].广州:广东高等教育出版社,1996:147.
[2] 梁漱溟.中国文化要义[M].上海:上海人民出版社,2011:78-79.

第五章 河南省体育非物质文化遗产传承模式变迁的原因

同生活",是一种"原始的或者天然状态的人意志完善的统一体"[1]。在传统中国,作为国家代表的皇权,并不过多干预基层的乡土社会,中国广大乡土的生活在一定程度上由宗族进行自治[2]。可见,在河南传统的农业社会时期,人与人之间的关系是依靠血缘关系维系的。

在河南省的传统时期,宗族观念比较突出,盛行父系大家庭,并聚族而居,往往一姓一村、一姓一寨,区分明显,村寨相连成片,形成宗族,以同一"祠堂"相认同,彼此关系密切。河南小家庭分属不同大家庭、家族和宗族,由若干小家庭组成"门",若干"门"组成宗族,设族长一人和宗祠一处,族长按组规处理族内各门之间、门与家庭之间的纠纷,以及组织祭祀,处理族际事物等[3]。传统时期宗族组织在河南省体育非物质文化遗产的传承中具有重要作用,宗族作为组织基础保证了河南省体育非物质文化遗产民间个体主导模式的长期运行。

民国时期的保甲制度改变了本已成熟稳固的河南宗法制度,特别是中华人民共和国成立后,随着河南土地改革的进行和新生基层政权的建立,河南省的传统政治力量被打碎,宗族关系、亲属制度、宗教仪式等基本上失去了原有的支配村寨社区生活的能力。河南宗族组织与制度的逐渐瓦解导致河南省体育非物质文化遗产民间个体传承模式难以为继,河南体育非物质文化遗产的政府、社会组织主导的传承模式应运而生。

(二)权力机构的介入带来政府传承

随着民间个体主导模式的衰微,政府机构承担起传承河南省体育非物质文化遗产的责任,推动河南省体育非物质文化遗产传承中出现新的模式——政府主导模式。

---

[1] 李远行,朱士群.农村宗族组织的制度性空间与法理性基础[J].经济社会体制比较,2006(2):113-117.
[2] 孙秀林.华南的村治与宗族——一个功能主义的分析路径[J].社会学研究,2011(1):133-166.
[3] 彭英明.土家族文化通志新编[M].北京:民族出版社,2001:15.

1. 政府主导模式产生的时代背景

第一，由自然经济、计划经济向市场经济的转型，以及农业社会向工业社会的转型等，直接引起了河南省体育非物质文化遗产民间个体主导模式的式微。第二，连年战争使河南省体育非物质文化遗产的民间个体传承活动几近消失。第三，国家政策促进河南省体育非物质文化遗产新传承模式的诞生。各级政府对河南省体育非物质文化遗产的传承、发展提供大力支持，推动河南省体育非物质文化遗产的传承进入国家的视野。第四，在文化领域，从20世纪80年代开始，全国上下掀起了一股"文化热"思潮，在对中、西文化的比较和讨论中，国人更加客观地认识到中国传统文化有其独特之处和永恒魅力，在此背景下，河南省体育非物质文化遗产被纳入政府传承与保护视野。

2. "非遗"话语整合国家组织资源

20世纪后期，全球范围内掀起了保护文化遗产的潮流。在联合国教科文组织的号召、倡导和积极推动下，日本、法国、韩国、英国、美国等率先迈出了保护非物质文化遗产的步伐。2001年中国昆曲入选联合国教科文组织第一批人类口头及非物质文化遗产名录，标志着我国正式融入世界非物质文化遗产话语体系。2006年，随着第一批国家级非物质文化遗产名录的公布，我国逐步建立了独创的"四级非遗传承保护体系"。

河南省体育非物质文化遗产的"非遗"身份对其传承的组织架构产生了重大影响，直接促使河南省体育非物质文化遗产在新时期得到繁荣发展。制度化传承是保证河南优秀传统文化传承的核心方式，它使得河南文化以制度的方式或得到政府的庇佑而得以传承。文化进入制度层面、制度冠以文化之名，无疑是文化与制度的双赢[1]。在"非遗"话语下，以河南"非遗中心"

---

[1] 解丽霞.制度化传承·精英化传承·民间化传承——中国优秀传统文化传承体系的历史经验与当代建构[J].社会科学战线，2013（10）：1-6.

第五章 河南省体育非物质文化遗产传承模式变迁的原因

成立为主轴，河南文化、民族、教育、宗教、旅游、财政、体育等部门的组织资源都可以被串联到这个"非遗体系"之中，代表着河南政府权力以"制度化、组织化"的方式介入河南省体育非物质文化遗产的传承实践，从而推动河南省体育非物质文化遗产在乡土、演艺舞台、城镇、运动场等场域的全面发展，这标志着河南省体育非物质文化遗产的政府主导模式取得突破性进展。

3. 学校保证政府主导传承的稳定发展

学校是河南省体育非物质文化遗产在政府主导传承模式下的一个重要组织机构。在学校的诸多功能中，文化传承应是最为重要的功能之一。对青少年进行包括河南省体育非物质文化遗产在内的传统文化教育，无疑对河南省体育非物质文化遗产的传承和保护具有重大意义，河南省各级、各类学校在其中承担了重要的任务。21世纪以来，在"传统文化复兴"的时代背景下，我国政府相继出台了《中小学开展弘扬和培育民族精神教育实施纲要》《国家"十一五"时期文化发展规划纲要》《关于运用传统节日弘扬民族文化的优秀传统的意见》《中华人民共和国非物质文化遗产法》《中共中央关于深化文化体制改革 推动社会主义文化大发展大繁荣若干重大问题的决定》《关于培育和践行社会主义核心价值观的意见》《完善中华优秀传统文化教育指导纲要》等文件，这些文件均对学校传承传统和民族文化做出了明确要求。

河南积极响应政府的号召和群众的呼声，相继在全省中小学广泛开展了"文化进校园""非遗进校园"等活动。由于河南省体育非物质文化遗产在河南省具有广泛的影响力，以及它的动作特点、开展方式等都非常适合在学校开展。进入学校传承是河南省体育非物质文化遗产发展史上的一次重大改变，它标志着河南省体育非物质文化遗产的传承进入了常规化、规模化、低龄化的最佳状态，也是政府传承模式下的一种最具特色的传承方式。鉴于学校在河南省体育非物质文化遗产传承中的基础性作用，其已经成为政府主导模式中不可或缺的一个重要的组织形态。

（三）社会组织的发展推进社会传承

随着旅游业、文化产业的兴起，以及城市居民健身意识观念的增强，一些健身协会、旅游企业等组织也加入河南省体育非物质文化遗产的传承中，河南省体育非物质文化遗产被作为文化旅游产品、广场健身操舞等进行传承，这标志着河南省体育非物质文化遗产的社会组织主导模式已发展起来，同时说明在民间个体主导模式和政府主导模式的基础上，河南省体育非物质文化遗产的传承模式变得更加丰富。

1. 健身组织促进广场传承

河南省体育非物质文化遗产社会组织主导模式的生存、发展与城市广场舞的兴起是分不开的。非遗中的舞蹈是人类为了满足娱神、娱己、娱人及表情达意的需求，以人的肢体动作为主要表达手段的艺术。新时期，随着全民健身热潮的到来，大批原本濒临消亡的民间舞蹈以广场舞的形式得以重生。20世纪90年代中后期，一个覆盖全民的社会保障体系和基本公共服务初见端倪，广场舞随着大量城市广场的出现应运而生，21世纪以来，广场舞更是以极快的速度漫布到全国各中小城市[①]。河南省体育非物质文化遗产大多历史悠久，有的项目已具有几千年的历史，进入现代社会之后，河南省体育非物质文化遗产虽然在河南省仍有一定的群众基础，但也不可避免遭遇生存危机。中华人民共和国成立以来，大量民族文化工作者在思考河南省体育非物质文化遗产传承与保护问题时，对河南省体育非物质文化遗产的原始动作进行改编，逐渐形成了能够在日常生活中开展、便于在城乡广场进行的广场舞（操），在适应城市居民生活需要的同时，拓宽了河南省体育非物质文化遗产的传承路径。在时代

---

①窦彦丽，窦彦雪.广场舞文化溯源与发展瓶颈［J］.四川体育科学，2013（2）：92-94.

第五章　河南省体育非物质文化遗产传承模式变迁的原因

的需求下，分布在河南省乡土社会的大量体育非物质文化遗产以广场健身舞（操）的形式融入城市居民的生活中，从而获得复兴。

河南省体育非物质文化遗产在新时期的复兴离不开各级、各类的健身组织。首先，基于传承民族文化、进行广场舞比赛等目的，河南省各行政、事业、企业单位的员工都会组建河南省体育非物质文化遗产推广、健身、传承队，这些依托各单位形成的河南省体育非物质文化遗产队伍，对河南省体育非物质文化遗产起到了宣传、引导等作用。其次，随着广场舞的兴起，一些城市居民自发组成广场舞队、民间广场舞协会等组织。一方面，这些河南省体育非物质文化遗产团体的成员通过进行河南省体育非物质文化遗产项目锻炼了身体；另一方面，这些组织能够吸引更多的人加入河南省体育非物质文化遗产队伍，从而推进河南省体育非物质文化遗产的传承。这些多种多样的健身舞组织，在民间个体和政府主导模式之外，以社会组织主导模式推动了河南省体育非物质文化遗产在城乡的传承。

2. 文旅机构推动市场传承

这里的文旅机构主要是指走向市场的文化演艺公司（队）、旅游公司、河南省民间体育非物质文化遗产表演队等。

河南各种旅游公司的产生、发展与全国兴起的文化产业和生态旅游业是分不开的。随着大量的城市居民、外国游客到河南游览观光、感受风土人情与丰富文化等，一些提供针对性服务的旅游公司不断发展壮大起来。包括河南省体育非物质文化遗产在内的民族文化被旅游公司打造为文化产品展现在众多游客面前，为河南省体育非物质文化遗产知名度和影响力的提升扩大了传播范围和影响力，以及为走进大都市甚至跨出国门等起到了重要的作用，这客观上也起到了传承河南省体育非物质文化遗产的作用。在旅游公司的推动下，身着民族特色服饰的河南儿女为远道而来的游客表演河南省体育非物质文化遗产项目，一些游客更是情不自禁地跟着传承人或技艺拥有者一起操演河南省体育非物质文化遗产项目。

第三节 内因：传承要素改变与传承模式的变迁

前文可知，由经济体制、科学技术、自然生态环境、组织制度等构成的文化生态变量外在推动了河南省体育非物质文化遗产传承模式的变迁。但外因需要通过内因才能起作用，这些文化生态变量需要通过不断作用于内因才能发挥作用。因传承者、传承手段、传承目的、传承场域、传承内容等要素构成了传承模式，故正是各传承要素的内在变化决定了模式的变化。同时，传承者中的主导力量在模式变迁中是核心要素，传承者的意识观念和需要是推动河南省体育非物质文化遗产传承模式变迁的内在因素。因此，下文主要从各传承要素、传承者的意识观念和需要等几方面的变化来分析它们与河南省体育非物质文化遗产传承模式变迁的关系。

一、传承要素的变化使变迁得以实现

各传承要素的变化最终引起了河南省体育非物质文化遗产传承模式的变迁。传承目的、传承者、传承手段、传承内容、传承场域是河南省体育非物质文化遗产传承模式的构成要素，这些要素密不可分、彼此依存，正是在变化着的各传承要素的不断作用下，河南省体育非物质文化遗产传承模式的变迁才得以实现。

（一）传承者的改变主导模式选择

在文化生态的不断变化下，河南省体育非物质文化遗产的传承者往往主导着传承模式的变化。过去，教师、师父、族长等是河南省体育非物质文化遗产的传授者，进行河南省体育非物质文化遗产的乡民都是自觉或不自觉的

第五章 河南省体育非物质文化遗产传承模式变迁的原因

传承者,这种情况下河南省体育非物质文化遗产是一种民间个体主导的传承模式;中华人民共和国成立后政府力量逐步介入河南省体育非物质文化遗产的传承活动,特别是21世纪初我国加入非物质文化遗产保护体系之后,政府文化部门设立的"非遗中心",以及民族宗教事务部门、体育部门、教育部门、民政部门、旅游部门、财政部门等都成为河南省体育非物质文化遗产新的传承主导力量,而广大的公民都可以是河南省体育非物质文化遗产的传承者,这种情况下形成了政府主导模式。进入市场经济后,一些企业利用河南省体育非物质文化遗产来追求经济利益,一些社团或协会利用河南省体育非物质文化遗产来锻炼身体,这些企业和社团亦成为河南省体育非物质文化遗产新的传承主导方,这客观上也使河南省体育非物质文化遗产进入一种社会组织主导模式之中。

(二)传承目的之变化决定变迁方向

首先,传承目的不同会带来不同的传承模式。过去在民间信仰和祖神崇拜等传统意识观念的作用下,河南省体育非物质文化遗产的传承目的是祭祀、娱神、祈福、纳吉等,其所形成的模式是民间个体主导模式;中华人民共和国成立后,在民族平等、文化认同和建设新社会等意识观念的作用下,河南省体育非物质文化遗产传承的目的是维护民族平等团结、保护民族传统文化、建设和谐社会等,其所形成的模式是政府主导模式;进入市场经济以来,在强身健体、发展经济、繁荣文化等意识观念的作用下,河南省体育非物质文化遗产传承的目的是追求身体健康、经济发展等,其所形成的模式是社会组织主导模式。

其次,传承目的一旦确定,在这一目的作用下传承者就会对传承场域、手段和内容等进行能动选择,最终形成不同的传承模式。如果传承的目的是祭祀祖神,那么传承的场域就选择在神堂庙宇,相应的传承方式就是人生仪典中传承、家族师徒式传承等,传承的手段则主要是口传身授,传承内容就是内涵丰富的仪式性动作,所形成的模式就是河南省体育非物质文化遗产的民间个体主导模式;如果传承的目的是保护民族文化、维护民族团结等,那么传承的场域则遍及城乡，传承的手段则是大众传播和组织传播，传承的方式就是文艺展演传承、学校传承、旅游节庆传承、舞艺比赛传承等，传承的内容就是适应不同场域和群体需求的河南省体育非物质文化遗产动作，形成的模式就是政府主导模式；如果传承的目的是追求经济利益，那么传承的场域就在景区或文化演艺的舞台，传承的内容是受市场欢迎或经过创造发明的原生态河南省体育非物质文化遗产，传承手段则是对传播技术的全面化、综合化、立体化应用；若传承是为了增进身体健康，传承的内容就是体育化或操化、主要在广场开展的河南省体育非物质文化遗产项目，其所形成的就是社会组织主导模式。

（三）其他传承要素充实了变迁条件

过去河南省体育非物质文化遗产的传承手段多是一对一或一对多的面对面传承，传承效率较低、范围小，传承者对传承手段没有刻意追求；传承的内容是源于生产生活的古朴动作或富含文化符号的仪式；传承的场域主要是乡村的神堂庙宇或场院坪坝，所形成的是民间个体主导模式。

中华人民共和国成立以后，利用政府的组织、资源等优势传承河南省体育非物质文化遗产，传承的手段为大量利用大众传播和人际传播，传承效率大大提高；传承的内容不限于原生态的河南省体育非物质文化遗产动作和仪式，广大文艺工作者对河南省体育非物质文化遗产进行改造、创编，形成了原始动作与新编动作共时传承的现象；传承的场域也从乡土走入城镇，一些文化演艺舞台上经常可见河南省体育非物质文化遗产的表演，一些学校的河南省体育非物质文化遗产项目教学成为常规（如武术、太极拳、健身气功等），一些运动场上也会进行河南省体育非物质文化遗产项目比赛（如舞龙、舞狮大赛等），这种情况所形成的模式就是政府主导模式。

改革开放后随着市场经济的发展，河南省体育非物质文化遗产的传承手段更加多样，组织传承、人际传承及利用大众媒体的多种传承手段的综合化传承发挥更大作用，传承效率更高，效果更显著；河南省体育非物质文化遗产的传承内容进一步世俗化、大众化，广大消费者开始在景区欣赏、参与河南省体育非物质文化遗产表演，广大市民在广场等地方利用河南省体育非物质文化遗产进行健身；民俗村落的舞台、旅游景区的舞台、城市的广场等成为河南省体育非物质文化遗产传承的新场域，这种情况下形成的模式是社会组织主导模式。

二、意识观念改变为变迁奠定心理基础

民族传统体育文化在外引力、内驱力和传承动力的综合作用下得以传承与发展，传承者的观念要素和目的是内驱力，它为其他两种力量提供引导[1]。克洛德·列维-斯特劳斯认为文化是一种隐藏在社会关系背后的深层结构，决定社会关系和行为的是人们心理过程中的意识观念[2]。意识观念是人类的价值观念、思想认识的集合体，作为文化深层结构，意识观念决定了人类的行为与制度选择。人总是在一定的文化环境中生活，环境中的文化会潜移默化地影响人的心理，这就是一种文化的心理积淀[3]。河南省体育非物质文化遗产的传承模式是一种抽象化、理论化的行为，其是在传承者意识观念作用下发生的。比如不同的文化传承观、历史文化价值观、经济价值观等，这些都会影响河南省体育非物质文化遗产决策的制定和传承方式方法的选择。

（一）祖先崇拜是民间传承的原始动机

"自然、灵魂和祖先崇拜构成中国原始崇拜的基本体系和中国文化精神的起点，借此诞生了我国项目繁多的民族传统体育。"[1]河南省体育非物质

---

[1] 闫静，仇军. 我国民族传统体育文化变迁动力的理想类型探究[J]. 北京体育大学学报，2015（8）：7-12.
[2] 罗超. 文化结构与中国文化本体[J]. 殷都学刊，2004（2）：76-82.
[3] 仲富兰. 中国民俗文化学导论[M]. 杭州：浙江人民出版社，1998：440.

文化遗产的发生与河南祭祀祖先的传统密切相关，且已得到学界公认，有些学者甚至认为河南省体育非物质文化遗产几乎都源于河南人的祭祖习俗。乡村社会，河南省体育非物质文化遗产祭祀主要是远祖，与家庭近祖没有太多的关系。随着整个河南民间信仰的式微，当前城市中的河南省体育非物质文化遗产等已和祭祖传统关系不大，河南省体育非物质文化遗产的原始传承动机不断减弱，因此民间个体主导模式逐渐衰微，这种原生态文化内涵有消逝风险，这也正是当前政府主导模式和社会组织主导模式下河南省体育非物质文化遗产传承实践中要规避的问题。

（二）民间信仰是民间传承的心理保障

民间信仰是在民间自发产生并始终保持自然形态的神灵崇拜，它没有完整、系统的哲学伦理体系，但却包含与民众世俗生活联系密切的信仰观念。民间信仰是一种原始宗教，其往往借助神话、故事、传说、谚语、史诗及习俗等而得以世代传承。河南省体育非物质文化遗产的民间传承更是与民间信仰关系密切。向柏松认为河南的民间信仰主要有图腾崇拜、洞穴崇拜、蛋崇拜、女娲崇拜、巫师崇拜、傩神崇拜、吉祥物崇拜、远祖崇拜等多种类型。人类学把图腾赋予三层含义：祖先、血缘亲属和保护神。人类既敬图腾、祭图腾，又杀图腾、食图腾，雅各布森认为这是原始先民转喻性思维，宗教与信仰就在隐喻与转喻二者之间不断展开。灵魂、自然和祖先等崇拜构成了中国原始崇拜的基本体系和重要起点，由此诞生我国项目丰富的民族传统体育。也正是图腾崇拜和宗教信仰在横向的传播和纵向的传承过程中起到了内在的精神推动作用，民族传统体育文化才得以孕育传承[2]。河南人民也坚信大多体育非物质文化遗产具有通神、娱神的功能，且能起到帮助农作物丰

---

① 王智慧. 图腾崇拜与宗教信仰：民族传统体育文化传承的精神力量［J］. 体育与科学，2012，33（6）：12-17.
② 王智慧. 我国民族传统体育文化本源、特征与传承方式研究［J］. 西安体育学院学报，2015（1）：75-81.

第五章 河南省体育非物质文化遗产传承模式变迁的原因

收、生活幸福、拔除不详和健康长寿等作用。总之，在过去，河南省体育非物质文化遗产与河南的民间传说、原始宗教等民间信仰关系密切，正是这种彼此难以分离的密切关系保证了河南省体育非物质文化遗产历经千年的自然延续。后来，随着现代化进程的深入，导致河南民间信仰极大萎缩，支持河南省体育非物质文化遗产民间个体传承的传统心理基础日益瓦解，这也是后来河南省体育非物质文化遗产的政府主导模式和社会组织主导模式产生的原因之一。

（三）认同观念是传承模式变迁的主题

《保护非物质文化遗产公约》指出，非遗"为这些社区和群体提供认同感与持续感"；《中华人民共和国非物质文化遗产保护法》认为非遗的传承与保护"有利于维护国家统一和民族团结，有利于中华民族的文化认同，有利于促进社会和谐和可持续发展。"[1]河南省体育非物质文化遗产每年会在相对固定的场合、固定的时间举行，有一套固定的模式，且活动中充满大量的文化符号，其具有仪式的典型特征，是一类仪式化的民族传统体育项目。河南省体育非物质文化遗产的仪式化上演能够重现和形成河南民族的集体记忆，从而强化河南的集体认同，这也正是河南省体育非物质文化遗产传承至今的民族心理基础。

政府对河南省体育非物质文化遗产进行保护、宣传、传承等，采取尊重民族习惯、重视民族平等的政策，这也是为了获得国家认同。在民族和国家认同的双重作用下，河南省体育非物质文化遗产的政府主导模式开始逐渐占据主导地位。在市场经济条件下，河南省体育非物质文化遗产需要获得更多人对其健身价值和经济价值的认同，这些新产生的认同目标促使了河南省体育非物质文化遗产社会组织主导模式的兴起。

---

[1] 李重庵. 非遗保护、文化认同与非遗教育——纪念《非遗法》颁布实施五周年[N]. 光明日报，2016-07-29.

（四）文化产品观念促生现代传承模式

文化产品是以文化资源为基础形成的文化产业产品。文化产品可分为三类：准公共文化产品、公共文化产品和私人文化产品。体育非物质文化遗产属于公共文化产品，其开发和利用必须由国家监管[①]。体育非物质文化遗产应是当前文化产业的重要部分，"非物质文化遗产研究应与整个文化产业研究结合起来，这有利于发挥文化产业对非遗的吸纳和催化作用"[②]。同时，"发展民间文化产业，弘扬民间传统文化，既可减轻政府资金压力、转移农村富余劳动力，又可提高农村文化产业的经济效益"[③]。

河南省体育非物质文化遗产被作为文化产品进行推广或开发是在中华人民共和国成立之后发生的。20世纪80年代以后，随着改革开放，现代化进程渐渐渗透河南的广大乡土。一方面，在市场经济发展的强烈需求下，河南省体育非物质文化遗产被包装打造成为文化旅游产品，进行展示、销售、盈利性表演，企业成为新的传承者促进了河南省体育非物质文化遗产社会组织主导模式的迅速发展。另一方面，在现代化大潮和市场经济的冲击下，河南省体育非物质文化遗产赖以生存的文化空间越发萎缩，一些企业出于盈利目的更是随意创造发明河南省体育非物质文化遗产的传统、内涵和形式。为防止河南省体育非物质文化遗产被过度异化，也为避免河南省体育非物质文化遗产的快速消亡，政府把河南省体育非物质文化遗产纳入非物质文化遗产的传承保护体系，这标志着河南省体育非物质文化遗产被作为公共文化产品保护起来了，也说明河南省体育非物质文化遗产的政府主导模式是一种国家行为，为河南省体育非物质文化遗产的可持续传承发挥着更大作用。

---

①刘丽娟.文化资本运营与文化产业发展研究[D].长春：吉林大学，2013（12）：11-25.
②王志平.江西非物质文化遗产保护利用与产业发展研究[D].南昌：南昌大学，2013（6）：1-3.
③刘锐.弘扬民间传统文化促进农村文化产业发展[J].山西农业大学学报，2010（1）：52-55.

（五）强身健体观念推动社会主导模式

随着社会生产力发展，人们工作、生活节奏加快，闲暇时间增多，生活方式、条件大大改善，生活质量持续提高。另外，由于工作生活紧张、生态失衡、环境污染、营养过剩等，也给人类身心健康带来危害，于是"文明病"应运而生，这为国际大众体育的兴起提供了社会基础[1]。自1995年我国颁布《全民健身计划纲要》以来，举国城乡逐渐掀起强身健体的热潮，大众体育兴起。

河南省体育非物质文化遗产作为传统民俗身体活动资源，一直深受河南人的喜爱，经过各市区文化工作者的努力，成功实现了由传统民俗活动向现代健身体育的华丽蜕变。随着河南人强身健体意识的增强，一些广场健身的组织应运而生，比如广场舞（操）队、民间的广场舞协会（队）等，这些组织丰富了河南省体育非物质文化遗产的社会化传承方式，为河南省体育非物质文化遗产社会组织主导模式的发展奠定了基础。另外，基于河南人健身意识和需求的日益增强，政府修建大量场地设施的同时，也尽量把河南省体育非物质文化遗产改编为健身舞（操）推广到群众中，从客观上传承了河南省体育非物质文化遗产，也拓宽了河南省体育非物质文化遗产政府主导模式的传承空间和渠道。

三、需要—功能间的互动内在决定模式变迁

在河南省体育非物质文化遗产的传承活动中，传承者除了受限于自身的意识观念，在根本上也受自我"需要"的驱使。功能主义理论认为任何

---

[1] 熊斗寅.从国际大众体育发展趋势展望我国全民健身计划的发展前景[J].体育科学，1998（2）：3-8.

个人、社会都有基本需求，社会各部分都要为满足这些需求服务[1]。英国文化人类学家马林诺夫斯基是人类学界功能主义理论最早的提出者和支持者。在大量田野考察的基础上，他把个人的需要分为三个层次：最基本的需要、中级的需要及高级的需要。他认为文化的功能就存在于满足需要，当基本需要（包括原始冲动）得到满足后，又会出现新的需要，产生新的文化迫力[2]。为了满足各种社会结构和单元的需要，社会将种种活动组织到各项制度中，而要分析这些制度，可以着眼于一些核心的要素，如活动中的人员、规范和功能等[3]。人类学家霍贝尔曾以印第安人跳的太阳舞为例，阐释人类如何根据自己的需要来选择文化丛体的形式、功能、意义[4]。胡小明先生认为特定社会的体育活动有时可以像宗教那样具有利益功能，从而对社会起到整合作用[5]。

前文提到，传授者是传承模式中的核心要素。在河南省体育非物质文化遗产的传承活动中处于主导地位，它是河南省体育非物质文化遗产保持非遗"活态"特征的关键。河南省体育非物质文化遗产的传授者在其所依存的文化生态作用下会形成需要，以这些需要为基础，传授者对河南省体育非物质文化遗产的多种功能进行能动选择和干预建构，从而内在地决定了河南省体育非物质文化遗产传承模式的形成和变迁。所以，对河南省体育非物质文化遗产传授者的需要的考察是进行河南省体育非物质文化遗产传承与变迁研究不可忽视的一项重要内容。马斯洛的"需要层次理论"为人们所熟知，但马斯洛还有一个十分重要的思想，即人的行为是由优势需要所决定的，人的多层次需要不是"有无"的关系，而是"并存和偏重"

---

[1] McIntosh I. Classical Sociological Theory: A Reader [M]. Edinburgh: Edinburgh University Press, 1997.
[2] 马林诺夫斯基.科学的文化理论 [M].延边：延边教育出版社，2005：38.
[3] 乔馨.教育人类学视野下的岩洞嘎老文化传承研究 [D].北京：中央民族大学，2010：14.
[4] 黄淑娉，龚佩华.文化人类学——理论方法研究 [M].广州：广东高等教育出版社.1996：216.
[5] 胡小明.体育人类学 [M].北京：高等教育出版社，2005：30.

第五章　河南省体育非物质文化遗产传承模式变迁的原因

的存在状态[①]。文化传承模式是一种行为层文化的变迁，河南省体育非物质文化遗产传承模式的产生和变迁同样离不开人类的各种需求，并且这些需求的重要性和优先级是不断变化着的，也正是由于传授者需求的不断变化才决定了河南省体育非物质文化遗产不同传承模式的产生和变迁。但同时，传授者的这种需求也不是都能够随时随地无限满足的，一方面它要受限于当时社会文化环境；另一方面也要受制于需求客体的自身功能。"主体需要固然是引起追求这种需要的根源，但它的满足却不能仅仅停留在主体本身，而只能超出主体自身，由主体之外的客体来提供"[②]。所以，为了满足传授者的多样需要（如经济利益、健身等），就要侧重发挥河南省体育非物质文化遗产的相应功能，需要的满足和功能的实现离不开传授者的行为，对这些行为进行抽象化和理论化的提炼就形成了河南省体育非物质文化遗产的多种传承模式。所以，河南省体育非物质文化遗产的传承模式是沟通传承主导力量方需求与河南省体育非物质文化遗产自身功能之间的桥梁，是在"需求—功能"不断互动中的一种行为选择，正是传承主导力量的需求与河南省体育非物质文化遗产的功能之间形成了动态的"需求—功能"的互动关系，才内在地决定了河南省体育非物质文化遗产传承模式的产生与变迁。

（一）传统时期的互动形成民间个体主导模式

在河南人的生活生产中，河南省体育非物质文化遗产如同节庆中的大餐，是必不可少的。在最为热闹的春节，河南人都会操演各种各样的河南省体育非物质文化遗产（如舞龙、舞狮、旱船、秧歌、九莲灯、麒麟舞等）。河南人生活中的体育非物质文化遗产有如下四个主要功能：第一是祭祀功

[①] 刘爽. 对中国生育"男孩偏好"社会动因的再思考［J］. 人口研究，2006（3）：2-9.
[②] 谭俊杰. 论人的需要与价值追求［J］. 四川师范大学学报（社会科学版），1998（2）：26-33.

能。进行河南省体育非物质文化遗产项目与河南人的祖神崇拜等民间信仰关系密切,动机是祭祀河南共同的远祖。具体的方式是通过进行河南省体育非物质文化遗产项目来达到娱乐祖神的目的,期望获得祖神庇佑,从而能够人丁兴旺、祛厄禳灾、生活幸福、五谷丰登等。第二是社会交往功能。河南人生活在中原地带,但土地面积大,南北差异明显,沟壑溪流众多,交通不便,且过去信息流动不畅,借着进行河南省体育非物质文化遗产的机会,十里八乡的河南人聚在一起,信息和物资上都可以互通有无,很多河南省体育非物质文化遗产项目"充当着为男女自由接触提供方便的角色"[1],在进行河南省体育非物质文化遗产活动中,青年适婚男女也可以借机寻觅倾心的伴侣。第三是庆祝娱乐功能。在民间个体主导模式下,河南省体育非物质文化遗产能够自然传承的另一大原因就是它能够调剂河南人的生活,让人们纵情于歌舞之间,暂时忘却烦恼,增强他们对生活的乐趣。第四是教育功能。河南省体育非物质文化遗产中有大量对生活、生产模拟的动作,这些动作一方面可以娱神,另一方面可以教育下一代牢记先祖开疆拓土的场景,塑造河南人生存经验和区域性格。

所以在过去,河南省体育非物质文化遗产具有的多种功能非常自然地融入了河南人民的生产生活当中。作为河南人日常生产生活的一部分,河南省体育非物质文化遗产能够自然而然乃至"无意识"地流传。河南人对河南省体育非物质文化遗产的需要就在这种自发的生产生活行为中得到了满足,因此形成的民间个体主导模式也得以自然而然地长期运行。

(二)传承危机期的互动产生政府主导模式

虽然国家行政的干预一度使河南省体育非物质文化遗产失去了生存合法性,但因文化源于人心,文化的存在具有"传统的惯性",再加上人们对河南省体育非物质文化遗产的功能依然具有需要与认同,河南省体育非物质文

---

[1] 程大力. 民族体育和民族婚俗[J]. 体育文史, 1991(2): 55–58.

第五章　河南省体育非物质文化遗产传承模式变迁的原因

化遗产活动是无法真正灭绝的。河南省体育非物质文化遗产具有自我调适能力，它通过与其赖以生存的"符号域""文化空间"的不断对话，往往以新的"合法化"的面目出现。中华人民共和国成立后，河南省体育非物质文化遗产又以新的形态回到河南人的生活中，并产生了新的功能。功能主义理论最基本的类型有三种：个人主义功能主义、人际功能主义、社会功能主义[①]。民间个体主导模式下，河南省体育非物质文化遗产更倾向于满足个人的心理与生理需要，这种情况更符合个人主义功能主义和人际功能主义观点，而政府主导模式下河南省体育非物质文化遗产的功能发挥则更符合社会功能主义，在政府主导模式下，河南省体育非物质文化遗产的功能主要是维护"社会系统"乃至国家的利益。

首先，文化遗产的功能。中国融入世界非遗话语体系之后，立即开始构建国内的非遗保护体系，于2006年公布了第一批国家级非物质文化遗产名录，河南省的少林功夫和太极拳名列其中。这标志着河南省体育非物质文化遗产实现了从地方特色文化到国家遗产的转变，也表明河南省体育非物质文化遗产的文化意义和功能的扩展。其次，国家认同功能。随着工业化、现代化和全球化进程的推进，地球已经变成"地球村"。民族与民族之间、国家与国家之间、区域与区域之间的差异正在减小。河南省体育非物质文化遗产作为彰显河南民族特性的文化符号而被愈加频繁地使用，且其重要性日益提升。经济全球化以来，一方面是河南省体育非物质文化遗产功能的产生和发展，另一方面，因文化生态的变迁，河南省体育非物质文化遗产赖以生存的文化空间日益变小。为使河南省体育非物质文化遗产功能存在和发挥作用，在国家权力的介入下，河南省体育非物质文化遗产的政府主导模式开始在河南省体育非物质文化遗产传承中占据主导地位。

在政府主导模式下，河南省体育非物质文化遗产原有的一些功能又得到了凸显或强化。第一，文化教育的功能。在民间个体主导模式下，河南省体育非物质文化遗产的文化教育功能也是存在的，但它主要表现出来的是一种

[①] 熊欢. 身体、社会与体育：西方社会学理论视角下的体育 [M]. 北京：当代中国出版社，2011：30-33.

以家庭为单位或以节庆为依托的非定期、非常规的教育形式。而在政府主导模式下，河南省体育非物质文化遗产的文化教育功能被发挥到最大，不仅有常规化的学校河南省体育非物质文化遗产教学活动，还有在文化体育等部门主导下的日常性的河南省体育非物质文化遗产传承活动。第二，艺术表演功能。在政府主导模式的推动下，河南省体育非物质文化遗产作为特色民族文化艺术得到极大地发扬。随着时代的发展进步，社会对民间文化艺术产生的广泛需求，河南省体育非物质文化遗产的艺术表演功能进一步凸显[1]。第三，竞赛观赏功能。近年来，河南省开展了不同层级、不同类别的体育非物质文化遗产赛事，吸引了大量观众。

（三）21世纪以来的互动推进社会主导模式

首先，河南省体育非物质文化遗产具有经济功能。随着市场经济发展和文化产业兴起，河南省体育非物质文化遗产被作为一种文化产品，其经济功能得到凸显和发挥。一些文化单位、企业或个人，利用河南省体育非物质文化遗产来赚取经济利润。他们或者在旅游活动中进行河南省体育非物质文化遗产表演及相关产品的销售，或者打造舞台文化节目进行巡回演出。河南省的一些旅游企业和商户在一定程度上起到了传承河南省体育非物质文化遗产的作用。

其次，河南省体育非物质文化遗产具有健身功能。河南省广大城乡居民生活水平提高后，开始注重进行休闲娱乐活动，追求身体的美观健康。河南省政府相关部门不失时机地对河南省体育非物质文化遗产进行改造，以适应广场的特殊场域，河南省一些社会组织和民间协会也趁机承担起河南省体育非物质文化遗产健身舞（操）的组织与传承任务，客观上传承了河南省体育非物质文化遗产。

在以上两种功能的显现和发展下，在河南省体育非物质文化遗产政府模

---

[1] 黎帅，黄柏权. 遗存与变迁：当下土家族体育非遗功能变迁考察[J]. 湖北民族学院学报（哲学社会科学版），2012（2）：15-18，39.

式的主导之下，河南省体育非物质文化遗产的社会组织主导模式也开始发挥更大的作用。

（四）在"需求—功能"持续互动中完成了传承模式的变迁

河南省体育非物质文化遗产本质上是人类的一种身体运动，并在河南的历史发展过程中因河南人独特的需要而被赋予不同的意义，从而具备了多样的功能。河南省体育非物质文化遗产传承模式的变迁与河南省体育非物质文化遗产的"需求—功能"互动关系是内隐存在、紧密联系和共存互促的，一方面，河南省体育非物质文化遗产的"需求—功能"互动决定了河南省体育非物质文化遗产传承模式的变迁；另一方面，河南省体育非物质文化遗产的传承模式又维护、强化了这种"需求—功能"的互动关系。

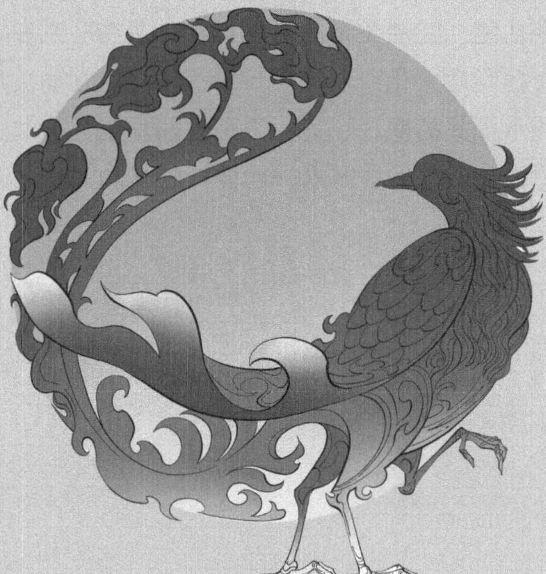

第六章 河南省体育非物质文化遗产传承与发展的思考

第一节 河南省体育非物质文化遗产的传承要旨

河南省体育非物质文化遗产的民间个体主导模式、政府主导模式和社会组织主导模式三种传承模式各具不同的内容特征,它们在内、外动因的作用下处在不断的变迁中。本研究从中总结河南省体育非物质文化遗产的传承经验,审视河南省体育非物质文化遗产的传承问题,继而为河南省体育非物质文化遗产及我国体育非遗的未来传承提供借鉴。模式是规律的具体应用和实现形式[1],总结前文对河南省体育非物质文化遗产传承模式变迁的特征和原因的分析,能够对河南省体育非物质文化遗产传承经验产生新的认识。

一、处理变与不变是河南省体育非物质文化遗产传承的永恒主题

人类学家克莱德·伍兹指出:"变迁在整个社会文化系统中是恒定的,当环境改变需要新的思维和行为模式时,社会文化变迁的必要条件就出现了。"[2]河南省体育非物质文化遗产传承模式的变迁也是永恒的,这就需要对河南省体育非物质文化遗产的传承不断做出相应调整。河南省是农业大省,也是传统文化的发源地之一,诞生了影响中华文化至深的农耕

---

[1]张宏程.区分社会发展规律与社会发展模式——从"中国模式"谈起[J].前沿,2011(2):96-99.

[2]克莱德·M.伍兹.文化变迁[M].何瑞福,译.石家庄:河北人民出版社,1989(2):21-22.

第六章　河南省体育非物质文化遗产传承与发展的思考

文明，随着现代化、工业化的不断发展，当前农耕时期的生产、生活方式已发生了极大的变化，河南省诸多体育非物质文化遗产所依附的农耕文化已发生巨变，这也使河南省体育非物质文化遗产的传承发展陷入了困境。穷则思变，河南省体育非物质文化遗产要积极进行创造性转化和创新性发展，在服务战争、保家保业、祭祀祈福、娱神纳吉等传统功能的基础上，需发展形成服务生活、促进健康、娱乐自我、追求美好等现代功能。

（一）河南省体育非物质文化遗产的传承处在永恒的变化中

传承模式的不断变迁使河南省体育非物质文化遗产的传承行为处于永恒的变化中。

1. 河南省体育非物质文化遗产传承模式的变迁机制

人类社会是由不同文化变量构成的有机系统[1]，社会变迁会给社会环境和民俗语境带来巨大改变，导致民族传统体育文化的解构与重构、融合与重组[2]。河南省体育非物质文化遗产传承模式的变迁就是在内、外文化变量的作用下形成的一个永恒而必然的过程。科学技术、自然环境、经济体制和组织制度等变量构成了河南省体育非物质文化遗产赖以生存的文化生态环境，这些变量不断作用于河南省体育非物质文化遗产传承模式的各个构成要素，传承要素的变化最终决定了河南省体育非物质文化遗产传承模式的必然变迁，这就是河南省体育非物质文化遗产传承模式的变迁机制。

世间万物的联系是普遍的，任何一个文化变量都可对传承模式的多个

---

[1] 司马云杰. 文化社会学[M]. 北京：中国社会科学出版社，2001：155.
[2] 王智慧. 我国民族传统体育文化本源、特征与传承方式研究[J]. 西安体育学院学报，2015（1）：75-81.

要素产生不同影响。所以，河南省体育非物质文化遗产传承模式的变迁是受多重因素影响的复杂过程。由科学技术、自然环境、经济制度、组织制度等变量构成的文化生态是河南省体育非物质文化遗产传承模式变迁的外因；传承者、传承手段、传承场域、传承目的、传承内容等要素是河南省体育非物质文化遗产传承模式的有机组成部分，也是河南省体育非物质文化遗产传承模式变迁的内因。外部而言，文化生态变量作用于河南省体育非物质文化遗产传承模式各要素，最终要通过传承主导方的选择作用于河南省体育非物质文化遗产的传承模式；内部而言，传承者在意识观念和需要的作用下形成传承目的。传承目的一旦形成，就需对传承内容、传承手段、传承场域等要素做出选择。这样，文化生态变量外因通过各传承要素内因发挥作用，最终在内外因的综合作用下引起河南省体育非物质文化遗产传承模式的变迁。这就是河南省体育非物质文化遗产传承模式变迁的运行过程，也是河南省体育非物质文化遗产传承模式变迁的运行机制。

2. 生态变量变化间接推动传承

首先，文化生态变量作用于各传承要素。科学技术、经济体制、自然环境、组织制度等文化变量处于不断变化中，并不断作用于河南省体育非物质文化遗产传承模式的各要素。文化生态变量是河南省体育非物质文化遗产传承模式变迁的外因，外因通过内因起作用，这些文化变量通过传承者来对其他要素产生影响，最终引起河南省体育非物质文化遗产传承模式的变迁。其次，各文化变量对各传承要素的影响大小不一。某一生态变量可能会对某一传承要素有明显的影响，例如，自然环境通过对传承场域要素的影响来推动河南省体育非物质文化遗产传承模式变迁，在传统时期，相对封闭的自然环境保障河南省体育非物质文化遗产民间个体主导模式的千年存续；中华人民共和国成立后，乡土社会相对封闭的自然环境被迫打开，文艺舞台、城市广场、运动场、学校等渐渐成为河南省体育非物质文化遗产新的传承场所，这促进了政府主导和社会组织主导模式的产生、发展。而科学技术变量则主要通过对传承手段的影响引起河南省体育非物质

第六章　河南省体育非物质文化遗产传承与发展的思考

文化遗产传承模式的变迁。

3.传承要素改变内在决定传承

传承要素是河南省体育非物质文化遗产传承模式的有机组成部分，每一个传承要素的变化都内在决定着河南省体育非物质文化遗产传承模式的变迁。同时这些传承要素间也是环环相扣的关系。首先，传授者是核心的传承要素，在传承模式各要素中居于核心地位。传授者的变化是传承模式变迁的先声，特别是传承主导力量的意识观念和需要的变化往往对河南省体育非物质文化遗产传承模式的变迁有决定作用。当然，河南省体育非物质文化遗产传承模式变迁不是传授者一个要素的变化就能决定的，它是在传授者的主导下通过其他传承要素的一系列变化发生的。其次，传授者决定传承目的，在传承者的意识观念和需要的作用下，不同的传授者往往产生不同的传承目的，从而形成不同的传承模式。最后，传承目的又决定了传承主体对传承手段、场域、内容的选择。传承目的一旦确定，传承者就会对传承的手段、场域、内容进行能动选择，从而形成不同的传承模式。

人类学认为文化的有意识变迁又包括指导变迁、主动变迁和强制变迁三种类型[1]。总体来说，河南省体育非物质文化遗产在民间个体主导模式下基本上是一种无意识的变迁；在政府和社会组织主导模式下河南省体育非物质文化遗产更多的是一种有意识变迁，其中既有传承者因内外环境变化而调适下的主动变迁，也有因政府权力和在社会组织作用下的指导变迁、强制变迁。无论是有意识还是无意识的变迁，其实都是河南省体育非物质文化遗产对其所处的内、外文化生态积极适应的结果。由于文化生态的变量不断变化，这些变化或直接作用于河南省体育非物质文化遗产传承模式的某些要素，或通过传承主导力量影响某些河南省体育非物质文化遗产的传承要素，最终引起了河南省体育非物质文化遗产传承模式的变迁。这种内、外因的"变化—作用—再变化—再作用"的机制是运行不断的，

---

[1]司马云杰.文化社会学[M].北京：中国社会科学出版社，2001：317-320.

这促使河南省体育非物质文化遗产传承模式的变迁也是永恒的，也使得河南省体育非物质文化遗产的传承行为处在永恒的变化中。正是因为河南省体育非物质文化遗产传承模式变迁的永恒性，我们才更应该坚持用多样的、可变的、灵活的观念来看待河南省体育非物质文化遗产的传承行为，而不是固守某些传统的、已存的传承实践。

（二）处理好传承中变化与坚守的关系

首先，要认识到河南省体育非物质文化遗产的传承实践是处在永恒的变化之中。前文提到，河南省体育非物质文化遗产传承模式的变迁是永恒的，抽象化的传承行为构成了传承模式，故传承模式本质上是一种传承行为，所以，传承行为的变化是一个永恒的过程。世界万物都是相互联系的，河南省体育非物质文化遗产的传承实践就处在相互联系的各种关系之中。外在的科学技术、自然环境、经济体制、组织制度等文化生态变量是不断变化的，这些变化都会直接或间接作用于河南省体育非物质文化遗产的各个传承要素，从而引起各个传承要素的不断变化。从河南省体育非物质文化遗产传承的发展历程来看，目的、传承者、场域、手段、内容等传承要素也确实是不断变化的。总之，这些内外因素的不断变化决定了河南省体育非物质文化遗产的传承实践是一种永恒变化的状态，因此，可以说河南省体育非物质文化遗产传承实践的变化是必然而永恒的。

其次，在河南省体育非物质文化遗产的传承中也有不变之处。河南省体育非物质文化遗产在传承过程中也会保持短暂的稳定性，这可以从河南省体育非物质文化遗产的模式化特征中体现出来。河南省体育非物质文化遗产在某一传承模式下其各传承要素是相对稳定的，从而保证该模式下的河南省体育非物质文化遗产传承实践不会出现巨大的变异。比如，在民间个体主导模式下，河南省体育非物质文化遗产的目的、内容、传承者、手段、场域等都没有发生太大的变化，从而保证了原态河南省体育非物质文化遗产在乡村的长期存续。

最后，在河南省体育非物质文化遗产传承中应处理好变与不变的辩证关

第六章 河南省体育非物质文化遗产传承与发展的思考

系。既然河南省体育非物质文化遗产的传承实践具有永恒的变化与短暂的不变的特征,那么我们就应该辩证地处理河南省体育非物质文化遗产传承中变与不变的关系。"非物质文化遗产既有传承性,也有变异性,认识非物质文化遗产传承与变异的规律,为人们实施保护与利用提供充分的依据。"[1]马翀炜和郑宇认为,当下围绕体育非遗传承场域所发生的一切既都是传统的又都是现代的,追求原汁原味的传统是一厢情愿的幻想[2]。河南省体育非物质文化遗产也一样,从民间个体主导模式到政府主导模式,再到社会组织主导模式,在不同传承要素的"解构—重构"中,变化的是河南省体育非物质文化遗产的表现形式,不变的是河南省体育非物质文化遗产蕴含的内在精神(祈福、祭祖等);变的是目的、传承者、手段、内容等传承要素,不变是河南人对河南省体育非物质文化遗产"自觉、自信、自豪"和始终的"文化认同"。总之,既然河南省体育非物质文化遗产的传承包含着"变"与"不变"相互统一的辩证逻辑,那么在河南省体育非物质文化遗产的传承中,我们既要遵循河南省体育非物质文化遗产传承变化的永恒性,灵活处理各种新变化,又要认识到河南省体育非物质文化遗产传承中存在一些不可改变的地方,坚守河南省体育非物质文化遗产的原真性。

二、动态认同是河南省体育非物质文化遗产存续的关键

文化认同是文化人类学的重要概念,也是当代社会的重要论题[3]。文化认同是国家认同、民族认同最深层的基础,在经济全球化的新时代,文化认同不仅不会失去意义,而且会成为综合国力中最重要的"软实力"。河南省体育非物质文化遗产传承模式的变迁既是文化认同的结果,也时刻体现

---

[1] 田川流.论非物质文化遗产的传承与变异[J].齐鲁艺苑,2012(1):4-9.
[2] 马翀炜,郑宇.传统的驻留方式——双凤村神堂及河南省体育非物质文化遗产的人类学考察[J].广西民族研究,2004(4):18-23.
[3] 赵世林,陈为智.文化认同与边疆民族地区和谐社会的构建[J].西南民族大学学报,2006(7):38-41.

并强化着文化认同。传承者是推动河南省体育非物质文化遗产传承的核心要素，其意识观念和需要等对河南省体育非物质文化遗产的传承起决定作用。相较于政治、经济等生态要素，传承者对河南省体育非物质文化遗产的文化认同内嵌于河南人的意识观念之中，文化认同往往处于文化生态的内核中，具有稳定性，能够抵御政治、战争等的破坏，对河南省体育非物质文化遗产的传承也具有深远持久的影响力。

过去，河南人相信炎帝、黄帝等祖神，认为祖神不仅能使自身得以繁衍，而且能护佑生产顺利丰收、生活平安幸福。河南省体育非物质文化遗产的产生与河南人的祖神信仰密切相关，祖神认同让河南人团结在一起，是河南省体育非物质文化遗产得以长期自然传承的民族心理基础。中华人民共和国成立之初，民族识别工作使河南省体育非物质文化遗产的民族认同功能凸显出来。作为民族特色文化，河南省体育非物质文化遗产在河南各民族确认过程中发挥了重要作用，不少体育非物质文化遗产成为各少数民族的"标识性"文化（如回族的擎石锁和秧歌等）。随着国家政权不断渗入广大乡土社会，过去"皇权不下县政"的局面结束，河南基层政治兴起，依靠亲属制度构建的传统宗法组织渐趋瓦解。"任何社会都会感到，它有必要按时定期地强化和确认集体情感和集体意义……于是就产生了仪典。"[1]相较于传统政治制度，以河南省体育非物质文化遗产为代表的传统文化和仪式具有更强的"同一性"，而且这种"同一性"在构筑河南人族群认同方面更具有持久性和稳定性。

中华人民共和国成立初期至20世纪末，河南省体育非物质文化遗产被不断"搬演"，其不仅维护着河南省体育非物质文化遗产的民族集体记忆，而且不断强化着其民族认同和国家认同。特别是2006年以来，河南省体育非物质文化遗产的传承与保护被以"文化遗产"的形式纳入国家政治与权力体系；河南人积极参与政府组织的"文化遗产日"、少数民族传统体育运动会等活动。河南省体育非物质文化遗产就是一种被各传承者所顺应和利用的传统文化，是在国家与民族认同的驱动下形成的一种仪式化的

---

[1] 爱弥尔·涂尔干.宗教生活的基本形式[M].渠东，汲喆，译.上海：上海人民出版社，1999：562.

传统体育活动。实行市场经济以来，河南省体育非物质文化遗产提升居民身体健康与精神享受、丰富居民业余休闲活动等功能得到政府和社会的提倡。改编后的河南省体育非物质文化遗产开始走进城市社区的大小广场、文化演艺舞台、运动赛场、旅游景区等，受到社会各阶层的喜爱，从而形成多样的文化认同。21世纪以来河南省体育非物质文化遗产的种种实践均体现着其由民族认同、国家认同向社会认同的转变。

三、模式多样一体是河南省体育非物质文化遗产传承至今的保障

首先，河南省体育非物质文化遗产的传承实践呈现出模式化特征。河南省体育非物质文化遗产的传承是在不同主体的主导下进行着的，是不同传承者的行为选择。传承主导力量是不同的，他们可以是国家机构、民间艺人或社会组织。不同传承者的传承目的不同，继而选择不同的传承内容、手段、场域等，从而形成多种传承模式。所以，河南省体育非物质文化遗产的传承实践是具有模式化特征的，依据传承主导力量的不同，还可以划分出多种传承模式，这些模式间存在着千丝万缕的联系。从具体层面而言，可以划分出节庆仪典中传承等八种传承类型，以传承主导力量为依据，八种传承类型又可以提炼出民间个体主导传承、政府主导传承和社会组织主导传承三种模式。这些不同层次的传承模式构成了河南省体育非物质文化遗产的传承系统，是河南省体育非物质文化遗产传承至今的保障。

其次，河南省体育非物质文化遗产传承模式呈现出多样性。从抽象层面看，河南省体育非物质文化遗产传承中存在民间个体主导传承、政府主导传承与社会组织主导传承三种模式，具体到河南省各市县，这三种模式在具体的传承实践中各有侧重和特点。可见河南省体育非物质文化遗产传承模式具有多样性，同时，也正是这些模式的多样性才带来河南省体育非物质文化遗产的多样性，多样性代表着生命力，传承模式的多样性保证了河南省体育非物质文化遗产的长久存续。

最后，河南省体育非物质文化遗产传承实践客观需要各模式走向多样一体。河南省体育非物质文化遗产传承实践是多种模式交互作用的过程。根据历史发展，河南省体育非物质文化遗产的民间个体主导模式最先产生，随后才出现了政府主导模式和社会组织主导模式。共时来看，这些模式产生后呈现出两种相互联系的状态：一种是相同模式下的各传承要素虽有差异性但紧密联系在一起；另一种是不同模式相互作用，主次地位不断替换。河南省体育非物质文化遗产的传承中存在多种模式，而且这些模式是交互作用的，所以可以说河南省体育非物质文化遗产是在一个复杂的传承模式系统作用下不断发展变迁的，正是由于这个传承模式系统的复杂性，所以才需要这些传承模式走向多样一体来保证河南省体育非物质文化遗产的持续健康传承。多样一体不是要求多种模式变成唯一，也不是要消灭差异，而是要在尊重河南省体育非物质文化遗产传承模式的多样性和差异性的前提下，求同存异，努力使各河南省体育非物质文化遗产传承模式走向协同，从而发挥模式间的集体效能。另外，多样一体中的"一体"是对适应河南省体育非物质文化遗产自身特点和发展规律的传承模式的统称（以下简称河南省体育非物质文化遗产传承模式），这个"河南省体育非物质文化遗产传承模式"就是现有的各种传承模式交互协同下的理想模式，其目的和效果就是既要保存河南省体育非物质文化遗产的民族特色和原真内涵，又要保证河南省体育非物质文化遗产的永远存续。

第二节　对传承问题的审视及对策

从前文可知，河南省体育非物质文化遗产的传承中也存在着一些类的共性问题。在总结河南省体育非物质文化遗产的传承模式、变迁机制及传承经验的基础上，用这些认识审视河南省体育非物质文化遗产的传承实践，能够更加准确地分析问题之因并提出相应对策，从而有助于河南省体育非物质文化遗产的健康可持续发展。

第六章 河南省体育非物质文化遗产传承与发展的思考

一、传承问题是模式自身不足及关系不畅的体现

当前,河南省体育非物质文化遗产的发展虽然整体上呈现出复兴和繁荣的局面,但是其传承实践中仍存在一些问题。例如,政府主导传承缺乏民间支持、负担过重;民间传承积极性不高、后继乏人、资金短缺;社会组织传承功利随意、改造和发明过度等。首先,要认识到这些问题有其发生的必然性。其次,这些问题与传承模式的自身不足和相互关系有很大的关联。

(一)各传承模式的不足有其必然性与阶段性

由前文分析可知,现代以来河南一直经历前所未有的社会转型,并且这次转型具有速度快、时间短、任务重等特点。在转型的过程中,科学技术、自然环境、经济体制、组织制度等文化变量都发生了明显变化,这些变化不断作用于已有的传承模式,通过对各传承要素的影响促生新的传承模式,河南省体育非物质文化遗产传承实践中的问题就在这些模式的变化和转换过程中产生了。

民间个体主导模式伴随着河南省体育非物质文化遗产的产生、发展延续了数千年,现代化以后,它陷入青黄不接、继承人难找、传承将断的困境。乡村社会自发传承河南省体育非物质文化遗产的积极性越来越低,民间传承的文化空间急剧萎缩,河南省体育非物质文化遗产陷入消亡的边缘。但作为一种民族的标识性文化,河南人和政府都不愿看到河南省体育非物质文化遗产走向消亡。一些区域依靠政府扶持仍在坚守原生态的河南省体育非物质文化遗产,而政府力量主导河南省体育非物质文化遗产的传承,推动河南省体育非物质文化遗产进入政府主导模式。政府主导模式在短期内迅速扭转了河南省体育非物质文化遗产传承的趋势,使河南省体育非物质文化遗产在城市空间生存下来,并且极大地扩展了其影响力。但随着社会文化的进一步推进转型,政府主导模式难以调动基层群众积极性等不足体现了出来。随着市场

经济的进一步深入，在传承与保护河南省体育非物质文化遗产方面，政府开始寻求社会的支持。首先，通过鼓励发展民族文化产业，一些企业把河南省体育非物质文化遗产打造成为旅游产品，客观上起到了传承河南省体育非物质文化遗产的目的。其次，面对全民健身热潮，政府通过扶持和鼓励社团发展，以及提供场地和改编动作等方式，使河南省体育非物质文化遗产进入健身广场舞行列，这些行为推动了河南省体育非物质文化遗产社会组织主导模式的产生。但作为一种新事物，当前社会组织主导模式也存在着对河南省体育非物质文化遗产改编过度、缺乏监督等问题。

总之，文化生态是不断变化的，它不断作用于河南省体育非物质文化遗产传承模式的各要素，从而引起河南省体育非物质文化遗产传承模式的不断变化；正是在以上诸多的变化转型中，各传承模式的不足终逐渐体现出来，必然会导致河南省体育非物质文化遗产的传承模式出现不足。但同时传承主导方在发现各传承模式的不足之后，会发挥其主观能动性，对已有传承模式进行调适，或者通过创设新的传承模式，使传承实践恢复良性运行。所以说河南省体育非物质文化遗产传承模式之不足是暂时的。

（二）模式自身不足及关系不畅带来的传承问题

纵观河南省体育非物质文化遗产的发展历程，其兴衰沉浮都与传承模式的变迁有很大关系。

过去，河南独特的文化生态环境促生了河南省体育非物质文化遗产的民间个体主导模式，该模式也能满足河南人日常生产生活对河南省体育非物质文化遗产的需要，从而保证了河南省体育非物质文化遗产的千年延续。但到了晚清，由于内外多种原因，中国不得不越出传统"在传统外变"[①]，河南面临的局面也是如此。在现代化的冲击下，河南省体育非物质文化遗产的民间个体主导模式难以为继，河南省体育非物质文化遗产的生存堪危，从而促

---

①葛兆光.重思何为"中国文化"[J].上海采风，2015（7）：92-93.

第六章　河南省体育非物质文化遗产传承与发展的思考

使河南省体育非物质文化遗产的政府主导模式诞生。十多年来，河南省政府不断投入大量的人力、物力、财力，虽使河南省体育非物质文化遗产得到了有效的传承与保护，但一方面政府的投入不断增加，另一方面却始终难以调动民间个体的积极性，于是河南省体育非物质文化遗产的社会组织主导模式诞生。民间个体主导模式虽优于保存河南省体育非物质文化遗产的"原真性"，却难以抵挡现代化的冲击；政府主导模式可以短期内"抢救式"保护河南省体育非物质文化遗产，却投入巨大，且难以调动社会群体积极性；社会组织主导模式虽易于调动传承人的积极性，却难以保障河南省体育非物质文化遗产的"文化本真"。一个新传承模式往往诞生在上一个模式式微之时，随着文化生态的变迁，自身缺陷就会慢慢凸显，期间传承主导方会对其进行积极调适，最终这个新的传承模式也会逐渐没落，被其他传承模式所取代。可见，永远完美的河南省体育非物质文化遗产传承模式是不存在的，发展到一定阶段任何模式都会显露出不足之处，不断涌现的问题会促使传承实践陷入困境，河南省体育非物质文化遗产传承困境产生的原因与传承模式自身存在的这种缺陷密切相关。

当前河南省体育非物质文化遗产传承实践中的问题除了与各传承模式自身的变迁有关，与三个传承模式间的关系不畅也是密切相关的。共存的三种模式间本应是"互为补充""取长补短"的关系，但发展到当前，河南省体育非物质文化遗产的三种模式间存在"疏离""区隔"的状态。笔者在调查中发现，当前河南省体育非物质文化遗产在乡村的民间个体传承式微严重、近乎消亡，基层社会的传承需求时常得不到支持，民间自发的原生态河南省体育非物质文化遗产已经很难寻觅。由于河南省体育非物质文化遗产政府主导模式是一种"自上而下"的传承行为，导致"民俗"逐渐变成"官俗"，河南省体育非物质文化遗产的传承逐渐演化为政府的"独角戏"，而且政府"重申报、轻保护"，难以深入基层，仅重视与扶持经官方认定的传承人和传承点，满足于完成上级任务；河南省体育非物质文化遗产社会组织主导传承放任发展，缺少必要的监督与公共服务支持，河南省广场体育非物质文化遗产形式繁杂多样，但文化内涵消逝严重，而盈利表演中更是对河南省体育非物质文化遗产随意改造以迎合市场，使河南省体育非物质文化遗产的原真性真假难辨。可见，除了各传承模式在历史发展中逐渐凸显的不足之处，三种模式间的"区隔"与缺乏相互监督制衡也是造成河南省体育非物质文化遗产传承困境的重要原因。所以，"重视程度不够、政府投入不足、传承出现断层"等只是造成河南省体育非物质文化遗产传承实践陷入困境的表面原因，从根本上看，河南省体育非物质文化遗产的传承困境是各传承主导力量在社会转型中未能实现有机协同的必然结果。

总之，就河南省体育非物质文化遗产的传承而言，没有恒久完美的模式，模式的改进与更替是必然的。如果说河南省体育非物质文化遗产民间个体主导模式是一种传统模式，那么，河南省体育非物质文化遗产政府主导模式与社会组织主导模式则代表现代模式。但传统与现代并不是一种二元对抗的矛盾体，河南省体育非物质文化遗产传统传承模式与现代传承模式的"相融共生"应是河南省体育非物质文化遗产长期存续和兴盛的保证。

二、模式间的协同是河南省体育非物质文化遗产可持续传承的保证

第一，河南省体育非物质文化遗产传承模式是永恒变迁的；第二，河南省体育非物质文化遗产每一种传承模式都不是完美的；第三，河南省体育非物质文化遗产传承实践中的问题与传承模式有关，是传承模式自身不足及传承模式间缺乏合作的反映；第四，传承者认同是河南省体育非物质文化遗产传承至今的根本保证，但河南省体育非物质文化遗产的传承模式在区域间、主体间等方面还存在一些区隔。在价值多元的今天，当前社会的"异质性"越来越强，河南省体育非物质文化遗产的功能也呈现出多元化的现状，仅靠一种传承模式是难以保证河南省体育非物质文化遗产的持续健康传承，每一种传承模式在发挥河南省体育非物质文化遗产不同功能方面都有自己的优势，所以传承模式间的协同是河南省体育非物质文化遗产传承实践变迁的必然选择。当前，河南省体育非物质文化遗产传承模式间的区隔其实已经造

第六章　河南省体育非物质文化遗产传承与发展的思考

成了一种"文化滞后"[①]，对这一现象处理不好会导致社会失调。在不同的传承模式下，河南省体育非物质文化遗产的各个传承主导方往往采取不同的行为，各模式间"各自为政"的局面已经给河南省体育非物质文化遗产的传承实践带来不少问题，解决这一问题要求各模式间协同机制的良好运行。总之，应加强河南省体育非物质文化遗产各传承模式间的协同，以保证河南省体育非物质文化遗产的持续健康传承。

（一）传承主导方分工协作

河南省体育非物质文化遗产三种不同的传承模式包含三类不同的传承主导方。第一类是民间个体主导方。在河南省体育非物质文化遗产民间个体主导模式下，舞师、师父等是河南省体育非物质文化遗产的主导方，他们的身份往往是乡土社会的村民或居民。第二类是政府主导方。在河南省体育非物质文化遗产在政府主导模式下，教育、体育、文化、民族宗教事务、旅游等部门成为河南省体育非物质文化遗产的传承主导方，政府机构往往代表国家意愿，"自上而下"地进行河南省体育非物质文化遗产的传承与保护。第三类是社会组织主导方。在河南省体育非物质文化遗产社会组织主导模式下，一些旅游企业、健身社团等成为河南省体育非物质文化遗产的传承者，他们是民间的、比较松散的非官方组织。目前，这些传承主导方间的沟通交流与协作是较少的。首先，师父、教师等民间传承者往往以自己生活的村落为中心，被限定在有限的空间中，很少主动与政府机构、企业、社团等进行交流。其次，政府主导方在传承河南省体育非物质文化遗产的过程中，虽然与民间传承人有不少接触，比如邀请传承人到全国各地的文化舞台进行河南省体育非物质文化遗产表演等，但整体来说对河南省体育非物质文化遗产民间主导方的真实需求关注不够，一些民间传承人的要求得不到有效表达。一

[①] 威廉·费尔丁·奥格本.社会变迁——关于文化和先天的本质［M］.王晓毅，陈育国，译.杭州：浙江人民出版社，1989：108-112.

方面，河南省体育非物质文化遗产政府主导方的一些"自上而下"的措施得不到基层传承者的积极响应和有效执行；另一方面，在传承人认定过程中的一些不公平现象（如靠关系认定而不是靠技艺认定）等也打击了乡村广大技艺拥有者的积极性。此外，政府主导方虽然出台政策支持河南一些企业大力开发河南省体育非物质文化遗产，也为社团的河南省体育非物质文化遗产广场健身提供场地、资金等帮助，但是由于缺乏有效监督，政府与企业、社团的相互制约关系还未形成。最后，企业虽然会按照国家政策开发河南省体育非物质文化遗产，也会邀请河南省体育非物质文化遗产传承人到景点或节目中进行盈利性表演；社团也会邀请河南省体育非物质文化遗产传承人教授技艺。但总体而言，企业、社团等社会组织主导方未能在传承责任等方面进行明确的划分，也未能形成足够有效的监督和引导。所以，当前河南省体育非物质文化遗产的各传承主导方间多是各自为政的局面，未能进行有效合作。

《保护非物质文化遗产公约》指出："各社区，尤其是原住民和各群体（有时是个人），在非物质文化遗产的保护、生产、延续和再创造方面发挥着重要作用，为维护文化多样性和人类创造性做贡献。"[1]治理理论认为集体行动的各组织间形成一种"权力依赖"，库伊曼认为没有哪个机构拥有充足的知识、资源独自解决一切问题[2]。在河南省体育非物质文化遗产的传承方面，同样存在着民间、政府和社会传承主导方间的权利依赖。河南省体育非物质文化遗产各传承主导方间的权利依赖关系要求他们之间结束各自为政的状态，走向协同。

尤金·巴达赫认为"协同是两个或者两个以上机构为增进公共价值而共同工作的任何联合性活动"[3]。也就是说各参与行动的主体间要密切联合、各司其职、良性互动，并根据各自特点发挥相应作用。就河南省体育非物质

---

[1] 联合国教科文组织. 保护非物质文化遗产公约 [EB/OL]. [2003-10-17] http://www.unesco.org/new/zh/unesco/.

[2] 格里·斯托克. 作为理论的治理：五个论点 [J]. 国际社会科学杂志（中文版），1999（1）：19-30.

[3] 秦长江. 协作性公共管理、理念、结构与过程 [D]. 上海：上海交通大学，2012：23.

第六章　河南省体育非物质文化遗产传承与发展的思考

文化遗产传承主导方的协同而言,其实就是处理好政府、民间、社会传承主导方之间的分工协作关系。首先,就河南省体育非物质文化遗产政府主导方而言,应该继续坚持在河南省体育非物质文化遗产保护和传承中的主导作用;继续发挥其组织与资源优势,大力推进、宣传及服务各种传承河南省体育非物质文化遗产的活动;加强对社会组织主导方的支持、指导与监督;摈弃官僚主义,主动联系河南省体育非物质文化遗产社会与民间传承主导方,倾听民间的声音。其次,就社会组织主导方而言,应该在河南省体育非物质文化遗产传承中处于辅助地位,根据国家政策,尊重民间的习俗和河南省体育非物质文化遗产的原真性;增强责任感,始终以保护与传承河南省体育非物质文化遗产为行动的出发点,不能再对河南省体育非物质文化遗产进行粗劣的改造和随意的发明。再次,就民间传承主导方而言,应该继续发挥传承河南省体育非物质文化遗产的"主人公"作用;积极向河南政府方表达发展诉求,向社会方寻求多种支持;积极而充分地发挥传承人的作用,自觉传授河南省体育非物质文化遗产,保证河南省体育非物质文化遗产的传承延续。最后,进一步改革并发挥河南省非遗中心的作用,可以让河南省一些民间力量和社会组织加入非遗中心,各利益相关方群策群力,加强各传承主导方间的沟通和协作。

(二)传承目的的多元统一

传承目的是传承者在外部文化变量和内部意识观念、需求的作用下产生的。不同的传承者有不同的传承目的,而不同的传承模式也存在这样的情况。河南省体育非物质文化遗产民间主导模式下的传承者的传承目的主要有:传承祖上(或师父)教授的河南省体育非物质文化遗产技艺、为个人或家族赢取声望(社会资本)、在技艺表演中获取报酬等。河南省体育非物质文化遗产政府主导模式下的传承主导方的传承目的主要有:尊重民族文化、保护文化多样性、维护民族平等团结、发展民族文化产业等。河南省体育非物质文化遗产社会组织主导模式下的传承者的传承目的主要有:强身健体、经济收益等。可见,传承主导方的传承目的之差异是明显的。研究认为,河南省体育非物质文化遗产传承主导方之传承目的的不同会造成传承行为的差异，使河南省体育非物质文化遗产各传承主导方之间难以沟通，这也是造成当前河南省体育非物质文化遗产传承实践陷入困境的一个重要原因。比如，河南一些地方的"非遗中心"为了完成自上而下的行政任务，往往会频繁指派传承人到各地进行体育非物质文化遗产的表演、传授，经常奔波在外使这些年龄已长的老人苦不堪言，也挫伤了他们传承的积极性。一些旅游公司为了吸引游客，不顾民间传承人的反对，让衣着暴露的女性展演河南省体育非物质文化遗产项目，做一些不雅动作，这不仅误导了游客对河南省体育非物质文化遗产原真文化内涵的认识，也降低了河南省体育非物质文化遗产的艺术性。其实，共同的目标和共同认可的底线都可成为彼此走向协同的基础。当前，河南省体育非物质文化遗产各传承主导方传承目的之协同显得非常必要，而且是解决当前河南省体育非物质文化遗产传承目的混乱甚至冲突的一条可行路径。

从某一方面而言，河南省体育非物质文化遗产的传承目前已成为一项公共事务，健康可持续传承同样需要各利益主体间的目标协同。传承目的本身是一个变量，当前河南省体育非物质文化遗产各传承主导方多是从自身利益出发随意设定传承目的，缺乏一个共同遵守的底线，故造成传承目的的矛盾冲突。所以，我们需要进一步具化河南省体育非物质文化遗产的传承目标体系，设置最低目标层，以此为出发点和基础便容易达成目标协同。政府、民间、社会作为河南省体育非物质文化遗产传承的三个主导方，他们在分享河南省体育非物质文化遗产带来的利益的同时，也应该承担相应的传承义务，这个义务就是要保证河南省体育非物质文化遗产文化内涵的"原真性"，同时这也应该是传承河南省体育非物质文化遗产最低限度的目的层次。根据河南省体育非物质文化遗产的特点，笔者认为"祭祖祈福"的文化内涵和"核心代表性动作"应是其原真性的基本标志，这也应该成为传承目的之最低要求，并且在共同坚守这个基本目的同时，河南省体育非物质文化遗产各传承主导方之间还应进行严格的相互监督。在此基础上，政府、民间和社会的传承主导方，以及他们所主导的传承模式才能相对自由地选择各自的传承目的，并赋予各自充分的权利和明确的义务，这既符合传承与保护河南省体育非物质文化遗产的初衷，又能调动河南省体育非物质文化遗产各传承主导方的积极性。

（三）传承手段的综合应用

传承手段是实现传承目的所用的途径、技巧、工具、方法等。民间个体主导模式下，河南省体育非物质文化遗产的传承手段一般是父子师徒间的代际传承、依托民俗节庆的群体传承、面面相对的口传身授式的人际传承等。政府主导模式下，河南省体育非物质文化遗产政府传承主导方开始利用组织优势，借助大众传播手段进行河南省体育非物质文化遗产的保护与传承，使河南省体育非物质文化遗产的知名度和影响力迅速走出河南省。社会组织主导模式下，企业出于迎合市场的目的，对河南省体育非物质文化遗产的传承效果要求较高，综合运用各种传承手段和传播媒介来打造河南省体育非物质文化遗产节目。城市广场也是一个文化的集散地，针对河南省广场上用于健身娱乐的体育非物质文化遗产项目，可以充分发挥人际传播的功能，使其融入广大市民的生活中。所以，河南省体育非物质文化遗产各种传承手段都有其存在的时代意义，但当前各模式的传承手段仅是各具特色，对河南省体育非物质文化遗产传承手段的综合应用却是应该加强的。

信息时代对多种传承手段的运用是河南省体育非物质文化遗产传承跟上时代步伐的必然之举。首先，充分利用大众传媒。河南省体育非物质文化遗产本身就是从河南人生产生活中诞生的民间文化，当前大众传播时代，更应该面向广大受众，无论是在河南的城市还是乡村，无论是文化旅游节还是学校课堂，都应该利用大众传播继续提升河南省体育非物质文化遗产的知名度和影响力，让河南省体育非物质文化遗产成为整个人类的财富，融入现代人的日常生活之中。其次，要继续发挥组织优势。河南省体育非物质文化遗产的传承也应该发挥组织方面的优势，扬长避短。一方面，继续发挥河南省政府组织的传承优势，保证河南省体育非物质文化遗产的常规化、制度性、保障性传承；另一方面，培育和鼓励更多的社会组织加入河南省体育非物质文化遗产的传承中，既可以减轻政府在传承中的负担，也能在一定程度上避免企业在传承中的功利化。最后，口传身授式的人际传承应该保留。河南省体育非物质文化遗产不仅是一项身体运动,它还是拥有丰富文化内涵的复合体。河南省体育非物质文化遗产中的一些仪式和动作需要传承人长期的口传身授,被传承人才能掌握(如少林功夫、太极拳等)。特别是对师父的培养,笔者认为目前还是传统的一对一的口传身授式的传承最为合适,那种神秘严肃的仪式、对远祖的敬畏、富有内涵的一招一式的传承都是当前社会培训班或学校授课难以实现的。

当然,传承手段会受传承目的的影响,只要我们能够正确认识河南省体育非物质文化遗产传承的重要意义,能够正确认识河南省体育非物质文化遗产原真性的时代价值,能够把传承的最终目的真正定位在"传承与保护"河南省体育非物质文化遗产之上,作为"技术"层面的传承手段则完全可以进行大胆的选择与应用。

(四)传承内容的多样共存

当前,民间个体主导模式的传承内容一般是形式简单和内涵丰富的原始古朴的河南省体育非物质文化遗产;政府主导模式下的传承内容是经过艺术化改造的河南省体育非物质文化遗产;社会组织主导模式下的传承内容是迎合市场需要的河南省体育非物质文化遗产。虽然不同传承模式下的河南省体育非物质文化遗产的传承内容是不同的,且它们均拥有各自的传承实践和接受群体,但从非物质文化遗产的角度来说,我们还是应以保护和传承河南省体育非物质文化遗产的"原真性"为主要目标,并以此来安排河南省体育非物质文化遗产的传承内容。苑利和顾军提出"异人、异地、异品"的构想,异品就是不同的传承者可以传承不同的非遗,但开发的产品一定要与原生态"非遗"有区别[1]。"异品"是可以借用到河南省体育非物质文化遗产的传承中:在河南乡土社会,政府通过认定民族文化特色村寨、民间文化艺术之乡、文化生态示范村等多种手段保护河南省体育非物质文化遗产的原生文化

---

[1]苑利,顾军.非物质文化遗产保护——干部必读[M].北京:社会科学文献出版社,2013:304.

生态，调动传承人的积极性，保留一批具有"原真性"特色的河南省体育非物质文化遗产，使其不断传承；在城市，政府在创编河南省体育非物质文化遗产的时候，一定要注意保护形式和内涵上的特色，如河南服饰、河南饮食、祭祀仪式、生产生活典型动作等传承内容；在旅游景区、健身广场，在保留河南省体育非物质文化遗产典型动作的基础上，可以对道具、服饰、器械等放宽要求，以适应市场和市民的需要。

总之，在不同场域因不同传承目的，河南省体育非物质文化遗产的传承内容有所不同，这种传承内容多样共存的局面也有利于河南省体育非物质文化遗产被更多不同的受众所接受，从而保证传承的广泛性和影响力。但是，原生态的河南省体育非物质文化遗产及其原真性的特征是我们最应该珍视的传承内容，也是政府应该重点保护，社会、民间应该敬畏的传承内容。

（五）传承场域的异地共享

根据操演场所不同，河南省体育非物质文化遗产可以划分为乡村体育非物质文化遗产、城镇体育非物质文化遗产、学校体育非物质文化遗产、景点体育非物质文化遗产、广场体育非物质文化遗产和操场体育非物质文化遗产六种。从传承空间范围上看，河南省体育非物质文化遗产其实早已走向全国甚至走出国门。今后应改进各传承场域河南省体育非物质文化遗产的传承效果，实现各场域资源共享应是推动河南省体育非物质文化遗产传承实践进一步发展的方向。

首先，改进各场域河南省体育非物质文化遗产的传承效果。在乡村，应充分发挥传承人的主观能动性；细化对传承人的权责划分，平衡好不同级别传承人间、认定传承人与非认定传承人间的利益关系；维护好河南省体育非物质文化遗产赖以生存的文化空间；防止出现传承断层。在城镇，无论是文艺工作者打造的河南省体育非物质文化遗产节目，还是各机构组织的河南省体育非物质文化遗产比赛，都应该在一些场域形成常规的开展机制，在城市形成持续的影响力。在学校，河南省体育非物质文化遗产作为特色体育项目或校本课程后，应该得到更多的重视和持续的投入；河南省教育部门应该对学校开展体育非物质文化遗产项目教学给予资金支持和严格的监督；河南省校际间可以形成常规的体育非物质文化遗产赛事；高校也应发挥人才集中的优势，传承并不断丰富河南省体育非物质文化遗产的内涵与技艺水准。在景点，一方面，政府应该有重点、有选择地举办河南省体育非物质文化遗产文化旅游节，防止盲目投入；另一方面，景点在利用河南省体育非物质文化遗产吸引游客的同时，应该充分尊重其"原真性"。在广场，应帮扶广场舞队伍长期坚持进行河南省体育非物质文化遗产项目，发挥带动效应；尽快改编几套健身类河南省体育非物质文化遗产项目，推广到广场舞中；规范广场的流动经营行为，为河南省体育非物质文化遗产等文化娱乐项目的开展提供理想场地。在操场，河南省竞赛性质的体育非物质文化遗产是一种新生事物，现阶段应该以高校和各企事业单位为对象进行推广；也要注意保持河南省体育非物质文化遗产动作的原真性，防止改编过度。

其次，实现各传承场域的资源共享。乡村场域要发挥"原生态"特色，为其他场域河南省体育非物质文化遗产的传承发展保住原真性的"根"。城镇场域是未来河南省体育非物质文化遗产的主要生存空间，应以包容的态度，利用其组织、资源等优势，为其他场域的河南省体育非物质文化遗产提供展示的舞台，以不断扩大河南省体育非物质文化遗产在城市的影响力和艺术品位。景点场域可以引入其他场域的河南省体育非物质文化遗产，打造或古朴神秘，或高雅脱俗，或节奏明快，或充满童趣，或竞争激烈的河南省体育非物质文化遗产节目，以吸引游客。河南省学校场域可以聘请乡村体育非物质文化遗产传承人传授原生态河南省体育非物质文化遗产项目，邀请城市文艺队表演河南省体育非物质文化遗产节目，组织河南省体育非物质文化遗产比赛，也可带学生到其他各场域进行参观。广场和操场的体育非物质文化遗产一样，既可以到其他场域展示，也可以引进其他场域的体育非物质文化遗产。

总之，每一个场域的河南省体育非物质文化遗产都具有不同的特点，我们首先应保持河南省各传承场域体育非物质文化遗产的特点，其次应理顺各传承场域体育非物质文化遗产的发展机制，再次应实现各传承场域的资源共享，最后推动河南省区域间体育非物质文化遗产的协同发展。

第三节　对整个体育非物质文化遗产传承的启示

相对于我国整个体育非物质文化遗产，河南省体育非物质文化遗产仅仅是其中的个案。"个案的选取一定要具有典型性"[1]，有眼光的研究者总能探寻出个案中更多具有普泛意义的价值和规律来[2]。下面试图探讨河南省体育非物质文化遗产传承模式的变迁对整个体育非物质文化遗产传承实践的启示意义。

《中国体育非物质文化遗产保护与推广管理办法》（2013年）认为，体育非遗"是在我国广泛开展的民族、民间、民俗体育项目，以及那些被各群体或个人视为其文化财富重要组成部分且具有游戏、教育和竞技特点的运动技艺与技能，以及在实施这些技艺与技能的过程中所使用的各种器械、相关实物和空间场所的总和"。它"既有与体育活动相关的竞赛程序、器材制作、比赛规则等身体运动内容，又是与各民族的社会特征、经济生活、宗教仪式、风俗习惯、历史文化息息相关的传统文化现象"[3]。河南省体育非物质文化遗产本身具有"身体运动"的典型特征，21世纪以来又经常被作为健身舞、广场舞和体育竞技项目，所以河南省体育非物质文化遗产在全国而言又是一项具有典型性的"体育非遗"。我国体育非遗种类颇多、资源丰富，河南省体育非物质文化遗产当代多元发展的综合形态，无疑为我国整个体育非遗的当代发展提供了一个良好的范例[4]。河南省体育非物质文化遗产对我国整个体育非遗具有明显的典型性和借鉴意义。对河南省体育非物质文化遗

---

[1] 王宁. 代表性还是典型性——个案的属性与个案研究方法的逻辑基础[J]. 社会学研究, 2002（5）: 123-125.
[2] 赵淑平. 个案的意义——从吴俊的文学批评说起[J]. 当代作家评论, 2003（4）: 58-64.
[3] 倪依克, 胡小明. 论民族传统体育文化遗产保护[J]. 体育科学, 2006, 26（8）: 66-70.
[4] 田珂. 湘西龙山土家族河南省体育非物质文化遗产的当代特征与功能[D]. 上海: 上海师范大学, 2010: 68-69.

产传承模式及其变迁进行研究所获得的启示,应该对我国整个体育非遗的传承实践具有一定的借鉴价值。

一、不断调适以加强传承者的动态认同

不同传承者的动态认同是保证河南省体育非物质文化遗产长期存续的关键,在河南省体育非物质文化遗产的传承中存在着变与不变相统一的辩证关系。那些经过实践检验而证明对人类发展有用的文化往往能得到较好的保护和传承,人类在不断创造文化的同时,也在对文化进行不断选择,摒弃文化糟粕,传承优良文化[1]。体育非物质文化遗产是人类在漫长的历史进程中创造出的文化综合体,它是人类对内外环境主动适应的结果。而当体育非物质文化遗产的内外文化发生生态变化后,也应对其传承实践进行主动调适,以维护传承者对体育非遗的动态认同。

(一)满足生产生活需要

体育非物质文化遗产是在人类的生产生活中产生并发展起来的,是不断满足生产生活需求的结果。故体育非物质文化遗产不能脱离生产生活实践,否则就会失去存在的基础。

《人类口头和非物质遗代表作宣言》中提到"文化空间",并认为其既是空间的存在也是时间的集中延续。笔者认为"文化空间"存在的前提是"人在场",只有人在场才能保证体育非物质文化遗产是"活态的",也只有人在场的情况下才可能生成体育非物质文化遗产的"文化空间",这个文化空间就是人类生产生活着的活生生的世界。马克思认为人的需要有三个层级:生存需要、享受需要和发展需要,这些需要在与外界联系过程中遵

---

[1] 王军. 教育民族学 [M]. 北京: 中央民族大学出版社, 2007: 25.

循"需要的上升规律",体育非物质文化遗产也是以能够满足人的需要为存在和发展的前提。例如,随着改造自然能力的提升,以及科学文化水平的发展,河南人对体育非物质文化遗产祭祀祈福等传统功能的需求减弱,导致河南省体育非物质文化遗产逐渐脱离河南人日常生产生活需求而濒临消亡;后广场舞兴起之后,河南省体育非物质文化遗产的健身功能受到市民青睐,在广场再次获得新生。近年来,随着文化产业兴起,河南省体育非物质文化遗产作为河南的文化标识,逐渐被开发为文化产品,受到了外来嘉宾和游客的喜爱,从而在民族文化产业和旅游业中占据一席之地。总之,在一定文化空间中,因为要遵循"需要的上升规律",体育非物质文化遗产必须以人类生产生活的需要为依据,不断调适自身的结构和功能。

(二)融入全民健身实践

当前被全球所接受的是解放人的身体、以人的身心和谐发展为终极目的现代体育[1],这种认识下的体育运动既能够帮助人保持生理上的健康,又可以疏解心理的压力,这样的功能可以帮助现代人走出"体力荒废、脑力过度"的窘境,极大地满足了现代人的需求。我国种类繁多的体育非物质文化遗产,对其进行必要的调适,则可以满足现代人对身心健康的需要。

首先,体育非遗融入大众体育健身。21世纪以来,我国群众运动健身的热情高涨,查阅《2014年全民健身活动状况调查公报》发现,2014年我国经常参加体育锻炼的人的比例为33.9%(体育人口)[2]。在践行文化自信的时代背景下,特别是2014年"全民健身"成为国家战略后,各种健身项目和运动方式层出不穷,不少体育非物质文化遗产经过改编成为全民健身项目。比如,河南传统体育非遗项目太极拳,经过历代仁人志士的挖掘、整理、改

---

[1] 马祥海,宋玉红,程卫波.身体之维:体育运动的历史嬗变[J].体育学刊,2008(8):16-18.
[2] 国家体育总局.2014年全民健身活动状况调查公报[EB/OL].(2015-11-16)[2021-07-21].http://www.sport.gov.cn/n16/n1077/n297454/7299833.html

编，不断得到国家体育总局的推广，成为当前全国人民喜闻乐见的健身项目。近年来，广场舞发展迅猛，倍受中老年人的喜爱，鉴于我国体育非物质文化遗产与广场舞天然的亲密关系，我国体育非物质文化遗产非常自然地进入了广场舞健身项目之中。众多河南省体育非物质文化遗产如舞龙、舞狮、心意六合拳等都以民族健身操的形式进入广场。另外，由于体育非物质文化遗产往往兼具民族性和艺术性，除了化身广场舞，还可以在大众健身中获取一定的经济收益，满足了一些群体对体育非物质文化遗产健身功能和艺术功能的需求。

其次，体育非物质文化遗产可以进入学校，成为体育健身项目。目前，提高学生体质健康水平是学校体育的重要任务。我国体育非物质文化遗产既具有健身的功效，又兼具艺术特色和趣味性，能够引起学生的兴趣，在推动学生身体素质提高方面具有一定的优势。体育非物质文化遗产可以以课间操的形式开展，也可以开发为校本课程，进入课堂教学，还可以以兴趣班的形式融入学校课外体育锻炼活动之中。

（三）转向休闲娱乐活动

休闲学家认为人类现已进入休闲时代，休闲演变为人类生活的中心内容，人们将不只满足于物质生活水平的提高和生活的富裕，还要追求更高层次的精神生活[1]。体育运动作为人们闲暇生活的内容之一，其社会功能正发生转变：从生产到生活；从群体到个体；从工具到玩具[2]。我国体育非物质文化遗产也转向休闲和娱乐活动，以满足人类日益增长的休闲娱乐需求。

首先，向休闲旅游活动转变。体育非物质文化遗产一般都体现了民族特色文化，它们兼具新奇性、艺术性、健身性等特征，可以通过开发为休闲旅游产品来满足人们的需要。一是可以开发为盈利性文化产品。比如，体育非

---

[1]马惠娣.未来10年中国休闲旅游业发展前景瞭望[J].齐鲁学刊，2002（2）：19-26.
[2]胡小明.小康社会体育休闲娱乐理论的研究[J].体育科学，2004（10）：8-12，16.

物质文化遗产可以打造成民族文化艺术节目,通过舞台表演的方式吸引游客,既满足了群众的休闲娱乐需求,也能获得经济利润。二是以公共文化产品的形式进行展示。比如,可以在群艺馆、博物馆、文化生态村寨等空间展示体育非物质文化遗产的物质产品或展演体育非物质文化遗产项目,以满足人民群众的休闲文化需求。

其次,向娱乐竞技活动转变。在欧美,现代体育运动基本上已成为人们日常娱乐的一部分。体育非物质文化遗产本来就源于人类日常的生产生活,在当前的休闲时代回归人们日常休闲娱乐也是顺理成章之事。另外,体育非物质文化遗产中的一些项目,本身就具有一定的竞技娱乐属性,如舞龙、舞狮、龙舟、抢花炮、那达慕、秋千、摔跤等,把这些体育非物质文化遗产项目改造为竞赛观赏型活动,也可以满足现代人类日常的休闲娱乐需求。

二、明确主导方权责以促进模式间协同

各传承要素中传承者居于主导地位,是核心要素,传承者的动态认同保证了河南省体育非物质文化遗产的长期存续。在促进我国体育非物质文化遗产传承模式协同中要足够重视传承者。

体育非物质文化遗产的传承主导方主要有政府、民间和社会三类。其中,民间主导方主要是生活在乡土社会的师父、"教师"等技艺拥有者或活动组织者,传承活动发生在乡土社会;政府主导方是在"非遗"语境下产生的,我国创建"非遗"保护体系后,一些单位或机构加入了河南省体育非物质文化遗产的传承活动中,如教育部门、体育部门、非遗中心、民族宗教部门等,这些主体的传承活动遍及城乡;社会组织主导方是伴随着市场经济形成的,主要有企业、社团等,如旅游公司、广场舞协会等,这些主体的传承活动发生在演艺舞台、旅游景区或城镇广场。由河南省体育非物质文化遗产的发展经验可知,传承主导方的角色定位及职责划分是保证体育非物质文化遗产健康可持续传承的关键。

（一）民间事情让民间来办

乡村世界是体育非物质文化遗产的原生地，原生地保护是根本的保护[1]，原生地传承是保证体育非物质文化遗产本真性的根。人类学家周星提出把非物质文化遗产保护的责任落实在基层，"在文化和艺术遗产的保护中，突出地重视基层社区的意义是国际学术界的基本共识。……社区居民的态度从根本上决定着遗产被传承或被废弃的命运"[2]。参与式发展理论认为在基层事物发展问题上，应始终把群众作为主体，政策执行者应融入基层，设身处地地体会群众的需要，倾听民间声音，最终的方案或政策让基层群众执行，让基层群众做自己的主人。由于体育非物质文化遗产来源于民间和基层，所以其发展事务应该由民间和基层做主，让民间和基层掌控体育非物质文化遗产发展的主导权和主动权。

受全球化、现代化的冲击，乡土世界的体育非物质文化遗产传承普遍显露式微之势。以前依赖宗教信仰、民间祭祀、节庆习俗等开展的体育非物质文化遗产项目虽已经进行了积极调适，但日常个人的、自发的或单个村落的传承活动已经很少。当前民间体育非物质文化遗产活动一般主要是依托传统节庆，而且当前这些节庆活动一般由政府和地方共同举办。笔者曾长期跟踪广西宾阳炮龙节中的舞炮龙活动，政府对于舞炮龙先后经历了"1993年的介入、1995年的退出和2007年的再次介入，以及2014年的再次退出"的过程，但在整个过程中，舞炮龙的开展情况却一直没有多大改变，依然受到当地群众的热烈欢迎。究其原因，笔者认为主要有两个方面保障广西宾阳舞炮龙延续至今：一是炮龙老庙的存在，其实是对龙崇拜信仰的不断强化；二是民间组织（如炮龙协会等）有能力发展好体育非物质文化遗产。这一方面说明，尝试将传统体育非物质文化遗产纳入村落的

---

[1] 葛树蓉, 毕华, 聂晓燕, 等. 对阿细跳月保护发展的实践性研究 [J]. 民族艺术研究, 2012 (1): 73-83.

[2] 周星. 民族民间文化艺术遗产保护与基层社区 [J]. 民族艺术, 2004 (2): 18-24.

第六章　河南省体育非物质文化遗产传承与发展的思考

生态空间，可能是解决乡土体育非物质文化遗产传承问题的有效路径。"与村落政治建设、村落经济发展、村落先进文化三个方面的'双赢'局面是村落传统体育非物质文化遗产未来传承保护的目标和任务。"[①]总之，当前我国民间的体育非物质文化遗产主要是依托传统节庆开展的，如果政府在其中提供必要的电力、治安、交通、医疗等公共服务，让民间担任主导力量是完全可以的。同时，民间事情民间办过程中要重视发挥民间传承人的作用，他们往往是民间体育非物质文化遗产活动中的精英。体育非物质文化遗产的各级传承人虽是政府认定的，但他们是民间和政府的沟通者，是当今民间社会主导体育非物质文化遗产传承实践的重要角色。有时一个传承人的突然逝去可能导致一项体育非物质文化遗产项目的覆灭和失传，正是传承人的存在，体育非物质文化遗产才能保证其活态特性，使其原真性得到传承。

当然，民间事情民间办不是不要政府，代表国家意志的政府适时参与体育非物质文化遗产的传承，有利于确保体育非物质文化遗产发展的方向性与科学性，有利于扩大体育非物质文化遗产的影响力。政府在体育非物质文化遗产传承中应该起到推动、监督和因势利导的作用，也应提供各种公共服务，起到服务群众文化生活的作用。

（二）政府主导方提供服务与引导

体育非物质文化遗产的发展史其实可看作是"政府—民间"的互动历史，有时候国家力量威风显赫，有时候又以隐蔽的方式存在[②]。孙立平先生提出的"过程—事件分析"策略，主张从这一过程中审阅国家与社会互动关系的再生产[③]。从19世纪中期以来，中国社会文化发生剧变，民间传承乏力

[①]万义.村落社会结构变迁中传统体育的非物质文化遗产保护——以弥勒县可邑村彝族阿细跳月为例[J].体育科学，2011（2）：12-18；35.

[②]郭于华.仪式与社会变迁[M].北京：社会科学文献出版社，2000：325.

[③]孙立平.中国农村：国家—农民关系的实践形态——试论"过程—事件分析"方式[J].经济管理文摘，2001（19）：12-15.

之初政府不在场，导致体育非物质文化遗产遭遇集体生存危机，甚至濒临灭绝。中华人民共和国成立初期的民族识别中，民间与政府形成合力，使我国大量的少数民族体育非物质文化遗产得到保护、恢复和发展。进入21世纪后，我国政府迅速启动"非遗"保护与传承工作，政府和民间合作，短期内使大量体育非物质文化遗产得到具体和可持续的保护，这种效率和效果在世界范围内是很少见的。可见，政府力量在体育非物质文化遗产传承中的作用是非常大的，民间也要依据政府的政策来调适体育非物质文化遗产的传承策略。

当前，政府主导方在体育非物质文化遗产的传承中处于绝对主导地位。在民间，政府通过主办民间传统节庆、认定传承人等方式开展体育非物质文化遗产的传承活动；在城镇，政府利用资源与组织优势，开展体育非物质文化遗产的舞台展演、文化竞赛、博物馆展示、广场健身等，对我国体育非物质文化遗产的传承和保护起到巨大作用；在学校，教育部门推广体育非物质文化遗产进校园；在景区，旅游部门可以对体育非物质文化遗产的表演活动进行监督。集中力量办大事的政府行为使体育非物质文化遗产在新时期迅速实现繁荣，但也有一些不足之处。一方面，政府在所有的传承空间中往往都作为主导方，这在一定程度上是对民间个体和社会组织传承权力和职责的"越位"，非常容易导致"非遗"变"官遗"，导致政府、民间、社会主导方间产生"疏离感"，影响民间和社会组织传承的积极性；另一方面，政府主导方包揽一切的行为也导致自身的负担日益沉重。故未来政府主导方应该还"权"给民间与社会主导方，仅在体育非物质文化遗产传承中发挥监督、服务与指导作用。在民间场域，把体育非物质文化遗产依托的风俗节庆、人生礼仪等活动的主办权还给传承人，并赋权给民间组织，政府在其中提供住宿、安保、交通、电力、消防等多种公共服务[1]。对民间体育非物质文化遗产传承中的一些封建迷信、赌博斗殴等现象进行合理监督和引导。在城镇

---

[1] 在日本，凡是需要政府提供保护资金补助的日本社团法人，在开展某项非物质文化遗产活动前，都要向负责部门（独立行政法人）提交详细的活动流程与活动预算书，在活动获得批准后，方能获得与预算金额成相应比例的活动补助金。

场域，授权教育部门做好非遗进校园活动，授权旅游部门引导好旅游景区的体育非物质文化遗产的表演活动，培育社会团体进行体育非物质文化遗产的传播、创编、竞赛及健身等活动，并对以上各传承活动提供资金等支持，对体育非物质文化遗产的开发行为进行规约。在提倡国家治理和减政放权的背景下，在体育非物质文化遗产的未来传承中，政府主导方不应该"深陷其中"，而是"身在事外"，对民间和社会组织的传承行为进行监控、引导，并为民间和社会组织的传承活动提供必要的服务支持。

（三）社会组织主导方承担更多责任

体育非物质文化遗产的社会主导方主要是一些社会组织，包括社团、企业、协会等，在这些社会组织的主导下形成体育非物质文化遗产的社会传承模式。早在体育非物质文化遗产产生之初，体育非物质文化遗产就与社会组织关系密切，民间的传统社会组织是诸多体育非物质文化遗产产生并存续至今的重要保障，所有的家族组织成员都凭着血缘互相认同，在血缘关系构成的网络上构建各种传统组织，如瑶族的"石牌"、苗族的"鼓社"、侗族的老人协会等[1]。这些传统的民间组织在各自的体育非物质文化遗产的发展中起到了重要的组织作用。但随着20世纪以来社会文化的剧烈变迁，这些民间组织要么式微、要么解散，在广大乡土社会中的影响力变得相当微弱。在政府主导方的作用下，体育非物质文化遗产的传承实践进入城市空间或旅游景区，但在体育非物质文化遗产的三个传承主导方中，民间传承主导方往往是独来独往、单打独斗的状态，未能发挥群体的力量和优势；政府主导方难以调动民间和社会的积极性，同时又陷入负担日渐沉重的困境；当前社会组织发育尚未完善，在体育非物质文化遗产传承中发挥的作用还不足。因此，我国大量的体育非物质文化遗产项目依然没有走出传承困境。

---

[1] 张萍，胡小明，王溯. 少数民族传统社会组织与传承传统体育文化的研究——以广西南丹白裤瑶"油锅"组织为例 [J]. 北京体育大学学报，2012（9）：55-58；64.

随着现代化的发展，日本非物质文化遗产也曾遭遇传承困境，但日本很快便探索出有效的传承方案和策略，这对我国具有重要的启示意义和参考价值。日本过去的非遗保护人由自发组织的状态结为社团来传承民间活动，同时以法人的形式认定体育非物质文化遗产社团。这种法人组织的管理方式便于获得政府或其他法人的协助，形成了日本特色化的活动组织方式。据此，我们可以给我国体育非物质文化遗产的社会组织主导方的发展提出建议。首先，传统的乡村组织应该继续担负起在民俗节庆、人生仪典中对体育非物质文化遗产传承的主导作用，在乡村旅游中开发体育非物质文化遗产的经济价值。其次，城市新生的社会组织，如演艺公司、旅游企业、体育社团等，力争获得国家赋权，应该逐步走向实体化、法人化。一方面担起体育非物质文化遗产的传承重任，并在利用体育非物质文化遗产赚取经济利益、社会资本的同时，承担相应传承违约风险和法律责任；另一方面应积极联系基层传承人，做基层的代言人，响应基层需求，尽量调动基层积极性。

三、传承中坚持多样性与原真性相统一

模式的多样性是保证河南省体育非物质文化遗产传承至今的重要因素，原真性是河南省体育非物质文化遗产的底线。对我国体育非物质文化遗产而言，在传承中也应把传承内涵的原真性和传承模式的多样性统一起来。

（一）整体性与差异性并举

河南省体育非物质文化遗产与其赖以生存的外部文化变量、内部各传承要素形成了一个有机整体，因此在我国体育非物质文化遗产的传承过程中也应坚持"整体性原则"。同时，河南省体育非物质文化遗产传承中也

第六章 河南省体育非物质文化遗产传承与发展的思考

体现出了明显的区域差异性，故在对不同类别、区域体育非物质文化遗产的传承中，也应做到区别对待。总之，在体育非物质文化遗产的传承中既要坚持传承模式的整体性，又要保持这些模式的差异性，这样才能保证我国体育非物质文化遗产的文化多样性。

1. 注意传承的整体性

首先，如同河南省体育非物质文化遗产一样，我国体育非物质文化遗产与其赖以生存的文化生态构成了一个相互依赖的文化圈。前文我们在分析河南省体育非物质文化遗产的传承动因时，认识到文化生态与河南省体育非物质文化遗产的密切关系，认为文化生态是河南省体育非物质文化遗产变迁的促进因素，为河南省体育非物质文化遗产的变迁提供了条件，我们要想理解河南省体育非物质文化遗立的发生、发展，就不能脱离河南省体育非物质文化遗产存在的文化生态。同样，我国体育非物质文化遗产也是在一定的文化生态中发生、发展的，脱离了赖以生存的文化生态，体育非物质文化遗产就会变得难以理解。所以，体育非物质文化遗产的传承不能忽略整体，项目本身的传承非常重要，与之相关的科学技术、组织制度、自然环境、经济形态、习俗信仰等亦不能忽视。所以，体育非物质文化遗产真正的传承，不是说学会几个基本动作或简单仪式就可以了，而是需要对其赖以生存的文化生态进行长期的体验、了解和感悟，这正是体育非物质文化遗产传承的难点，也是精妙所在。

其次，体育非物质文化遗产是一个有机的整体，是形式、内涵的统一体。就形式而言，体育非物质文化遗产本质上是"身体运动"，由一系列的动作、道具、器材、服饰等构成。同时，这个身体活动具有丰富的内涵，它是所在区域人群的文化载体，起着传承与保存文化的重要作用。体育非物质文化遗产的内涵往往是最核心、最重要的传承内容，形式则比较次要，甚至有些形式就是几个动作。比如，河南省体育非物质文化遗产九莲灯就是由几个动作组成，如摆腿、花扇、彩灯等，简单的动作与道具却具有丰富的内涵，包含了祈求幸福、怀念祖神、交往娱乐等多种主题。所以，我们在传承体育非物质文化遗产时，不能仅传承一些动作外在的、表面的形式，还要着重传承、讲解和展示这些道具、动作、器材、服饰等所承载的丰富内涵。如果在传承中割裂了体育非物质文化遗产的形式和内涵，那么后人所习得的就不再是纯正的体育非物质文化遗产，传承的原真性意义也会大打折扣。

2. 鼓励传承中的差异

我国体育非物质文化遗产种类丰富，笔者认为体育非物质文化遗产应包括国家《非物质文化遗产名录》中"传统体育、游艺与杂技""传统舞蹈"两个大类中的绝大部分项目，根据已经公布的四批国家级非物质文化遗产目录，加上省、市、县三级的认定，我国体育非物质文化遗产的数量已经超过1000项。

首先，不同种类的体育非物质文化遗产明显不同。因地理区域的不同、民族的不同、文化背景的不同等，我国形成了多种多样的体育非物质文化遗产项目。作为文化的载体，这些体育非物质文化遗产成为我国多元文化的有机部分。所以，我们在传承体育非物质文化遗产的过程中，应该对各民族体育非物质文化遗产一视同仁，尊重各民族的体育非遗及其生态，认可各种体育非物质文化遗产的平等地位和价值。另外，承认各种体育非物质文化遗产的差异性和尊重体育非物质文化遗产的独特性，也是维护文化多样性的内在要求。

其次，差异性还表现在同一体育非物质文化遗产项目的区域差异性上。因传承者、手段、区域、内容等的不同，导致体育非物质文化遗产传承实践的差异。比如，河南省体育非物质文化遗产项目中的舞龙和舞狮，不同地方玩法、形式等都是不同的。舞龙、舞狮项目不同区域的传承者不同，不同传承模式下的传承者也不同；传承者的不同会产生不同的传承目的，传承目的的不同又会带来传承内容与传承手段的差异。传承者、手段、区域、内容等传承要素的不同，反过来强化了我国体育非物质文化遗产内部的差异，从而促生多种多样的体育非物质文化遗产。所以，我们在传承体育非物质文化遗产的过程中，应该因体育非物质文化遗产内部传承要素的差异而采取不同的传承策略，这样既能保护体育非物质文化遗产内涵的丰富性，也能增强体育非物质文化遗产传承的深度、广度及生命力。

（二）辩证处理变与不变

"穷则变，变则通，通则久。"体育非物质文化遗产的变迁是必然的，变化才能保证体育非物质文化遗产的适应和存续，不变则会使体育非物质文化遗产走向消亡。但同时，体育非物质文化遗产的"变"又不能是随意和无原则的，在"变"中保持一些"不变"才能保证体育非物质文化遗产的原真性。

首先，体育非物质文化遗产的变是必然的。前文分析过，文化生态的变化在传承者的需要和意识观念的作用下，使体育非物质文化遗产处在不断变化之中。从产生到现在，我国体育非物质文化遗产的器材、配乐、动作形式、服饰、开展场地及功能等都产生了明显的变化。同是河南传统武术太极拳，人为改编为"24式太极拳"后，走出了河南场域，在祖国大地的城市广场、景区舞台、学校操场等空间备受青睐。我国很多体育非物质文化遗产也一样，变迁是这些体育非物质文化遗产传承发展的永恒主题。简言之，没有变迁，体育非物质文化遗产就不可能传承至今。

其次，体育非物质文化遗产应保持一些元素的"不变"。1964年的《威尼斯宪章》早就确定了文化遗产的"原真性"意义。随着全球非物质文化遗产传承与保护实践的不断发展，当前，"原真性"已成为大家公认的非物质文化遗产传承与保护的首要原则[1]。我国大量的体育非物质文化遗产的原真性主要体现在其"祭祖祈福"等文化内涵和典型基本动作上，因我国社会文化处在不断变迁中，外在的文化因子不断作用于体育非物质文化遗产的内容与形式，导致体育非物质文化遗产永恒的"流变"，

---

[1] 王文章.非物质文化遗产概论[M].北京：教育科学出版社，2008（10）：306-308.

所以，试图保持体育非物质文化遗产的"原汁原味"是不现实的。但好在每种体育非物质文化遗产都有可以体现其"原真性"的特征，这是保证"这个体育非遗"不是"其他体育非遗"的根本，我们要做的就是保持体育非物质文化遗产的原真性"不变"（不流失），即如果我们保持了某一种体育非物质文化遗产的原真性，也就是保持了这一体育非物质文化遗产的"活态性""本质规定性"。

参考文献

一、专著

[1] 克莱德·克鲁克洪. 文化与个人[M]. 杭州：浙江人民出版社，1986.

[2] 露丝·本尼迪克特. 文化模式[M]. 张燕，傅铿，译. 杭州：浙江人民出版社，1987.

[3] 马陵诺夫斯基. 文化论[M]. 费孝通，等，译. 中国民间文艺出版社，1987.

[4] 怀特. 文化科学：人和文明的研究[M]. 曹锦清，等，译. 杭州：浙江人民出版社，1988.

[5] 吴奈. 文化变迁[M]. 石家庄：河北人民出版社，1989.

[6] 李琰. 文化变迁[M]. 昆明：云南教育出版社，1989.

[7] 宋兆麟. 巫与巫术[M]. 成都：四川人民出版社，1989.

[8] 克莱德·M.伍兹. 文化变迁[M]. 施惟达，译. 石家庄：河北人民出版社，1989.

[9] 威廉·费尔丁·奥格本. 社会变迁——关于文化和先天的本质[M]. 王晓毅，陈育国，译. 杭州：浙江人民出版社，1989.

[10] 张岱年，程宜山. 中国文化与文化论争[M]. 北京：中国人民大学出版社，1990.

[11] 吴文藻. 人类学社会学研究文集[M]. 北京：民族出版社，1990.

[12] 罗伯特·F.墨菲. 文化与社会人类学引论[M]. 王卓君，等，译. 北京：商务印书馆，1991.

[13] 祖父江孝男. 文化人类学事典[M]. 乔继堂，等，译. 西安：陕西人民出版社，1992.

[14] 钱穆. 中国文化史导论[M]. 北京：商务印书馆，1994.

[15] 黄淑娉, 龚佩华. 文化人类学理论方法研究 [M]. 济南: 山东教育出版社, 1996.

[16] McIntosh I. (ed.). Classical Sociological Theory: A Reader [M]. Edinburgh: Edinburgh University Press, 1997.

[17] 林耀华. 民族学通论 [M]. 北京: 中央民族人学出版社, 1997.

[18] 拉德克利夫·布朗. 社会人类学方法 [M]. 夏建中, 译. 济南: 山东人民出版社, 1998.

[19] 仲富兰. 中国民俗文化学导论 [M]. 杭州: 浙江人民出版社, 1998.

[20] 戴维·波普诺. 社会学（第10版）[M]. 李强, 等, 译. 北京: 中国人民大学出版社, 1999.

[21] 克莱德·M·伍兹. 施维达, 胡华生, 译. 文化变迁 [M]. 昆明: 云南教育出版社, 1999.

[22] 格尔茨. 文化的解释 [M]. 纳日碧力戈, 等, 译. 上海: 上海人民出版社, 1999.

[23] 爱弥尔·涂尔干. 宗教生活的基本形式 [M]. 渠东, 译. 上海: 上海人民出版社, 1999.

[24] 郭于华. 仪式与社会变迁 [M]. 北京: 社会科学文献出版社, 2000.

[25] 纳日碧力戈. 现代背景下的族群构建 [M]. 昆明: 云南教育出版社, 2000.

[26] 李鸿江. 中国传统体育导论 [M]. 北京: 中国书籍出版社, 2000.

[27] 司马云杰. 文化社会学 [M]. 北京: 中国社会科学出版社, 2001.

[28] 乌丙安. 民俗学原理 [M]. 沈阳: 辽宁教育出版社, 2001.

[29] 风笑天. 社会学研究方法 [M]. 北京: 中国人民大学出版社, 2001.

[30] 杜赞齐. 文化、权力与国家: 1900—1942年的华北农村（中文版序言）[M]. 南京: 江苏人民出版社, 2003.

[31] 费孝通. 中华民族多元一体格局（修订本）[M]. 北京: 中央民族大学出版社, 2003.

[32] 哈罗德·D.拉斯韦尔. 社会传播的结构与功能 [M]. 谢金文, 译. 上海: 复旦大学出版社, 2003.

[33] 霍布斯鲍姆. 传统的发明 [M]. 顾杭, 庞冠群, 译. 南京: 译林出版社, 2004.

[34] 冯天瑜, 何晓名, 周积明. 中国文化史（第2卷）[M]. 上海: 上海人民出版社, 2005.

[35] 马林诺夫斯基. 科学的文化理论 [M]. 延吉: 延边教育出版社, 2005.

[36] 孙家正. 人类口头与非物质文化遗产丛书总序 [M]. 杭州: 浙江人民出版社, 2005.

[37] 周大鸣, 等. 参与式社会评估 [M]. 广州: 中山大学出版社, 2005.

[38] 胡小明. 体育人类学 [M]. 北京: 高等教育出版社, 2005.

[39] 卢元镇. 中国体育文化纵横谈 [M]. 北京: 北京体育大学出版社, 2005.

[40] 蔡仲林, 周之华. 武术（高等学校教材）[M]. 高等教育出版社, 2006.

[41] 威廉·W.哈维兰. 文化人类学（第十版）[M]. 翟铁鹏、张珏, 译. 上海: 上海社会科学院出版社, 2006.

[42] 维克多·特纳. 象征之林 [M]. 赵玉燕、欧阳敏, 译. 北京: 商务印书馆, 2006.

[43] 庄孔韶. 人类学概论 [M]. 北京: 中国人民大学出版社, 2006.

[44] 周伟良. 中华民族传统体育概论高级教程 [M]. 北京: 高等教育出版社, 2006.

[45] 陆学艺, 唐军. 历史上最具影响力的社会学名著20种 [M]. 西安: 陕西人民出版社, 2007.

[46] 李志清. 乡土中国的仪式性少数民族体育——以桂北侗乡抢花炮为个案的研究 [M]. 北京: 中国社会科学出版社, 2008.

[47] 王文章. 非物质文化遗产概论 [M]. 北京: 教育科学出版社, 2008.

[48] 易剑东. 体育文化学 [M]. 北京: 北京体育大学出版社, 2009.

[49] 爱德华·希尔斯. 论传统 [M]. 上海: 上海人民出版社, 2009.

[50] 郑也夫. 神似祖先 [M]. 北京: 中国青年出版社, 2009.

[51] 潘天舒. 发展人类学 [M]. 上海: 华东理工大学出版社, 2009.

［52］刘锡诚. 非物质文化遗产：理论与实践［M］. 北京：学苑出版社，2009.

［53］郝朴宁，等. 民族文化遗存形态的产业社会化与生态文化创建［M］. 北京：科学出版社，2010.

［54］乌丙安. 非物质文化遗产保护理论与方法［M］. 北京：文化艺术出版社，2010.

［55］梁漱溟. 中国文化要义［M］. 上海：上海人民出版社，2011.

［56］尼霍尔·本诺克拉蒂斯. 像社会学家一样思考［M］. 黄剑波，张媛，谭红亮，等，译. 北京：机械工业出版社，2011.

［57］熊欢. 身体、社会与体育：西方社会学理论视角下的体育［M］. 北京：当代中国出版社，2011.

［58］邓星华. 全球化视角：中国体育发展走向研究［M］. 北京：人民体育出版社，2012.

［59］康拉德·菲利普·科塔克. 文化人类学：欣赏文化差异（第14版）［M］. 周云水，译. 北京：中国人民大学出版社，2012.

［60］阿伦·古特曼. 从仪式到记录：现代体育的本质［M］. 花勇民，等，译. 北京：北京体育大学出版社，2012.

［61］苑利，顾军. 非物质文化遗产保护干部必读［M］. 北京：社会科学文献出版社，2013.

［62］陆德泉，等. 反思参与式发展：发展人类学前沿［M］. 北京：社会科学文献出版社，2013.

［63］约翰·奥莫亨德罗. 人类学入门——像人类学家一样思考［M］. 张经纬，任钰，贺敏，译. 北京：北京大学出版社，2013.

二、学位论文、期刊

［1］朴永光. 四川凉山彝族传统舞蹈研究［D］. 北京：中央民族大学，2003.

［2］陆作生. 我国青少年体育俱乐部运营模式研究［D］. 北京：北京体育大学，2004.

[3] 倪依克. 论中华民族传统体育的发展[D]. 广州：华南师范大学，2004.

[4] 王鸣明. 布依族社会文化变迁研究[D]. 北京：中央民族大学，2005.

[5] 许锐. 传承与变异，互动与创新——当代中国民族民间舞蹈创作之审美流变与现时发展[D]. 北京：中国艺术研究院，2006.

[6] 郑国华. 社会转型与我国民族传统体育文化传承[D]. 北京：北京体育大学，2007.

[7] 陈晓华. 乡村转型与城乡空间整合研究[D]. 南京：南京师范大学，2008.

[8] 黄龙光. 民间仪式、艺术展演与民俗传承——峨山彝族花鼓舞田野调查研究[D]. 北京：中央民族大学，2009.

[9] 丁永祥. 怀邦文化生态研究[D]. 上海：上海师范大学，2009.

[10] 李富强. 中国蚕桑科技传承模式及其演变研究[D]. 重庆：西南大学，2010.

[11] 通拉嘎. 蒙古族非物质文化遗产研究[D]. 北京：中央民族大学，2010.

[12] 刘广凯. 论少林"禅武合一"的文化渊源[D]. 北京：北京体育大学，2013.

[13] 乔馨. 教育人类学视野下的岩洞嘎老文化传承研究[D]. 北京：中央民族大学，2010.

[14] 李延超. 民族体育的生态与发展[D]. 上海：上海体育学院，2011.

[15] 汤立许. 我国民族传统体育项目分层评价体系及发展战略研究[D]. 上海：上海体育学院，2011.

[16] 秦钢. 我国民族传统体育文化资源与产业发展研究[D]. 武汉：武汉理工大学，2012.

[17] 刘坚. 云南省少数民族传统体育非物质文化遗产保护与传承研究[D]. 北京：北京体育大学，2012.

[18] 刘洋. 体育非物质文化遗产保护的路径研究[D]. 北京：北京体育大学，2012.

[19] 秦长江.协作性公共管理、理念、结构与过程[D].上海:上海交通大学,2012.

[20] 雷结斌.我国社会转型期道德失范问题研究[D].南昌:南昌大学,2013.

[21] 李致伟.通过日本百年非物质文化遗产保护历程探讨日本经验[D].北京:中国艺术研究院,2014.

[22] 柴淑芹.当代中国发展模式的内涵与特征[D].石家庄:河北师范大学,2007.

[23] 李伟立.从隆尧秧歌戏的传承看非物质文化遗产保护[D].北京:中央民族大学,2008.

[24] 米永忠.非物质文化遗产视野下民族传统体育文化研究[D].重庆:西南大学,2009.

[25] 卢艳.城市广场体育文化建设初步研究[D].武汉:武汉体育学院,2009.

[26] 夏宁博.非物质文化遗产的传承途径探究[D].昆明:云南艺术学院,2011.

[27] 王磊.开封象形柔拳传承研究[D].郑州:河南大学,2012.

[28] 周莲莲."民族民间文化进校园"文化传承模式探析[D].贵阳:贵州民族大学,2012.

[29] 周笑.民俗风情旅游与民族民间文化变迁研究[D].贵阳:贵州民族大学,2013.

[30] 熊金才.论少林拳的禅拳合一[D].郑州:河南大学,2014.

[31] 龚佩华.人类学文化变迁理论与黔东南民族文化变迁研究[J].中山大学学报(社会科学版),1993(1):87-93.

[32] 郑晓云.社会变迁中的傣族文化——一个西双版纳傣族村寨的人类学研究[J].中国社会科学,1997(5):125-140.

[33] 熊斗寅.从国际大众体育发展趋势展望我国全民健身计划的发展前景[J].体育科学,1998(2):3-8.

[34] 胡小明.新世纪体育的走向——娱乐与健康[J].体育与科学,2001

（4）：1-3.
[35] 栗胜夫.少林寺的历史及演变[J].武汉体育学院学报，2001（2）.
[36] 孙立平.中国农村：国家—农民关系的实践形态——试论"过程—事件分析"方式[J].经济管理文摘，2001（19）：12-15.
[37] 赵世林.论民族文化传承的本质[J].北京大学学报：哲学社会科学版，2002（3）：10-16.
[38] 王宁.代表性还是典型性——个案的属性与个案研究方法的逻辑基础[J].社会学研究，2002（5）：123-125.
[39] 马惠娣.未来10年中国休闲旅游业发展前景瞭望[J].齐鲁学刊，2002（2）：19-26.
[40] 宗晓莲.布迪厄文化再生产理论对文化变迁研究的意义——以旅游开发背景下的民族文化变迁研究为例[J].广西民族学院学报（哲学社会科学版），2002（3）：22-25.
[41] 胡小明.论中华民族传统体育的现代化[J].武汉体育学院学报，2003（7）：1-4.
[42] 赵淑平.个案的意义——从吴俊的文学批评说起[J].当代作家评论，2003（4）：58-64.
[43] 周宵.人类学视野——论旅游的本质及其社会文化影响[J].湖北大学学报，2003（5）：115.
[44] 胡小明.小康社会体育休闲娱乐理论的研究[J].体育科学，2004（10）：8-12；16.
[45] 周星.民族民间文化艺术遗产保护与基层社区[J].民族艺术，2004（2）：18-24.
[46] 谢国先.全球化背景下民族文化变迁的几点原因[J].民族艺术研究，2004（2）：35-42.
[47] 周爱光，宋亨国.对中国传统体育文化价值的再认识[J].体育文化导刊，2005（9）：16-19.
[48] 倪依克，胡小明.论民族传统体育文化遗产保护[J].体育科学，2006，26（8）：66-70.

[49] 祁庆富.论非物质文化遗产保护中的传承及传承人[J].西北民族研究,2006(3):114-123.

[50] 赵世林,陈为智.文化认同与边疆民族地区和谐社会的构建[J].西南民族大学学报(人文社科版),2006(7):38-41.

[51] 徐杰舜,王铭铭.我想象中的人类学——人类学学者访谈录之三十七[J].广西民族学院学报(哲学社会科学版),2006,28(1):58-72.

[52] 廖明君,周星.非物质文化遗产保护的日本经验[J].民族艺术,2007(1):26-35.

[53] 卢晖临.如何走出个案:从个案研究到扩展个案研究[J].中国社会科学,2007(1):117-131.

[54] 吴毅.何以个案、为何叙述——对经典农村研究方法质疑的反思[J].探索与争鸣,2007(4):22-25.

[55] 刘魁立.论全球化背景下的中国非物质文化遗产保护[J].河南社会科学,2007(1):25-34;171.

[56] 朱利安·H.斯图尔特.文化生态学[J].潘艳,陈洪波,译.南方文物,2007(2):106-112.

[57] 白晋湘,张小林,李玉文.全球化语境下我国民族传统体育文化认同与文化适应[J].北京体育大学学报,2008(9):1153-1158.

[58] 邓星华,谢毓祯.民族传统体育文化的价值冲突与话语谱系的内在紧张[J].天津体育学院学报,2009(1):35-37.

[59] 谭建湘,胡小明,谭华,等."十二五"我国体育事业改革与发展研究[J].体育学刊,2011(7):1-6.

[60] 张宏程.区分社会发展规律与社会发展模式——从"中国模式"谈起[J].前沿,2011(2):96-99.

[61] 丁永祥.非物质文化遗产传承模式的思考与探索——以国家级非物质文化遗产怀梆为考察对象[J].徐州工程学院学报(社会科学版),2011(1):78-83.

[62] 孙秀林.华南的村治与宗族——一个功能主义的分析路径[J].社会

学研究，2011（1）：133-166；245.

[63] 汤立许，蔡仲林，秦明珠.蔡李佛拳非物质文化遗产的内涵及传承[J].体育学刊，2011（5）：114-118.

[64] 安剑群，樊花梅.非物质文化遗产保护视野下"人龙舞"的文化传承研究[J].西安体育学院学报，2011（1）：69-73.

[65] 贺雪峰.论熟人社会的人情[J].南京师大学报（社会科学版），2011（4）：20-27.

[66] 张萍，胡小明，王溯.少数民族传统社会组织与传承传统体育文化的研究——以广西南丹白裤瑶"油锅"组织为例[J].北京体育大学学报，2012（9）：55-58；64.

[67] 田川流.论非物质文化遗产的传承与变异[J].齐鲁艺苑，2012（1）：4-9.

[68] 王智慧.图腾崇拜与宗教信仰：民族传统体育文化传承的精神力量[J].体育与科学，2012，33（6）：12-17.

[69] 陈静梅.我国非物质文化遗产传承人研究述评[J].贵州师范大学学报（社会科学版），2012（4）：77-84.

[70] 王进，张宗明.非物质文化遗产传承的道德哲学基础刍议[J].天府新论，2012（6）：33-36.

[71] 唐云松.满—通古斯语族非物质文化遗产传承研究——以体育文化为例[J].黑龙江民族丛刊，2012（6）：147-151.

[72] 舒仁彪，龚志铭，施剑冰.社会转型期非物质文化遗产传承模式的研究——以宁波梅山水浒名拳为例[J].运动，2012（10）：136-137；151.

[73] 汪锦军.构建公共服务的协同机制：一个界定性框架[J].中国行政管理，2012（1）：18-24.

[74] 王永忠，冉清泉，涂传飞.我国民族传统体育研究取向的演进[J].北京体育大学学报，2012（3）：38-42.

[75] 周建新.中国武术技术传承要树立"拳种意识"[J].武汉体育学院学报，2013，47（4）：68-72.

[76] 洪浩，田文波. 辉煌与寂寥: 传统武术的现代话语阐析 [J]. 北京体育大学学报，2013（9）: 26-32.

[77] 鲁春晓. 非物质文化遗产传承模式的反思与探讨 [J]. 东岳论丛，2013（2）: 137-141.

[78] 窦彦丽，窦彦雪. 广场舞文化溯源与发展瓶颈 [J]. 四川体育科学，2013（2）: 92-94.

[79] 解丽霞. 制度化传承·精英化传承·民间化传承——中国优秀传统文化传承体系的历史经验与当代建构 [J]. 社会科学战线，2013（10）: 1-6.

[80] 荆洁. 城市化发展背景下体育类非物质文化遗产的传承与发展——以上海手狮舞为例 [J]. 福建体育科技，2013（2）: 9-12.

[81] 苏雄. 我国民族传统体育文化的传承模式 [J]. 首都体育学院学报，2014（1）: 16-19.

[82] 田文波，王宏江. 近代中国社会结构演变中的民族传统体育发展历史寻绎 [J]. 武汉体育学院学报，2014（11）: 56-60.

[83] 王燚. 非物质文化遗产视角下河南省弱势武术文化边缘化研究 [J]. 搏击: 武术科学，2014（2）: 22-23.

[84] 胡小明. 原生态身体文化的田野调查 [J]. 体育学刊，2015，22（3）: 1-10.

[85] 王智慧. 我国民族传统体育文化本源、特征与传承方式研究 [J]. 西安体育学院学报，2015（1）: 75-81.

[86] 李飞. 中国村落的历史变迁及其当下命运 [J]. 中国农业大学学报，2015（2）: 1-16.

[87] 闫静，仇军. 我国民族传统体育文化变迁动力的理想类型探究 [J]. 北京体育大学学报，2015（8）: 7-12.

[88] 王莉. 近十年我国非物质文化遗产教育研究进展 [J]. 重庆文理学院学报（社会科学版），2016（5）: 27-32.

[89] 曾梦宇. 非物质文化遗产学校传承方略研究——以黔湘桂侗族地区为例 [J]. 原生态民族文化学刊，2016（3）: 120-124.

[90] 李卫英. 系统耦合视角下非物质文化遗产学校教育传承的机制研究[J]. 民族教育研究, 2017（3）: 107-112.

[91] 从密林, 邓星华. 体育非物质文化遗产的价值新论与学校传承[J]. 体育文化导刊, 2019（10）: 71-77.

[92] 庄丹华. "非遗进校园"不能流于简单化、表面化[N]. 中国艺术报, 2019-10-26（6）.

附 录

附录1　国家级体育非物质文化遗产项目统计表（232项）[①]

第一批国家级体育非遗项目（2006年）—55项

传统舞蹈类：京西太平鼓（总）、秧歌（总）、井陉拉花、龙舞（总）、狮舞（总）、花鼓灯（总）、傩舞（总）、英歌（总）、高跷（总）、盾牌舞（总）、翼城花鼓、泉州拍胸舞、安塞腰鼓、洛川蹩鼓、兰州太平鼓、滚灯（总）、摆手舞（总）、傈舞、土家撒叶儿嗬（总）、弦子舞（总）、锅庄舞（总）、热巴舞（总）、羌姆（总）、苗族芦笙舞（总）、朝鲜族农乐舞（总）、木鼓舞（总）、铜鼓舞（总）、傣族孔雀舞、达斡尔族鲁日格勒舞、蒙古族安代舞、湘西苗族鼓舞、湘西土家族毛古斯舞、黎族打柴舞、卡斯达温舞、傈僳族阿尺木刮、彝族葫芦笙舞、彝族烟盒舞、基诺大鼓舞、土族於菟、山南昌果卓舞、塔吉克族鹰舞。

竞技类：抖空竹、维吾尔族达瓦孜、线狮（总）、少林功夫、武当武术、回族重刀武术、沧州武术（总）、太极拳（总）、邢台梅花拳（总）、沙河藤牌阵、朝鲜族跳板、秋千、达斡尔族传统曲棍球竞技、蒙古族搏克、蹴鞠。

[①] 一，以国务院公布的共计五批《国家级非物质文化遗产名录》为依据。二，仅统计传统舞蹈类、传统体育（竞技）类中的项目。三，本统计为保守统计：首先，在传统戏剧类（如二人台）、曲艺类（如东北二人转）、杂技类和民俗类（如那达慕、炮龙节）项目中，其实也包含了不少体育非遗项目，本表未作统计；其次，已经统计到的部分项目是多地共有的（如秧歌、龙舞、狮舞、龙舟、武术、太极等），严格来说应该分开统计，但本研究仅做一次统计处理。总之，统计到的232个项目为国家级体育非遗的最低数量（截至2021年）；如果在此基础上推测，我国"国家—省—市—县"四级体育非遗总数应该超过1000项。

附 录

第二批国家级体育非遗项目（2008年）—84项

传统舞蹈类：鼓舞（总）、麒麟舞、竹马（总）、灯舞（总）、沧州落子、十八蝴蝶、火老虎、商羊舞、跑帷子、官会响锣、肉连响、禾楼舞、蜈蚣舞、翻山铰子、靖边跑驴、查玛内、鹤舞（总）、朝鲜族长鼓舞、瑶族长鼓舞（总）、傣族象脚鼓舞、羌族羊皮鼓舞、毛南族打猴鼓舞、瑶族猴鼓舞、高山族拉手舞、得荣学羌、甲搓、博巴森根、彝族铃铛舞、彝族打歌、彝族跳菜、彝族老虎笙、彝族左脚舞、乐作舞、彝族三弦舞（含阿细跳月和撒尼大三弦）、纳西族热美蹉、布朗族蜂桶鼓舞、普米族搓蹉、拉祜族芦笙舞、宣舞（总）、拉萨囊玛、堆谐（总）、谐钦（总）、阿谐（达布阿谐）、嘎尔、芒康三弦舞、定日洛谐、旦嘎甲谐、廓孜、多地舞、巴郎鼓舞、藏族螭鼓舞、则柔（尚尤则柔）、蒙古族萨吾尔登（总）、锡伯族贝伦舞、维吾尔族赛乃姆（总）。

传统体育：围棋、象棋、蒙古族象棋、天桥摔跤、沙力搏尔式摔跤、峨眉武术、红拳、八卦掌（总）、形意拳（总）、鹰爪翻子拳、八极拳、心意拳（总）、心意六合拳、五祖拳、查拳、螳螂拳（总）、苌家拳、岳家拳（总）、蔡李佛拳、马球、满族珍珠球、满族二贵摔跤、鄂温克抢枢、挠羊赛、传统箭术、赛马会（总）、叼羊、土族轮子秋、左各庄杆会。

第三批国家级体育非遗项目（2011年）—28项

传统舞蹈类：跳马伕、仗鼓舞（桑植仗鼓舞）、南县地花鼓、跳花棚、老古舞、跳曹盖、棕扇舞、鄂温克族萨满舞、协荣仲孜、普兰果尔孜、陈塘夏尔巴歌舞、巴当舞、安昭、萨玛舞、哈萨克族卡拉角勒哈。

传统体育：拦手门、通背缠拳、地术拳、佛汉拳、孙膑拳、肘捶、十八般武艺、华佗五禽戏、撂石锁、赛龙舟（总）、迎罗汉、掼牛、高杆船技。

第四批国家级体育非遗项目（2014年）—30项

传统舞蹈类：太子务武吵子、左权小花戏、博舞、洪泽湖渔鼓、龙岩采茶灯、宜黄禾杠舞、耍老虎、棕包脑、瑶族金锣舞、玩牛、古蔺花灯、登嘎甘伫（熊猫舞）、阿妹戚托、布依族转场舞、耳子歌、铓鼓舞、水鼓舞、怒族达比亚舞、锅哇（玉树武士舞）、纳孜库姆。

传统体育：布鲁、蒙古族驼球、通背拳、戳脚、精武武术、绵拳、咏春拳、井冈山全堂狮灯、徐家拳、梅山武术。

第五批国家级体育非遗项目（2021年）—36项

传统舞蹈类：六郎庄五虎棍、翼城浑身板、泰兴花鼓、侉舞、阴阳板、海南苗族盘皇舞、多耶、壮族打扁担、苗族古瓢舞、傣族白象、马鹿舞、陇西云阳板、黄羊钱鞭、俄罗斯族踢踏舞。

传统体育：藏棋、曲棍球、无极拳、少北拳、西凉拳、六合拳、巫家拳、岩鹰拳、莫家拳、青萍剑、易筋经、青城武术、布依族武术、巫审走马竞技、迎大旗、泉州刣狮、抢花炮、滑竿、赤水独竹漂、拔河（万人扯绳赛）、姑娘追、朝鲜族尤茨、打陀螺。

附录

附录2 河南省体育非物质文化遗产项目统计表

一、世界级

太极拳（2020年）

二、国家级

（一）传统舞蹈类

编号	项目名称	持有地	批次
Ⅲ-4	龙舞（火龙舞）	河南省孟州市	3
Ⅲ-43	麒麟舞（兰考麒麟舞）	河南省兰考县	2
Ⅲ-43	麒麟舞（睢县麒麟舞）	河南省睢县	3
Ⅲ-45	灯舞（苏家作龙凤灯舞）	河南省博爱县	2
Ⅲ-50	跑帷子	河南省汤阴县	2
Ⅲ-51	官会响锣	河南省项城市	2
Ⅲ-5	狮舞（小相狮舞）	河南省巩义市	2
Ⅲ-5	狮舞（槐店文狮子）	河南省沈丘县	2
Ⅲ-9	高跷（高抬火轿）	河南省沁阳市	2
Ⅲ-118	耍老虎	河南省焦作市	4

（二）传统体育

编号	项目名称	持有地	批次
Ⅵ-7	少林功夫	河南省登封市	1
Ⅵ-11	太极拳（陈氏太极拳）	河南省焦作市	1
Ⅵ-11	太极拳（和氏太极拳）	河南省温县	4

(续表)

编号	项目名称	持有地	批次
Ⅵ-28	八极拳（月山八极拳）	河南省博爱县	2
Ⅵ-30	心意六合拳	河南省漯河市	2
		河南省周口市	2

（三）民俗

编号	项目名称	持有地	批次
Ⅵ-34	苌家拳	河南省荥阳市	2
Ⅹ-58	马街书会	河南省宝丰县	1
Ⅹ-54	民间社火（浚县民间社火）	河南省浚县	2
Ⅹ-84	庙会（浚县正月古庙会）	河南省浚县	4
Ⅹ-88	打铁花	河南省确山县	2

二、省级

（一）传统舞蹈类

编号	项目名称	持有地	批次
Ⅳ	火龙舞	孟州市	1
Ⅳ	苏家作龙凤灯	博爱县	1
Ⅳ	高抬火轿	沁阳市	1
Ⅳ	齐天圣鼓	灵宝市	1
Ⅳ	回民秧歌	项城市	1
Ⅳ	大仵民间舞蹈	柘城县	1
Ⅳ	跑帷子	汤阴县	1
Ⅳ	花挑舞	固始县	1
Ⅳ	9.艾庄铜器舞	许昌县	1
Ⅳ	豫西狮舞、洛阳市大里王狮舞、巩义市小相狮舞	洛阳市 巩义市	1

附 录

（续表）

编号	项目名称	持有地	批次
Ⅳ	麒麟舞	兰考县　睢县	1
Ⅳ	火绫子、商城权伞舞	商城县	1
		［火淋子］潢川县	1扩
Ⅳ	双人旱船舞	临颍县	1
Ⅳ	沈丘回族文狮舞	沈丘县	1
Ⅳ	内乡县衙春节岁时节令打春牛	内乡县	1
Ⅳ	卧拐秧歌	兰考县	2
Ⅳ	九连灯	新安县	2
Ⅳ	曹屯排鼓	洛阳市	2
Ⅳ	鱼灯花社舞	舞钢市	2
Ⅳ	吕村战鼓舞	安阳县	2
Ⅳ	金龟舞	鹤壁市	2
Ⅳ	马皮舞	获嘉县	2
Ⅳ-23	独脚舞	［腿高跷］获嘉县 ［间社火独脚舞］登封市	2
Ⅳ	踢棒槌	获嘉县	2
Ⅳ	小冀背桩	新乡县	2
Ⅳ	小宋佛高跷	新乡县	2
Ⅳ	虎舞	温县	2
Ⅳ	哼小车	武陟县	2
Ⅳ	莲花灯舞、荷花灯舞	长葛市	2
Ⅳ	双狮舞	漯河市郾城区	2
Ⅳ	王家热锣鼓	灵宝市	2
Ⅳ	云彩灯	南召县	2

(续表)

编号	项目名称	持有地	批次
Ⅳ	庆丰花鼓舞	商丘市梁园区	2
Ⅳ	扑蝶舞	沈丘县	2
Ⅳ	项城肘阁	项城市	2
Ⅳ	西平鱼灯	西平县	2
Ⅳ	龙舞	[南乐西街龙舞]南乐县 [狮龙斗蛛舞]清丰县 [五彩纸龙]清丰县 [铁花火龙]清丰县	2
Ⅳ	九莲灯	镇平县	2
Ⅳ	竹马舞（三家村竹马舞、常平对子马、苏羊竹马、朗公庙竹马）	滑县、沁阳市、宜阳县	3
Ⅳ	霸王鞭花棍舞	林州市、叶县	3
Ⅳ	担经挑	上蔡县、淮阳县、新密市	3
Ⅳ	抬阁（东蔡庄高抬"故事"、崇阳垛子、五柳集抬阁）	偃师市、洛宁县、原阳县	3
Ⅳ	登封闹阁	登封市	3
Ⅳ	柳位高跷	卫辉市	3
Ⅳ	花伞舞（商城花伞舞）	商城县	3
Ⅳ	狮舞（五花营狮子舞）	南乐县	3
Ⅳ	南席老虎舞	长葛市	3
Ⅳ	弓子锣舞	禹州市	3

附　录

（续表）

编号	项目名称	持有地	批次
Ⅳ	独杆跳	开封市	4
Ⅳ	背装（旧县背装、社旗背装）	嵩县、社旗县	4
Ⅳ	秧歌（善堂老秧歌）	浚县	4
Ⅳ	砖井狮虎舞	博爱县	4
Ⅳ	鸡毛人逗蟾舞	西华县	4
Ⅳ	武驴	西平县	4
Ⅳ	鲤鱼闹莲	淅川县	4
Ⅳ	荥阳笑伞	荥阳市	5
Ⅳ	独角兽	栾川县	5
Ⅳ	跑阵	伊川县	5
Ⅳ	皇杠	焦作市马村区	5
Ⅳ	鱼拱莲舞	博爱县	5
Ⅳ	杨埠打花棍	平舆县	5

（二）传统体育

编号	项目名称	持有地	批次
Ⅶ	心意六合拳	漯河市淮阳县	1
Ⅶ	八极拳	博爱县	1
Ⅶ	苌家拳	荥阳市	1
Ⅶ	大营社火	陕县	1
Ⅶ	浚县民间社火	浚县	1
Ⅶ	打铁花	确山县	1
Ⅶ	马街书会	宝丰县	1

(续表)

编号	项目名称	持有地	批次
Ⅶ	东西常骂社火	灵宝市	1
Ⅶ	少林功夫	少林寺	1
Ⅶ	太极拳	温县	1
		[和式太极拳]温县	1扩
Ⅶ	石锁	开封市	2
Ⅶ	黄派查拳	开封市	2
Ⅶ	通背拳（通臂拳）	偃师市焦作市解放区 焦作市中站区	2
Ⅶ	梅花拳	内黄县、清丰县	2
Ⅶ	小尚炮捶（炮拳）	焦作市中站区	2
Ⅶ	猴艺	新野县	2
Ⅶ	圣门莲花拳	商水县	2
Ⅶ	六道大方地棋	周口市川汇区、沈丘县	2
Ⅶ	两仪拳	沈丘县	2
Ⅶ	岳家拳	新乡市牧野区	3
Ⅶ	南无拳	洛阳市老城区	3
Ⅶ	子路八卦拳（白拳）	开封县	3
Ⅶ	回族七式拳	开封市顺河区	3
Ⅶ	阴阳八卦拳	武陟县	3
Ⅶ	马坡八卦掌	沁阳市	3
Ⅶ	太乙拳	郑州市管城区	3
Ⅶ	杨家枪	南乐县	3
Ⅶ	摔跤（沈氏摔跤）	郑州市金水区	3

附　录

（续表）

编号	项目名称	持有地	批次
Ⅶ	梅庄马戏	清丰县	3
Ⅶ	中原民间游戏	河南省艺术研究院	3
Ⅶ	嵩山内养功法	登封市	4
Ⅶ	奇士拳	开封市顺河回族区	4
Ⅶ	大洪拳	台前县	4
Ⅶ	忠义门拳	宁陵县	4
Ⅶ	二洪拳（大吕二洪拳）	中牟县	5
Ⅶ	通背滑拳	内黄县	5
Ⅶ	罗汉拳	获嘉县	5
Ⅶ	王堡枪	博爱县	5
Ⅶ	汪家拳	信阳市浉河区	5
Ⅶ	姜家拳	西平县	5
Ⅶ	八段锦	嵩山少林寺武术馆	5
Ⅶ	转秋（孙氏十六挂转秋）	洛阳市洛龙区	3

附录3 河南省国家级体育非物质文化遗产项目及部分省级体育非物质文化遗产项目（传统体育类）

截止到2023年，河南省共拥有人类非物质文化遗产代表作名录项目4个，国家级非物质文化遗产代表性项目125个、代表性传承人126名，省级非物质文化遗产代表性项目1030个、代表性传承人1147名，市级非物质文化遗产代表性项目3311个、代表性传承人3976名，县级非物质文化遗产代表性项目9481个、代表性传承人10971名。其中，国家级体育非物质文化遗产项目18项，省级体育非物质文化遗产项目超过100项。

整体而言，河南省非物质文化遗产资源有以下几个特点：

一是价值较高。很多项目，如民间文学中的神话传说等，留传久远，带有华夏民族早期文化特征，对于中华民族文化的传承等具有广泛的影响和重要价值。

二是内容丰富。经过普查，全省有价值的非物质文化遗产线索达22万多条，涵盖非物质文化遗产的十大类别。

三是分布广泛。全省各个市、县，甚至每个村庄都有相当数量的非物质文化遗产项目和代表性传承人。尤其在一些保护相对完好的历史文化名镇（村）等地，非遗项目相对集中。

四是跨地域分布项目较多。如豫剧在全省几乎各个市、县都存在，一些民间传说、传统技艺、民俗类项目在不同地区流布，并具有较大的共性。

五是影响较大。如新郑黄帝故里拜祖大典、浚县正月古庙会、伏羲太昊陵祭典、洛阳牡丹花会等传统节会在全国都具有较大影响。河南省的一些项目如少林功夫、太极拳、木版年画、传统戏曲等，已经成为国内外文化交流的重点项目。河南省每年出国境文化交流项目100多个，其中大部分为非物质文化遗产项目。太极拳、少林功夫、马街书会，钧瓷、汝瓷、唐三彩烧制技艺，朱仙镇、滑县木版年画等在全国乃至世界范围内都有着很高的知名度和影响力。

以下将详细介绍18项河南省国家级体育非物质文化遗产项目，以及部分

附 录

省级体育非物质文化遗产项目（传统体育类）。

河南省国家级体育非物质文化遗产项目简介

陈氏太极拳

太极拳是基于阴阳循环、天人合一的中国传统哲学思想和养生观念，以中正圆活为运动特征的传统体育实践。该遗产项目注重意念修炼与呼吸调整，以五步、八法为核心动作，以套路、功法、推手为运动形式。太极拳习练者通过对动静、快慢、虚实的把控，达到修身养性、强身健体的目的。

太极拳自17世纪中叶在温县陈家沟村形成以来，世代传承，在陈氏太极拳基础上发展出以其他姓氏或姓名命名的多个流派。该遗产项目现有80多套拳术、器械套路和20多种推手方法，文化意义和社会功能也得到不断丰富，见证了人类的创造力。

该遗产项目在中国得到广泛认知和实践，在促进当代人身心健康、和谐共处方面依然发挥着重要作用。

2020年12月，太极拳被联合国教科文组织列入人类非物质文化遗产代表作名录。

和式太极拳

和氏太极拳是太极拳的流派之一。始自清末河南温县赵堡镇太极拳家和兆元（1810—1890），距今已160余年。赵堡镇北依太行，南傍黄河，隔黄河与少林寺相望，西距九朝古都洛阳不足百公里。

和兆元出生于中医世家，自幼习文学医兼练拳术。1825年，师从本镇拳师陈清平（陈氏十五世）。后在北京供职，官授武信郎。受理学大家李棠阶影响，以易理、理学和中医理论指导规范拳架，使理论与实践密切结合，形成了走架轻灵圆活、柔顺自然的技术风格。由于和兆元传留的太极拳拳架强调体用一致、技理相合，被后人称为"带理架"。由此拳术理论有了长足发展。

传统和氏太极拳套路有72式，走架以轻灵圆活、柔中求刚的准则促进周身协调，步活身敏，柔顺自然。以阴阳变化之法，使身体不同部位运动时产生的分、合等劲力，形成千变万化的技术、技法。达到太极拳滑如鱼、粘如胶、软如棉花、硬如钢的技击效果。

和氏太极拳的行功走架称为耍拳，耍拳的理念体现了天人合一的自然观。走架时自然圆活，神意活泼自然，呼吸自然顺畅。和氏太极拳是先贤与族群以身体体验认知宇宙、自然、社会、人生所形成的知识与智慧。至今仍在活态传承。

八极拳（月山八极拳）

月山八极拳，中华传统武术。源于河南省博爱县月山寺，由月山寺第二代住持苍公（崇苍）始创于金大定二十五年（1185年）。明永乐初年传至周围地区，距今已有八百多年的历史。历史上曾与太极拳齐名，有"文有太极安天下，武有八极定乾坤"之说。月山八极拳又称"开门八极"。所谓"开门"，是以六种开法破对方门户之意。所谓"八极"，乃沿用"九州之外有八寅，八寅之外有八闳，八闳之外有八极"之意。月山八极拳以六大开、八大招为技术核心。六大开指顶、抱、担、提、挎、缠六种基本技法，为各种技法之母。八大招为阎王三点手、猛虎硬爬山、迎门三不顾、霸王硬折缰、迎风朝阳掌、左右硬开门、雄鹰双抱爪、立地通天炮。步型要求丁不丁、八不八、弓不弓、马不马，以利于实战。技击手法要求寸截寸拿，硬开硬打。身法要求含胸拔背、气贯丹田。月山八极拳徒手套路有八极拳小架、八极拳大架、八极拳对接等，器械套路主要是六合枪对练等。因月山八极拳是苍公在洞中演练而成，故其套路短小精悍，动作简练朴实，相对于其他拳种，更注重刚猛暴烈，以气催力，以短制长。演练月山八极拳者已遍布全国，英、美、德、荷、日及东南亚各国亦不乏习练者。

苌家拳

苌家拳，是集易理、医理、拳理之大成，融内气、外形、技法于一炉的中华传统武术。创始人苌乃周（河南汜水人，汜水属今河南省荥阳市）著有《易经讲义》八卷，收入《四库全书》。传说苌乃周"成童嗜武"，师从虎牢张八，从禹让学禹氏枪法，后受洛阳闫圣道指点，复得四川梁道传授，洞彻阴阳起伏之理，创苌家拳派，至今已近三百年。主要分布于河南及北京、陕西、福建、浙江等省市，传至美国、英国、法国、德国等国家。苌家拳讲究形以寓气，气以摧形，形合气利，气利形捷。套路包括拳术、棒术、剑术、枪术、刀术，另有弹（弓）术、鞭术、锏术、镰术等。苌家拳讲究刚柔相济（柔过气，刚落点），阴阳相生；动静互根，体用双修；隔打一气，发则必中；势无三点不落，气无三催不尽。外形要求头如蜻蜓点水，拳似山羊抵头，腰如鸡鸣卷尾，脚似紫燕穿林。苌氏拳法有别于释、道拳技，主要用于强身健体、御敌保邦，被誉为儒家之拳法，具有极高的技击和养生价值。苌家拳的理论和功法套路对太极、形意、梅花拳等产生过重大影响，迄今少林、太极等拳派仍将苌家拳之中气理论等奉为经典。

附录

掇石锁

　　掇石锁，流行于回族民众中的一种武术功法运动。发源于河南省开封市，流布于河南、陕西和江苏等地。掇石锁产生于唐宋时期。北宋时期作为都城的开封，习武之人以抓石锁增加武功。元代，开封回族人民具有尚武健身的优良传统，石锁成为回族同胞最喜爱的技艺之一。明朝时期，开封回族人数增多，所建清真寺内都设有武术馆。开封东大寺重建于明永乐五年（1407年）。清道光年间，以东大寺为中心的回族民众练武习艺热情高涨，掇石锁得到了很好的继承发展。掇石锁使用传统的石制石锁器材，常用的小石锁重7千克左右，大石锁重20千克左右，顶举石锁在30千克左右，抓举石锁在50千克左右。花样有翻花、接花、组合套花等数十种。翻花花样有手花、打头花、托地花、云花等。接花花样即用肢体不同部位接锁，如拳头接、三指接、掌接、盘肘接等。组合套花是在各种花样的基础上增加难度，技巧更为复杂巧妙，配合不同的接法，变化无穷。石锁可一人单练，也可双人对练、多人组合。掇石锁技法讲究轻、巧，动作要求高、飘、稳、活、巧，做到舒缓急促得当，富于变化。掇石锁是一种具有地方和民族特色、体现雄壮武功的民间绝技。通过习练石锁，可增强握力、腕力、臂力及腰、腿部的力量，锻炼身体的协调性、灵活性，增长体能和胆识。因其具有一定的休闲性、娱乐性和大小石材的适宜性，成为老少皆宜的健身强体的运动方式之一。

少林功夫

少林功夫是在嵩山少林寺这一特定佛教文化环境中形成，体现佛教禅宗智慧，并以少林寺僧人演练的武术为主要表现形式的传统文化体系。主要分布在河南省登封市嵩山少林寺及周边地区，现流播于世界各地。少林功夫迄今已有一千五百多年的历史。北魏太和十九年（495年），孝文帝为印度高僧跋陀在少室山阴敕建少林寺，其后，菩提达摩祖师在少林寺创立佛教禅宗。对超常神力的渴望，对禅宗智慧的追求，是少林功夫与其他武术的根本区别。禅宗讲究在现实生活中持续修行、顿然领悟。少林功夫作为少林寺四众弟子日常生活的一部分，亦被纳入觉悟人生、利乐有情的实践中。受佛教戒律约束和佛教徒"慈悲为怀，普度众生"准则的影响，在少林寺特定环境中，戒律演化为习武戒约，在习武者身上又表现为武德。这种戒律约束影响了少林功夫的技术风格，即少林寺僧人练武只为自卫，不为攻击，表现出节制谦和的特点。少林功夫动作幅度小、含蓄，讲究内功，短小精悍，后发制人，崇尚"禅武合一"的精神境界，是中国武术文化最杰出的代表。少林四众弟子始终以宗法—师徒制度为传承保障，使得少林功夫传承千年法脉清晰，又圆融无碍、与时俱进，于今在全世界不同信仰和种族的爱好者中，愈益葆有强大的共识和凝聚力。这是少林功夫作为非物质文化遗产的一个重要特点。据少林寺流传下来的拳谱记载，历代传习的少林功夫套路有708套，其中拳术和器械套路552套，另外，72绝技、擒拿、格斗、卸骨、点穴、气功等各类功法156套。少林寺内流传存续至今的有拳术178套、器械193套、对练59套，其他115套，共计545套。

附录

心意六合拳（周口市、漯河市）

心意六合拳，中华传统武术。相传明末清初，河南洛阳马坡人马学礼在瀍河中游十方院放羊时巧遇姬际可（山西省永济市尊村人），向其学习心意六合拳七年，学成后遵师命将此拳传于世人。因马学礼为回族人，此拳一直在回族民众中流传，至今已传至九代，主要流布于河南省漯河、周口等地。心意六合拳动作刚猛，刚中有柔，要求每个动作含鸡腿、龙身、熊背、鹰爪、虎抱头、雷声六势，内外动作做到内三合与外三合，内要心与意合、意与气合、气与力合，外要手与足合、肘与膝合、肩与胯合。心意六合拳汲取动物的真意内涵，取法为拳，使拳术于内心深处发生质的变化，拳法变得更灵活、更勇猛、更快捷、更科学，使人体内在潜能得到更大程度的开发。拳理要求内外兼修、用意念调动五脏，也使得习练者全身各个部位得到锻炼，达到修身养性、强身御敌的功效。心意六合拳集养生健身、技击于一体，因此，青少年、成年人、老年人都可习练受益。心意六合拳以阴阳、五行为基础理论，以六合作为基本要求。讲究虚实、动静、刚柔、起落、进退等。融合了中国古典哲学和中医科学，从哲学和医学的高度来认识人体，指导武术锻炼。大力挖掘和传承心意六合拳，对于弘扬中华传统武术、增强人民体质具有重要意义。

灯舞（苏家作龙凤灯舞）

苏家作龙凤灯舞是民间灯舞的一种，起源于清道光年间，流传于河南省博爱县及周边地区。为了在"大耍灯"习俗中夺魁，苏家作人毋黑旦（大名不详）根据民间龙凤呈祥、丹凤朝阳、百鸟朝凤、龙游戏凤等传说故事，大胆地将凤灯舞和龙灯舞融合为龙凤共舞，以至一举夺得博爱县大耍灯年的"耍灯魁首"。苏家作龙凤灯舞主要取材于节令习俗、民间故事、历史典故等，以舞蹈形式反映了劳动人民对太平盛世的礼赞，对富裕生活的渴望，对社会阴暗现象的鞭挞，堪称农耕社会生活的缩影和民俗生活的大观。

其主要道具有龙灯、凤灯、太阳灯、蜘蛛灯、荷花灯、老虎灯、西瓜灯、宝莲灯、蚌灯、百鸟灯、鱼灯、火车灯、蝴蝶灯、彩云灯等。打击乐器主要有大鼓、战鼓、小鼓、大锣、小锣、大镲、小镲等。

代表作品有传统作品《十二美女拉纤》《文王拉纤》《姜子牙钓鱼》《张羽煮海》《刘海戏蟾》等，近代作品《吸大烟》《龙凤戏》《凤还巢》等，现代作品《丹凤朝阳》《百鸟朝凤》《龙凤呈祥》《凤凰回头看牡丹》《龙凤对戏》《龙飞凤舞庆盛世》《龙游戏凤》《舞起龙凤庆丰年》等。

苏家作龙凤灯舞的表演粗犷奔放，场面恢宏，节奏明快，豪爽大气，反映了当地人民勤劳朴实、刚勇豪爽的个性，体现了他们的聪明才智和淳朴感情。

附 录

官会响锣

官会响锣，一种以铜锣及打击乐为道具和伴奏的民间舞蹈。始于南朝梁武帝时期，盛于清初。在河南流传甚广，主要分布在河南省项城市官会镇的时桥、王范庄、刘埝、蔡庄、李泗坑、孙老家、韩营、王庄、腰庄等村以及安徽省临泉、铜城等地。官会响锣历史悠久。

当地流传着这样一则传说：清朝乾隆皇帝巡视江南路经官会，当地官员为隆重迎接，集合了几十名打锣艺人，在官会王氏兄弟编排下创造了官会响锣。数百年来，已发展演变成一种独具豫东风情的民间艺术形式，并一直活跃在豫东广大农村的红白喜事、庙会庆典活动中，深受民众喜爱。官会响锣的打击乐演奏有七点锣、九点锣、十二点锣、十六点锣、二十四点锣等，表演形式有二郎担山、狮子滚绣球、天女散花、寇准背靴、青蛙啃泥、张果老倒骑驴等。在长期演变发展过程中，官会响锣形成了以锣为道具、音乐程式化、表演形式独特的艺术风貌，演员身姿强悍矫健、气势粗犷豪放，体现了中原民众豪爽奔放的性格。官会响锣现有两个主要支系：一支是时桥王家响锣队，据记载传承了十二代；一支是蔡庄李氏响锣队，据记载传承了十代。

高跷（高抬火轿）

高抬火轿，民间高跷舞，盛行于河南省沁阳市王山庄锺万南村。高抬火轿表演结合舞蹈和说唱，用管子、唢呐和锣鼓伴奏。表演形式有模拟皇帝巡游、清官大老爷体察民情、平常百姓娶亲嫁女三类，近代以来后两类为主要表演形式。表演中，老虎表演队先出场，在前面腾挪扩场。接着2~3人扮演扬杆倌表演，扬杆约两丈长，固定于轱辘之上，杆顶固定座靠，由一丑倌坐上杂耍逗乐，杆后1~2人掌舵控制，后面紧跟街头剧民间杂耍队，人数50~100人不等。5人组成锣鼓打击乐队紧跟高跷舞蹈队，再由6~10人组成管子唢呐伴奏乐队，指挥火轿表演，又有4~6人踩六尺高跷，手持祥伞（有吉祥、富贵、和合之意）引领火轿前行。最后有16名轿夫分两班抬起大红镏金的八抬彩轿，轿内端坐由一名男童装扮的新娘（民间有大姑娘一生只坐一回喜轿的民俗）。轿内四壁分三层安插20支大红蜡烛，轿顶嵌有挑角四龙拱珠雕刻，上插烟花。抬轿踩的高跷一般为五尺，表演舞蹈的高跷2~5尺不等。表演队伍四周散布十几人，手持纱灯、火把、棋子灯，用以照明、引路、扩场、维持秩序。在北方，仅沁阳市万南村有这种踩高跷火轿的表演形式，动作难度大且惊险刺激，具有独特的观赏性。

附 录

龙舞（火龙舞）

　　火龙舞，民间龙舞，产生并流传于河南省孟州市一带，一般在农历正月十五、十六于五龙庙开始，走村串户表演。火龙的龙头造型奇特，极像麒麟，龙嘴大张呈"U"形，口内巧设机关，表演时可以喷火。龙身较短，一般7~9节，节与节之间距离不等，每节呈圆竹筒形状，上方留有一宽15厘米的开口，每节里面放置两支油沾肚。龙尾用数十根竹篾捆绑而成并缠绒布，尾梢系有五只铜铃。火龙舞是集体性舞蹈，一般需3班人，每班8人（蜘蛛1人，火龙7人），能相互替换，主要道具有蜘蛛灯、四方桌、木桩、鼓、锣、镲、火铳等。舞者装束一致，上身着圆领束身绸衣，下身着束口裤，脚着高筒云头踏山鞋。舞时常伴打击音乐，节奏根据舞龙的动作可快可慢、可轻可重。表演内容主要有行龙、轱辘圈、三叠脊、三点头、捕蜘蛛、龙缠柱、破四门斗、卧龙、盘龙、龙上桌等。不同于其他龙舞，火龙不能大翻身。火龙舞呈现了龙舞的原始形态，是我国龙文化的重要表现形式之一，具有较高的研究和审美价值。它表达和承载了人们追求和平盛世、幸福生活的美好愿望，丰富了民众的精神文化生活。

跑帷子

　　跑帷子，民间舞蹈。始于春秋时期，是齐国将士们为纪念齐国国君桓公之妾卫女的一项祭祀活动，后流传于民间，演绎成为一种大型民间广场舞蹈。主要流传于河南省汤阴县。跑帷子作为一种团体性广场舞蹈，其规模之

大较为罕见。跑帷子无角色和行当之分，参舞者每人身披五尺红绫作为标志。由72名青壮年（旧时均为男性）参演，每人手持染成红、黑两色的木质长杆，杆顶饰以幡状彩带做成的帷子，列队以屈膝微蹲姿势，兼富有节奏的小跑步前进，逐渐跑成各种阵式，并随音乐节奏变换阵式，每种阵式形成之后，有一定时间的定格。各种阵式演绎完成后，众人依照三声炮响，收拢队伍，恢复队形。有太极阵、两仪阵、四相阵、河图阵、围魏救赵阵、三请诸葛阵、炮打香烟城、火焚香草寺、草帽搬兵、李渊劝将、小槽寺、南唐救主、万字阵、福字阵等一百多种阵式，很多流传至今。作为一项重大的民俗活动，跑帷子结合了战争与民间祭祀活动的精华，从议事、演古到迎驾、送官各个程序，既庄严又富有一定的趣味性，队伍浩大，紧张有序，表现了当地民众团结友爱、淳朴善良的民风。

麒麟舞（睢县、开封市）

睢县麒麟舞，传统拟兽舞蹈。原属皇宫中的表演艺术形式，称为"麒麟圣舞"，为皇家各类庆典活动必有的演出，后流入民间。现主要流传于河南省、河北省、广东省。麒麟舞所用麒麟道具集龙头、鹿身、马蹄、牛尾、狼额于一身，表演者身披五彩鳞甲。传统扎制方法是用纸糊在竹木骨架上再施绘鳞甲等，色彩鲜艳，形象传神，结实耐用。河南省兰考麒麟舞一般在农

闲、节庆吉日的晚间演出。由两人充当麟头和麟尾，表演啃痒、抖毛、盘桌子、盘板凳、盘灯笼、登高、跌扑、望月等技巧性很强的动作。配乐主要为打击乐。麒麟舞动作粗犷威严、激烈火爆，加上气势宏大、节奏感强的打击乐烘托气氛，给人大气磅礴的审美感受，很受民众喜爱。随着社会历史的发展变化，麒麟舞的表演内容、形式以及道具制作等也在不断丰富和完善。关于麒麟皮的制作，各表演队繁简不一，但大多保留其状如鹿、全身鳞甲、尾像牛的基本特征，只是头上不再是传说中的独角，装上了对称的双角。麒麟舞技巧性不太复杂，体魄强健者经老师略加指导即可胜任，因此具有广泛的参与性。

耍老虎

耍老虎是产生于河南省焦作市的一种传统民间舞蹈，主要流布于河南省焦作市中站区、沁阳市、温县、博爱县等地。耍老虎有多个流派，其中，中站常家武虎产生于明朝万历年间，由常氏第九世祖常一显、常一贵根据老虎的动作创编；中站小尚虎舞由清朝道光年间张氏第十九世祖张书庭在民间祭祀火神、药王活动的基础上融入家传武功创编；沁阳言状老虎与道教联系密切；温县耍老虎为二百多年前西周村民间艺人将战鼓与虎舞表演融合而成。耍老虎由虎舞、仪仗乐队两部分组成，表演形式大致分为三种：①平地虎，舞虎者在平地表演；②丘陵虎，场中间放置由20张方桌、2把柳圈椅叠成的高2.5米的表演台，舞者在台上表演；③高山虎，用3米梯或几十条木凳搭成七八米的高架，顶端放大椅，一只或数只老虎攀登表

演。仪仗乐队由打击乐器鼓、锣、镲和各色彩旗、火铳等组成。传承人掌握制作虎头、虎皮、虎尾的传统手工技艺，采用泥胎、纸浆、钢条、布段彩绘手工制成。

狮舞（槐店文狮子）

槐店文狮子形成于元代，流传分布于河南省周口市沈丘县槐店回族镇。槐店文狮子分游街表演和场地表演两种形式，于每年的春节和元宵节演出，或者在一些重大活动及庆典中进行。场地表演一般游街到路口或街面宽阔地带进行。人们认为狮子、麒麟能带来吉祥好运，因此会按照乡俗，放鞭炮把舞蹈队伍拦停进行表演。表演程序为独角虎—麒麟—狮子。独角虎首先出场，四处巡回瞭望，视察山情，以维护一方平安。独角虎是传说中的神兽，独角代表法律，能断案，表现威猛、智慧、无私、公正。之后麒麟出场，麒麟主要舞的是头上的冠子和两个麟角，冠子代表高贵，麟角代表权位，以显示麒麟的尊贵。麒麟的表演情态从害怕圆笼绣（象征外来者）到最后拥抱接纳圆笼绣，象征着民族团结。麒麟送子给人间，带来香火兴旺，又象征福禄祯祥。文狮子有文弱、文雅、柔情、和蔼的含义，主要体现女性的温雅、柔和。沈丘槐店文狮子是伴随着节日民俗活动而产生、发展的，既有对古代西域乐伎舞蹈的继承，也有对中原古代民间

舞蹈的吸收和接纳，形成了具有古代西域乐舞和中原本土乐舞的共性特征和狮虎麒共舞的丰富性。

狮舞（小相狮舞）

小相狮舞流传于河南各地。小相狮舞分为文狮和武狮两类。文狮仅限于在地摊（包括放在地上的桌子上）表演，表演时有一定的套路，如倒骑驴、翻身鹞子扑地鸡、挽五花、小身子等，整体表演讲究连贯性，节奏鲜明，逗狮人与狮子配合有致，互相照应。武狮是由逗狮人和狮子在用高竿、梯子、

绳子和板凳等搭成的几米至十几米的高空平台上做各种表演，如摞板凳，在桌子两横、两竖呈"井"字的摞板凳上，狮子上到顶端后，将板凳一条条地摞下来（亦称拆井口或解板凳）；上牢杆，在地上直立十几米高的木杆，四周用粗绳固定，顶部绑有椅子或板凳，逗狮人和狮子攀爬到椅子或板凳上表演各种高难度动作。接近高空平台时，狮头上平台，狮尾蹬空，表演高空绝技。在千百年的发展、衍变中，小相狮舞形成了众多的舞蹈套路，技巧性强，在中国民间舞蹈中具有极高的研究价值。

部分河南省级体育非物质文化遗产项目简介（传统体育类摘录）

查拳

查拳起源于清朝末年，由山东省邱县武术家石太春传至焦作市中站区造店村，至今已有七代一百五十余年的历史，是回族中流传较广的中国传统拳术长拳的五大流派之一，盛行于山东、河北、河南、北京等地。该拳种主要包括四趟查拳、十路弹腿、查刀、查枪、查钩、查剑、鞭、锤等，以弹腿为主，腿法与步法并重，有"手是两扇门，全凭腿弹人，宁挨两捶，不挨一腿"之说。手法冲、摆、劈、撩、顶、撞、靠，同弹、扫、截、跺、摆、蹬、挂等腿法有机结合，可以达到手引腿起，腿弹掌击、上下合一、虚实连环，以腿取胜的目的。"以快制胜，快打慢，慢打迟，出拳人不知，弹腿如闪电"为该拳种的特色。2021年，查拳（焦作市中站区）入选河南省非物质文化遗产代表性项目扩展项目名录。

附录

大洪拳

大洪拳，至今约有1000多年的历史。台前县大洪拳分为手型、步型、手法、步法、腿法、肘法、膝法、身法、眼法。基本功有拳架、器械、对练、功夫、舞狮等。技击素有72拿法、73破法及十字攻守秘诀等。大洪拳架子有八字纲领——大小屈伸，刚柔发聚。大则气运周身，是静中之动，小则芥子藏身，是动中之静，屈是屈中有伸，伸是伸中有屈。刚是水火济济，柔是气海丹田混合之气，发是气随捶发，足落捶打。聚是聚于气海，存于丹田。大洪拳架子可分为小三步、大三步、六步、八步、二十四势架、小三活、上部架、下部架等。练功时要求洗心涤虑，去其杂念，平心静气，立身中正，虚领顶劲，沉肩坠肘，含胸塌腰，有开有合。开合练习是内气鼓荡得以调整的基础，是阴阳二气对立统一的思想体现。2015年，大洪拳入选第四批河南省非物质文化遗产代表性项目名录。

七式拳

七式拳又叫汤瓶拳，创于明末清初，由当时开封朱仙镇的大阿訇李拜斋所创，至今已有300多年的历史，现主要分布于开封市区、郑州、洛阳、西安等地。"汤瓶"是回族人礼拜前洗浴用的一种器具，李拜斋把汤瓶作为器

械，融入拳法中，形成一种独具特色的拳械套路。康熙五十六年（1717年）春，由七式门第四代传人徐廷桢为七式拳写下诗谱歌论传承至今，乾隆时期七式拳已经发展到了鼎盛时期，此间涌现出了以金小亭、常玉亭为代表的一大批回族七式门武林高手。1842年黄河发大水，一大批朱仙镇人涌入开封，七式拳又在开封东大寺一代回民中广泛传播。经过数代人不断地传承、丰富，到了20世纪的二三十年代，七式拳已经发展成为一个武术流派，开封回族人称为"回族七式拳"。回族七式拳的功、法分为两大部分：第一部分是七式拳的基本功，第二部分为七式拳的手法。七式拳手法的特点是彼不动我不动，彼若动我先动。使用手法讲究快、准、稳、狠。2011年，回族七式拳入选第三批河南省非物质文化遗产代表性项目名录。

姜家拳

姜家拳据传由隋末唐初民间拳师姜勇所创，并由南阳人孙学勤之子孙书秀传至驻马店市西平县人和乡，是中国古老的武术拳种之一，主要有四趟拳（姜一世、二世、三世、四世）、两趟枪（一趟枪、二趟枪）、刀、剑、棍等。讲究空、圆、活、螺旋上升、螺旋下降，全身随腰旋转，以腰带动四肢乃至全身各个环节。要求腰如蛇形腿似钻，拳似流星眼如电，步法走弧形进中门，步插中门找正位。搭、摁、滚、进、缠、刁、靠、摇为其攻防要领，螺旋、含化是其核心要素。具有一定的养生、强体、防身功效，以及较高的

附 录

历史、文化、科学和社会价值。2021年，姜家拳入选第五批河南省非物质文化遗产代表性项目名录。

马坡八卦掌

马坡八卦掌创始于清光绪二十六年（1900年），由八卦掌宗师董海川的关门弟子贾凤鸣在马坡村所创。马坡八卦掌在继承传统八卦掌的基础上，将道家养生、健身、防身术与八卦掌融会贯通，又独创推、带、领、搬、拦、截、扣、捉、拿、勾、打、封、闭、闪、展15种技法。"龙形八卦推手"是马坡八卦掌中的主要技法，其以绕圈走转为基本运动路线，以掌法和步法为核心，以丹田之气为根，肩、腰、胯并用，全身一致，步似行云流水。身法

要求拧转、旋翻协调完整，走如游龙，翻转似鹰。手法主要有穿、插、劈、撩、横、撞、扣、翻、托等。能进能退，能化能生，虚实结合，变换无穷。八卦掌有单练、对练和散打等形式，以及刀、枪、剑、戟等器械。练法有随走随变、械随身走、身随步换、势势相连的特点。尚有72暗脚和72截腿之说。八卦掌动作要求滚钻身裹，奇正相生，走转拧翻，身随步走，掌随身变，行走如龙，回转似猴，换势似鹰，威猛如虎，十趾抓地。2011年，马坡八卦掌入选第三批河南省非物质文化遗产代表性项目名录。

南无拳

南无拳发源于洛阳上清宫，是道家全真教创始人王重阳"七真子"之一的谭处端祖师，创立于1174年的一种拳术，距今已有850年，现已单传至三十代传人刘成庄。南无拳的含义是除妄念、灭心火、调阴阳、补五行、涤孽障、修慧性、求清净、得长寿。南无拳的核心是道法自然，效法天地，借外御内，激发潜能，内外兼修，达到气血通盈，延年益寿。刘成庄用哲学的观点解释南无拳的修炼：有和无的统一，气和血的统一，阴阳平衡的统一；血为轻，气为重，血为盈，气为命；人没血暂可生，人没气立即死。南无拳的武学理念可以追溯到河洛文化源头的《河图》《洛书》与《易经》的整体文化观，直接来源于老子《道德经》"道法自然"的哲学思想，继承并发展了道教"内功"（气功）"外功"（武术）的精华。南无拳的技术内容包括

掌法：推掌、拨掌、摆掌、砍掌；拳法：一勾拳、冲拳、盖拳、七星拳、抡拳；步型：丁步、弓步、虚步、马步、仆步；步法：垫步、退步、进步；腿法：截腿、踢腿、弹腿、顶腿、蹩腿、摆腿；技法：梳、洗、搓、拉、闻、咽、撑、钻、拧、拨、捶、拍、砍、砸、捞、托、勾、撞、震；阶段：盘、排、拆、勾、搏、化。公开传授的南无拳套路有《中华武术》2006年第三期刊登的《南无养身拳二十九式》，后简化为《南无拳十八式》。2011年，南无拳入选第三批河南省非物质文化遗产代表性项目名录。

圣门莲花拳

圣门莲花拳又叫圣门十字莲花拳，分布于河南省商水县汤庄乡陈庄村。在武林宗派中属昆仑派，由昆仑老祖所创，是我国较为古老的一种内家功派武术。其武术心诀源自佛、儒、道心经，武术套路源自太极八卦图。圣门莲花拳的擒拿讲究粘、连、缠、钻、扭、拐、绊，技击中一旦和对方搭上手，即如影随形，将对方粘住，连在一起，缠成一团，擒住对方身体的任何部位使其不能摆脱，而后趁势而为，施展钻、扭、拐、绊，使敌方关节反向错位丧失反抗能力。形掌是模仿十二生肖的武术动作，一种生肖一套动作。圣门莲花拳的兵器奇形怪状，像乌龟伸头、持满钢铃的降灵圈，圆形带刺的日月牙子镰，以及四角钩、拐子锚等，尖锐锋利，彼此制约。圣门莲花拳的阵法图，诸如一天景阵图、齐门阵图、七星练功图、五形阵图、四角阴阳阵图、

肆方捌门阵图、十字插花阵图、混天阵图、天河长蛇阵图、九字莲花阵图等，依据八卦太极之意，暗合生死秘门。2009年，圣门莲花拳入选第二批河南省非物质文化遗产代表性项目名录。

太乙拳

太乙拳，古代又称"太医拳"，相传为道教宗师张三丰所创，他把释、道、儒三教中修身养性的理念三合为一，结合民族拳法和道家练气、养生之法，以民族拳术为基础，集禅宗修炼、道家养生等多家武术于一身，将禅医与武术内功相结合，将中医和养生气功相结合，创立了"内以养生，外以却恶"的太乙拳。太乙拳套路既符合武术招式和人体生理规律，又符合大自然运行规律，有三大特点：一是讲求拳气合一，以意引气，以内气随拳势之变化而运转周身，变化无穷，身心均受益；二是要求刚柔相济，刚藏于内，柔现于表，刚中有柔，柔中有刚，以柔韧之劲，连贯于整体套路之中；三是在内气运行时，有动有静，静中有动，动中含静，以静制动，动静结合，心意相依，其套路和武术招式集拳术与养生于一体。太乙拳还有一些独创的特色器械，如太乙石球、太乙木球、太乙五行方砖等，丰富了我国拳术器具、器械的种类。2011年，太乙拳入选第三批河南省非物质文化遗产代表性项目名录。

附 录

通背拳

通背拳，发源于明朝永乐年间，在豫北鹤壁、安阳流传甚广，为中原著名的拳术之一。几百年来，通背拳传人揉和百拳、汲取精髓，由战场杀敌向防御健身演变。清光绪年间，第十三代传人陈五元著《破通背拳谱》，使通背拳更加规范系统；抗日战争和解放战争时期，第十四代传人陈九职凭借高超拳术屡建奇功；中华人民共和国成立后，第十五代传人陈秉义勇于探索，后拳术日臻完美、自成体系；目前，第十六代传人陈保江为发扬通背拳积极努力、不断奔波，曾任春雷武术馆总教练、馆长，成立鹤壁市陈氏通背拳研究会，创新拳术，使通背拳走上了快速发展的道路。通背拳的特点有：劲是螺旋式，旋转活动中要"拳中口中发，回来归肋下"，抡圆贴身，运用螺旋劲，身似云，手似箭，腰似螺旋，腿似转，两臂运转似琵琶，骨活如扇，两手相连似呈串，宛如通背猴，探腰拔背，放长击远，步伐劲透、敏捷，连贯流畅、铿锵响亮。

岳家拳

岳家拳是新乡市范氏祖先范祖12岁时（公元1123年春）在岳飞老家（安阳汤阴东孝悌里村）向岳飞学习拳、械武术，并跟随岳飞在新乡抗金过程中将该拳种传至新乡，并一代代发扬光大。岳家拳对防身、健体、养生、交友都具有较高效用。岳家拳有"五戒五不传"之门规，有连八锤、小字锤、大字锤、太平锤、字功锤、十八罗汉桩、七十二字、徒手对练、拿法对练、器械对练、三十六奇枪和十八战枪等功法和练法，有大刀、单刀、剑、绳鞭、流星锤等器械，有大、小战法和活步点穴及养生之道。岳家拳以精、气、神为本，手、眼、身、法、步为根，从实战出发，攻防相兼，势势相承，结构严谨。讲究低架束身，速落步跨，脚落手发，手脚并用，跟步连招，管步打人。要求三元六合，力从脚底起，拳打心内发。岳家拳的套路有高架有小势，拳拳相扣，势势相承，结构严谨，刚柔并济，对于人们防身健体、延年益寿都有较好的作用。第三十三代传承人路全振现珍存的九册《岳家拳拳谱》，是其父路庆玉受祖上传授，专心研习，自悟领会的结晶，是一套完整的岳家拳家传绝技，有古图、谱式注解，资料清晰完整，并加以谱引。2011年，岳家拳入选第三批河南省非物质文化遗产代表性项目名录。

附 录

杨家枪

传说北宋年间，宋军元帅杨延昭摆牤牛阵，要在南乐一带与辽兵决战，不料被敌识破受伤，退回察院（今元村镇谷村），恰遇东寺庄精通医理的老人袁代将其搀扶家中精心治疗，化险为夷。杨延昭以重金酬谢，袁代辞而不收，但求赐教枪法。杨延昭满口答应，遂派人前往袁家，精心传授。袁乏嗣无人，将枪谱传于好友韩家，韩家视为珍宝，世代相传至今。杨家枪的主要内容是以抱月为母，一母生三，三生六合，有千变万化之妙，其要不过手熟而已。主要有八母、六合、二十四枪势、二十四门头、六路破枪法、四十二路散枪法、七十二路枪和四路枪里加棍。八母即拦、拿、提、撸、颠、缠、还、圈，是八种基本枪法，是杨家枪技术与技法体系的骨干与核心。六合，一接、二进、三拿、四缠、五拦、六直，是扎攻防的六项基本法则。二十四枪势是杨家枪的枪法组合套路，由夜叉探海、四夷宾服、定南针势、十面埋伏、青龙探爪、美人认针等组成。杨家枪之精髓在于口传之二十四门头，有抱钩偃吕封喉势、方穿棚夺乌龙枪、门边跨追林枪、拐还转掏小花枪、大神小神大梁小梁闪转使花枪等，为杨家枪密不外传之枪法。2011年，杨家枪入选第三批河南省非物质文化遗产代表性项目名录。

附录4　非结构式访谈提纲

受访者信息：姓名_____　年龄___　民族___　身份_____
访谈地点：_____　访谈日期：_____

访谈提纲（一）
（河南省各级非遗中心负责人适用）

1. 当前城镇、乡村、学校每年开展体育非物质文化遗产的情况（频次、效果等）如何？主要是哪些人群、哪些组织在开展？

2. 可否提供历年、各级传承人的名单和联系方式？（国家级和省、市级）这些传承人传承体育非物质文化遗产的动力是什么？

3. 当前河南省体育非物质文化遗产因旅游开发或文化产业推广目的而进行表演的情况如何？有没有成立专门的表演队或演艺公司？

4. 您认为当前河南省体育非物质文化遗产传承中有哪些困难？影响有效传承的主要问题是什么？原因是什么？您单位在传承体育非物质文化遗产方面的主要经验是什么？您对河南省体育非物质文化遗产接下来的传承有什么建议或期望？

5. 其他随机问题。

访谈提纲（二）
（河南省各级体育非遗代表性传承人或社会组织负责人适用）

1. 当前开展体育非物质文化遗产活动的，除传承人外，您了解的还有哪些群体（性别、年龄）在开展活动？开展的频率如何？群众的积极性如何？

2. 作为传承人，您平时到村、乡、镇、县城表演的次数多吗？都到哪里表演过？有没有到过学校？到省会、外省甚至国外呢？

附 录

3.除了国家给补助的表演活动,有没有被公司、企业、商场或景区邀请过去表演?在平时的表演中有没有获得过报酬?自己或身边有没有人成立表演队或演艺公司专门进行表演来赚钱?

4.您是跟谁学习的河南省体育非物质文化遗产项目(具体名称)的动作?他们的姓名和年龄是?能否展示一下您的传承谱系图?

5.您在传承中遇到的最大困难是什么?您认为当前传承方式有哪些需要改进的地方?您对河南省体育非物质文化遗产的未来发展有信心吗?有什么建议?

6.其他随机问题。

访谈提纲(三)
(全国体育非遗研究学者适用)

1.您认为河南省体育非物质文化遗产(或体育非遗、民族传承体育)当前传承中遇到的问题是什么?是什么原因导致的?

2.您认为河南省体育非物质文化遗产(或体育非遗、民族传承体育)传承的特点是什么?其中有没有存在一些共性的方式或模式?

3.您认为河南省体育非遗项目(或民族传统体育项目,如少林功夫、太极拳、舞龙、舞狮、风筝、高跷等)未来的发展方向是什么?

4.其他随机问题。